住房和城乡建设领域专业人员岗位培训考核系列用书

劳务员专业管理实务

江苏省建设教育协会　组织编写

中国建筑工业出版社

图书在版编目(CIP)数据

劳务员专业管理实务/江苏省建设教育协会组织编写．—北京：中国建筑工业出版社，2016.7
住房和城乡建设领域专业人员岗位培训考核系列用书
ISBN 978-7-112-19560-2

Ⅰ.①劳… Ⅱ.①江… Ⅲ.①建筑工程-劳务-管理-岗位培训-教材 Ⅳ.①F407.94

中国版本图书馆CIP数据核字(2016)第152953号

本书作为《住房和城乡建设领域专业人员岗位培训考核系列用书》中的一本，依据《建筑与市政工程施工现场专业人员职业标准》JGJ/T 250—2011、《建筑与市政工程施工现场专业人员考核评价大纲》及全国住房和城乡建设领域专业人员岗位统一考核评价题库编写。全书共9章，包括劳务员岗位相关的标准和管理规定、劳动定额的基本知识、劳务用工计划管理、劳动合同管理、劳务分包管理、劳务纠纷管理、社会保险的基本知识、劳务分包款及劳务人员工资管理、劳务资料管理。

本书既可作为劳务员岗位培训考核的指导用书，又可作为施工现场相关专业人员的实用工具书，也可供职业院校师生和相关专业人员参考使用。

责任编辑：张 磊 刘 江 岳建光 范业庶
责任校对：王宇枢 李欣慰

住房和城乡建设领域专业人员岗位培训考核系列用书
劳务员专业管理实务
江苏省建设教育协会 组织编写

*

中国建筑工业出版社出版、发行（北京西郊百万庄）
各地新华书店、建筑书店经销
北京科地亚盟排版公司制版
环球东方（北京）印务有限公司印刷

*

开本：787×1092毫米 1/16 印张：15 字数：382千字
2016年9月第一版 2018年2月第四次印刷
定价：**43.00**元
ISBN 978-7-112-19560-2
(28787)

版权所有 翻印必究
如有印装质量问题，可寄本社退换
（邮政编码100037）

住房和城乡建设领域专业人员岗位培训考核系列用书

编审委员会

主　任：宋如亚

副主任：章小刚　戴登军　陈　曦　曹达双

　　　　漆贯学　金少军　高　枫

委　员：王宇旻　成　宁　金孝权　张克纯

　　　　胡本国　陈从建　金广谦　郭清平

　　　　刘清泉　王建玉　汪　莹　马　记

　　　　魏傺燕　惠文荣　李如斌　杨建华

　　　　陈年和　金　强　王　飞

出版说明

为加强住房和城乡建设领域人才队伍建设，住房和城乡建设部组织编制并颁布实施了《建筑与市政工程施工现场专业人员职业标准》JGJ/T 250—2011（以下简称《职业标准》），随后组织编写了《建筑与市政工程施工现场专业人员考核评价大纲》（以下简称《考核评价大纲》），要求各地参照执行。为贯彻落实《职业标准》和《考核评价大纲》，受江苏省住房和城乡建设厅委托，江苏省建设教育协会组织了具有较高理论水平和丰富实践经验的专家和学者，编写了《住房和城乡建设领域专业人员岗位培训考核系列用书》（以下简称《考核系列用书》），并于2014年9月出版。《考核系列用书》以《职业标准》为指导，紧密结合一线专业人员岗位工作实际，出版后多次重印，受到业内专家和广大工程管理人员的好评，同时也收到了广大读者反馈的意见和建议。

根据住房和城乡建设部要求，2016年起将逐步启用全国住房和城乡建设领域专业人员岗位统一考核评价题库，为保证《考核系列用书》更加贴近部颁《职业标准》和《考核评价大纲》的要求，受江苏省住房和城乡建设厅委托，江苏省建设教育协会组织业内专家和培训老师，在第一版的基础上对《考核系列用书》进行了全面修订，编写了这套《住房和城乡建设领域专业人员岗位培训考核系列用书（第二版）》（以下简称《考核系列用书（第二版）》）。

《考核系列用书（第二版）》全面覆盖了施工员、质量员、资料员、机械员、材料员、劳务员、安全员、标准员等《职业标准》和《考核评价大纲》涉及的岗位（其中，施工员、质量员分为土建施工、装饰装修、设备安装和市政工程四个子专业）。每个岗位结合其职业特点以及培训考核的要求，包括《专业基础知识》、《专业管理实务》和《考试大纲·习题集》三个分册。

《考核系列用书（第二版）》汲取了第一版的优点，并综合考虑第一版使用中发现的问题及反馈的意见、建议，使其更适合培训教学和考生备考的需要。《考核系列用书（第二版）》系统性、针对性较强，通俗易懂，图文并茂，深入浅出，配以考试大纲和习题集，力求做到易学、易懂、易记、易操作。既是相关岗位培训考核的指导用书，又是一线专业岗位人员的实用工具书；既可供建设单位、施工单位及相关高职高专、中职中专学校教学培训使用，又可供相关专业人员自学参考使用。

《考核系列用书（第二版）》在编写过程中，虽然经多次推敲修改，但由于时间仓促，加之编著水平有限，如有疏漏之处，恳请广大读者批评指正（相关意见和建议请发送至JYXH05@163.com），以便我们认真加以修改，不断完善。

本书编写委员会

主　　编：李如斌

编写人员：丁国忠　徐筱舢　谢　寒　徐明刚

　　　　　束必清

前 言

根据住房和城乡建设部的要求，2016年起将逐步启用全国住房和城乡建设领域专业人员岗位统一考核评价题库，为更好贯彻落实《建筑与市政工程施工现场专业人员职业标准》JGJ/T 250—2011，保证培训教材更加贴近部颁《建筑与市政工程施工现场专业人员考核评价大纲》的要求，受江苏省住房和城乡建设厅委托，江苏省建设教育协会组织业内专家和培训老师，在《住房和城乡建设领域专业人员岗位培训考核系列用书》第一版的基础上进行了全面修订，编写了这套《住房和城乡建设领域专业人员岗位培训考核系列用书（第二版）》（以下简称《考核系列用书（第二版）》），本书为其中的一本。

劳务员培训考核用书包括《劳务员专业基础知识》、《劳务员专业管理实务》、《劳务员考试大纲·习题集》三本，反映了国家现行规范、规程、标准，并以劳务管理为主线，不仅涵盖了劳务员应掌握的通用知识、基础知识、岗位知识和专业技能，还涉及新技术、新设备、新工艺、新材料等方面的知识。

本书为《劳务员专业管理实务》分册，全书共9章，包括劳务员岗位相关的标准和管理规定、劳动定额的基本知识、劳务用工计划管理、劳动合同管理、劳务分包管理、劳务纠纷管理、社会保险的基本知识、劳务分包款及劳务人员工资管理、劳务资料管理。

本书既可作为劳务员岗位培训考核的指导用书，又可作为施工现场相关专业人员的实用工具书，也可供职业院校师生和相关专业人员参考使用。

目　　录

第1章　劳务员岗位相关的标准和管理规定 … 1

1.1　建筑业劳务用工、持证上岗管理规定 … 1
- 1.1.1　劳务用工对个人的规定 … 1
- 1.1.2　劳务用工对企业的规定 … 2
- 1.1.3　建筑业企业上岗证书的规定 … 3

1.2　建筑劳务企业资质制度的相关规定 … 4
- 1.2.1　建筑劳务企业分类及资质标准 … 4
- 1.2.2　建筑劳务企业工程作业分包范围 … 8

1.3　验证劳务队伍资质 … 9
- 1.3.1　验证劳务队伍资质业绩情况 … 9
- 1.3.2　验证劳务队伍管理情况 … 15

1.4　核验劳务人员身份、职业资格 … 17
- 1.4.1　验证劳务人员身份情况 … 17
- 1.4.2　审验劳务人员职业资格证书 … 18

1.5　农民工权益保护的有关规定 … 20
- 1.5.1　解决农民工问题的指导思想和基本原则 … 20
- 1.5.2　农民工权益保护的一般规定 … 21
- 1.5.3　农民工的就业服务 … 21
- 1.5.4　关于农民工工资支付政策的主要内容和要求 … 24
- 1.5.5　违反农民工工资支付规定的处罚 … 25
- 1.5.6　农民工权益保护、监督与保障 … 26

第2章　劳动定额的基本知识 … 31

2.1　劳动定额及其制定方法 … 31
- 2.1.1　劳动定额的概念、表达形式 … 31
- 2.1.2　制定劳动定额的主要方法 … 35

2.2　工作时间的界定 … 38
- 2.2.1　工作时间的界定 … 38
- 2.2.2　施工过程的概念 … 40

第3章　劳务用工计划管理 … 42

3.1　劳动力需求计划的编制 … 42

3.1.1　劳动力需求计划的编制原则和要求 …………………………………… 42
　　　3.1.2　劳动力总量需求计划的编制程序和方法 ……………………………… 43
　3.2　劳动力计划平衡方法 ……………………………………………………………… 46
　　　3.2.1　劳动力负荷曲线 ……………………………………………………………… 46
　　　3.2.2　劳动力计划平衡 ……………………………………………………………… 47
　3.3　编制劳务需求计划 ………………………………………………………………… 47
　　　3.3.1　建筑劳务管理的程序 ………………………………………………………… 47
　　　3.3.2　计算劳务用工数量及费用 …………………………………………………… 49
　　　3.3.3　制劳务用工需求计划表 ……………………………………………………… 51
　3.4　编制劳务培训计划 ………………………………………………………………… 53
　　　3.4.1　分析劳务培训需求 …………………………………………………………… 53
　　　3.4.2　编写劳务培训计划的主要内容 ……………………………………………… 57

第4章　劳动合同管理 …………………………………………………………………………… 62
　4.1　劳动合同的种类和内容 …………………………………………………………… 62
　　　4.1.1　劳动合同的概念、种类和特征 ……………………………………………… 62
　　　4.1.2　劳动合同的格式与必备条款 ………………………………………………… 65
　　　4.1.3　劳动合同的其他条款及当事人约定事项 …………………………………… 67
　　　4.1.4　劳动合同的变更、解除及违约责任 ………………………………………… 68
　4.2　劳动合同审查的内容和要求 ……………………………………………………… 72
　　　4.2.1　劳动合同审查的内容 ………………………………………………………… 72
　　　4.2.2　劳动合同审查的要求 ………………………………………………………… 72
　4.3　劳动合同的实施和管理 …………………………………………………………… 72
　　　4.3.1　劳动合同的实施 ……………………………………………………………… 72
　　　4.3.2　劳动合同的过程管理 ………………………………………………………… 73
　　　4.3.3　劳动合同的签订 ……………………………………………………………… 75
　4.4　劳动合同的法律效力 ……………………………………………………………… 76
　　　4.4.1　劳动合同法律效力的认定 …………………………………………………… 76
　　　4.4.2　劳动合同纠纷的处理 ………………………………………………………… 77
　4.5　对劳动合同进行规范性审查 ……………………………………………………… 78
　　　4.5.1　审查订立劳动合同的主体 …………………………………………………… 78
　　　4.5.2　审查劳动书内容 ……………………………………………………………… 79

第5章　劳务分包管理 …………………………………………………………………………… 85
　5.1　劳务分包管理的一般规定 ………………………………………………………… 85
　　　5.1.1　对劳务分包企业的规定 ……………………………………………………… 85
　　　5.1.2　对劳务人员的规定 …………………………………………………………… 86
　5.2　劳务招标管理 ……………………………………………………………………… 87
　　　5.2.1　劳务招标投标的特点 ………………………………………………………… 88

  5.2.2 劳务招标的主要内容 …………………………………… 88
  5.2.3 劳务招标管理工作流程 ………………………………… 89
 5.3 劳务分包作业管理 ……………………………………………… 90
  5.3.1 劳务分包队伍进出场管理 ……………………………… 91
  5.3.2 劳务分包作业过程管理 ………………………………… 95
 5.4 劳务费用的结算与支付 ………………………………………… 101
  5.4.1 劳务人员工资的计算方式 ……………………………… 101
  5.4.2 劳务费结算与支付管理的程序 ………………………… 102
  5.4.3 劳务费结算与支付管理的要求 ………………………… 103
  5.4.4 劳务费结算支付报表制度 ……………………………… 107
 5.5 评审劳务分包合同 ……………………………………………… 108
  5.5.1 评审劳务分包合同的内容与条款 ……………………… 108
  5.5.2 评审劳务分包合同的主体与形式 ……………………… 118
  5.5.3 评价劳务分包方施工与资源保障能力 ………………… 120
  5.5.4 监督劳务分包合同的实施 ……………………………… 122
 5.6 劳务分包队伍进行综合评价 …………………………………… 125
  5.6.1 劳务分包队伍综合评价的内容 ………………………… 125
  5.6.2 劳务分包队伍综合评价的方法 ………………………… 126
  5.6.3 实施劳务分包队伍综合评价 …………………………… 128
  5.6.4 反馈综合评价结果 ……………………………………… 129
 5.7 实名制管理的作用、内容和重点 ……………………………… 131
  5.7.1 实名制管理的作用 ……………………………………… 131
  5.7.2 实名制管理的内容和重点 ……………………………… 132
 5.8 实名制管理的程序 ……………………………………………… 133
  5.8.1 实名制备案系统 ………………………………………… 133
  5.8.2 实名制系统的管理 ……………………………………… 134

第6章 劳务纠纷管理 …………………………………………… 137
 6.1 劳务纠纷常见形式及解决方法 ………………………………… 137
  6.1.1 劳务纠纷的分类、形式 ………………………………… 137
  6.1.2 解决劳务纠纷的合同内方法 …………………………… 139
  6.1.3 解决劳务纠纷的合同外方法 …………………………… 140
 6.2 劳务纠纷调解程序 ……………………………………………… 142
  6.2.1 劳务纠纷调解的基本原则 ……………………………… 142
  6.2.2 劳务纠纷调解的一般程序 ……………………………… 143
 6.3 劳务工资纠纷应急预案 ………………………………………… 143
  6.3.1 劳务工资纠纷应急预案的编制 ………………………… 143
  6.3.2 劳务工资纠纷应急预案的组织实施 …………………… 144
  6.3.3 编写工资纠纷应急预案的主要内容 …………………… 145

  6.3.4 建立工资纠纷应急处理的组织管理系统 ················ 148
  6.3.5 实施劳务人员工资纠纷应急预案 ······················ 148
 6.4 调解和处理劳务纠纷 ·· 150
  6.4.1 判断劳务纠纷特点及其原因 ···························· 150
  6.4.2 调解并协商处理劳务纠纷 ······························· 152
 6.5 工伤事故处理程序 ··· 155
  6.5.1 工伤与工伤事故的分类、认定及工伤保险 ············ 155
  6.5.2 抢救伤员与保护现场 ····································· 156
  6.5.3 工伤事故的报告、调查与处理 ·························· 157
 6.6 参与工伤事故的善后处理 ······································· 158
  6.6.1 协助办理工伤及工伤事故的认定 ······················ 158
  6.6.2 协助办理工伤或伤亡职工的治疗与抚恤手续 ········· 160
  6.6.3 协助处理工伤及伤亡保险事项 ·························· 163

第7章 社会保险的基本知识 ·· 164

 7.1 社会保险的依据与种类 ··· 164
  7.1.1 社会保险的法律依据与制度规定 ······················ 164
  7.1.2 基本社会保险 ··· 164
  7.1.3 建筑施工企业工伤保险和意外伤害保险 ·············· 166
 7.2 社会保险的管理 ·· 166
  7.2.1 社会保险费的征收 ······································· 166
  7.2.2 社会保险争议的解决 ···································· 167

第8章 劳务分包款及劳务人员工资管理 ···································· 168

 8.1 劳务分包款管理 ·· 168
  8.1.1 核实进场前是否及时签订劳务分包合同 ·············· 168
  8.1.2 核实劳务费是否在劳务分包合同中单列 ·············· 171
  8.1.3 核实劳务费是否及时结算和签认 ······················ 172
 8.2 劳务人员工资管理 ·· 179
  8.2.1 建立劳务人员考勤表 ···································· 179
  8.2.2 建立劳务人员工资表 ···································· 181
  8.2.3 建立劳务人员工资台账 ································· 184
  8.2.4 核实劳务人员工资表的编制、公示和确认 ··········· 192
  8.2.5 核实劳务人员工资的实际支付情况 ··················· 193

第9章 劳务资料管理 ·· 202

 9.1 劳务管理资料 ·· 202
  9.1.1 劳务管理资料的范围与种类 ··························· 202
  9.1.2 劳务管理资料的收集与整理 ··························· 203

9.1.3 劳务管理资料档案的编制与保管 …………………………… 203
9.2 劳务资料的管理 ………………………………………………… 204
　　9.2.1 建立劳务资料目录、登记造册 ………………………………… 204
　　9.2.2 收集、审查劳务管理资料 ……………………………………… 207
　　9.2.3 制订劳务管理资料的安全防护措施 …………………………… 219

参考文献 ………………………………………………………………… 225

第1章 劳务员岗位相关的标准和管理规定

1.1 建筑业劳务用工、持证上岗管理规定

1.1.1 劳务用工对个人的规定

1.1.1.1 年龄和身体条件

1. 年龄规定

（1）最低年龄 《中华人民共和国劳动法》在以下各条款中对用工年龄进行了规定：

第十五条 禁止用人单位招用未满十六周岁的未成年人。

第五十八条 国家对女职工和未成年工实行特殊劳动保护。未成年工是指年满十六周岁未满十八周岁的劳动者。

第六十四条 不得安排未成年工从事矿山井下、有毒有害、国家规定的第四级体力劳动强度的劳动和其他禁忌从事的劳动。

因此，根据《中华人民共和国劳动法》的规定，从事一般建筑业劳动的务工人员的最低年龄，必须是年满十六周岁以上；从事繁重体力劳动和接触有毒有害物质的建筑业劳动的务工人员的最低年龄必须是年满十八周岁以上。

（2）退休年龄 法定退休年龄是指第五届全国人民代表大会常务委员会第二次会议批准，《国务院关于安置老弱病残干部的暂行办法》和《国务院关于工人退休、退职的暂行办法》（国发［1978］104号）文件所规定的退休年龄。即：全民所有制企业、事业单位和党政机关、群众团体的工人：

1）男年满六十周岁，女年满五十周岁，并且连续工龄满十年的；

2）男年满五十五周岁，女年满四十五周岁，连续工龄满十年的，从事井下、高空、高温、特别繁重体力劳动或其他有害身体健康的工作；

3）男年满五十周岁，女年满四十五周岁，连续工龄满十年，由医院证明，并经劳动鉴定委员会确认，完全丧失劳动能力的应当准予退休。

2. 身体条件

建筑行业的工作多数属于强体力劳动，而且经常从事高处作业，因此对务工者必须有身体条件的要求。凡患有高血压、心脏病、贫血、慢性肝炎、癫痫（羊角风）等症的人不宜从事建筑业的工作。凡患有眩晕症、恐高症的人不应从事高处作业的工作。

1.1.1.2 务工人员上岗前应接受的培训

务工人员上岗前应接受相应的岗前培训。岗前培训是向员工介绍企业（项目）的基本情况、规章制度，帮助他们了解岗位的性质、特点和要求，传授岗位操作的基本知识和技能，提高文明施工、安全生产及法律法规意识，以适应相应的工作岗位的需要。

1. 基本技能和技术操作规程的培训

不同专业、不同工种、不同岗位的技能培训要求各不相同。基本技能和技术操作规程的培训能使务工者在工作前了解操作规程，掌握一定的操作技能，以满足相应岗位的基本工作要求。

2. 安全生产和工程质量常识培训

培训内容有建筑施工安全常识、典型事故案例分析、施工质量基本知识。通过培训，使务工人员了解施工现场的主要安全隐患，正确使用个人防护用品和认真落实安全防护措施，增强质量意识，确保施工安全，确保工程质量。

3. 法律法规培训

务工人员需要具备一些基本的法律知识，如《劳动法》《劳动合同法》《建筑法》《安全生产法》《建筑工程安全生产管理条例》《建设工程质量管理条例》等。各地区还应结合本地区具体情况，进行地方性法规及规章的培训。了解这些法律法规，能够增强务工者遵纪守法和利用法律保护自身合法权益的意识。

4. 道德和城市生活常识培训

道德和城市生活常识培训的内容包括公共道德、职业道德、城市生活常识等。培训的目的是培养务工者良好的公民道德意识，使他们树立保护环境、遵纪守法、文明礼貌、爱岗敬业、服务社会的良好风尚。增强务工者在城市工作和生活适应的能力。

1.1.1.3 职业资格证书

职业资格证书是表明劳动者具有从事某一职业所必备的专业知识和技能的证明。它是劳动者求职、上岗的资格凭证，是用人单位招聘、录用劳动者的主要依据之一，也是证明劳动者技能水平的有效证件。职业资格证书与职业劳动活动密切相连，反映特定职业的实际工作标准和规范。

职业资格证书与职业劳动活动密切相连，是根据特定职业的实际工作内容、特点、标准和规范等规定的技能水平确定等级，其等级分为初级工、中级工、高级工、技师和高级技师五级。从事特种作业的人员，还必须经过专门培训并取得相应特种作业资格后才能上岗。关于特种作业工种，除了住房和城乡建设部统一规定之外，各地区还可以根据自身特点另外增加一些工种。

1.1.2 劳务用工对企业的规定

1.1.2.1 资质要求

1.《中华人民共和国公司法》的规定

根据《中华人民共和国公司法》的相关规定，施工劳务企业应办理工商注册并取得《企业法人营业执照》；

第十一条 下列建筑业企业资质，由企业工商注册所在地设区的市人民政府住房城乡建设主管部门许可：

（一）施工总承包资质序列三级资质（不含铁路、通信工程施工总承包三级资质）；

（二）专业承包资质序列三级资质（不含铁路方面专业承包资质）及预拌混凝土、模板脚手架专业承包资质；

（三）施工劳务资质；

（四）燃气燃烧器具安装、维修企业资质。

2. 《建筑业企业资质管理规定》的规定

根据住房和城乡建设部 2015 年《建筑业企业资质管理规定》（住房和城乡建设部令第 22 号），具备由企业工商注册所在地的市人民政府建设主管部门核发的《建筑业企业资质证书》，并符合资质许可的规定范围；

《建筑业企业资质管理规定》中明确规定了施工劳务企业资质标准：

（1）企业资产

1）净资产 200 万元以上。

2）具有固定的经营场所。

（2）企业主要人员

1）技术负责人具有工程序列中级以上职称或高级工以上资格。

2）持有岗位证书的施工现场管理人员不少于 5 人，且施工员、质量员、安全员、劳务员等人员齐全。

3）经考核或培训合格的技术工人不少于 50 人。

（3）承包业务范围

可承担各类施工劳务作业。

1.1.2.2 政策管理要求

（1）根据相关部门的要求建立的"工资保证金专用账户"、"农民工工资专用账户"证明材料；

（2）施工劳务企业规模、组织架构、技术力量、施工业绩（如果有）以及财务、劳资、质量、安全等管理制度等材料；

（3）企业从业人员花名册、岗位证书及特种作业人员的持证情况；

（4）劳务员应当具有省级住房和城乡建设部门颁发的劳务员岗位证书（该证书今后将全国统一），并应当取得继续教育合格证书。

同时，施工劳务企业应符合工程项目所在地建设行政主管部门的相关管理要求，进行备案。

1.1.3 建筑业企业上岗证书的规定

1.1.3.1 持证上岗的制度规定

（1）施工总承包、专业承包与施工劳务企业的施工队伍必须配备相应的管理人员，全部管理人员均应持有国家相关部门颁发的管理岗位证书。

（2）管理人员配备应符合以下标准：

1）总承包、专业承包与施工劳务企业的法人代表、项目负责人、专职安全员必须具有相应的安全资格证书；

2）总承包、专业承包与施工劳务企业，必须配备一名劳务员，劳务员必须持有岗位资格证书。

（3）一般技术工人、特种作业人员、劳务普工注册人员应 100% 持有相应工种的岗位证书。

（4）施工总承包、专业承包与施工劳务企业的施工队伍中的初级工、中级工、高级工均须取得相应资格证书。

1.1.3.2 岗位证书的种类

1. 管理人员岗位证书

项目经理必须持有相应专业的一级或二级建造师证书，持有的建造师证书的级别，由所在的工程项目的规模确定。

《建筑与市政工程施工现场专业人员职业标准》中规定的"八大类"管理人员须持《住房和城乡建设领域××岗位管理人员岗位证书》。

2. 职业技能岗位证书

技术工人、普工须持《××工种国家职业资格证书》或住房和城乡建设部《××工种职业技能岗位证书》。

3. 特种作业人员操作证书

特种作业人员须持国家住房和城乡建设部或国家安监局颁发的《××工种特种作业人员操作证书》；建筑行业起重设备操作人员须持国家住房和城乡建设部核发的《××工种建筑施工特种作业人员操作资格证》。

4. 特种设备作业人员证书

特种设备作业人员须持国家质量技术监督管理局《××工种特种设备作业人员证》。

1.2 建筑劳务企业资质制度的相关规定

1.2.1 建筑劳务企业分类及资质标准

1.2.1.1 原建设部印发的《建筑业企业资质等级标准》（建建［2001］82号）

建筑业劳务分包企业（简称劳务企业）资质标准，将劳务企业分为13类。其中木工作业分包企业等6类企业分为一级和二级资质等级标准；抹灰作业分包企业等7类企业资质等级标准不分等级。

1. 木工作业分包企业资质标准

一级资质标准：

(1) 企业注册资本金30万元以上。

(2) 企业具有相关专业技术员或本专业高级工以上的技术负责人。

(3) 企业具有初级以上木工不少于20人，其中，中、高级工不少于50%；企业作业人员持证上岗率100%。

(4) 企业近3年最高年完成劳务分包合同额100万元以上。

(5) 企业具有与作业分包范围相适应的机具。

二级资质标准：

(1) 企业注册资本金10万元以上。

(2) 企业具有本专业高级工以上的技术负责人。

(3) 企业具有初级以上木工不少于10人。其中，中、高级工不少于50%；企业作业人员持证上岗率100%。

(4) 企业近3年承担过2项以上木工作业分包，工程质量合格。

（5）企业具有与作业分包范围相适应的机具。

2. 砌筑作业分包企业资质标准

一级资质标准：

（1）企业注册资本金 30 万元以上。

（2）企业具有相关专业技术员或高级工以上的技术负责人。

（3）企业具有初级以上砖瓦、抹灰技术工人不少于 50 人，其中，中、高级工不少于 50％；企业作业人员持证上岗率 100％。

（4）企业近 3 年最高年完成劳务分包合同额 100 万元以上。

（5）企业具有与作业分包范围相适应的机具。

二级资质标准：

（1）企业注册资本金 10 万元以上。

（2）企业具有相关专业技术员或中级工等级以上的技术负责人。

（3）企业具有初级以上砖瓦、抹灰技术工人不少于 20 人，其中，中、高级工不少于 30％；企业作业人员持证上岗率 100％。

（4）企业近 3 年承担过 2 项以上砌筑作业分包，工程质量合格。

（5）企业具有与作业分包范围相适应的机具。

3. 抹灰作业分包企业资质标准

（1）企业注册资本金 30 万元以上。

（2）企业具有相关专业技术员或本专业高级工以上的技术负责人。

（3）企业具有初级以上抹灰工不少于 50 人，其中，中、高级工不少于 50％；企业作业人员持证上岗率 100％。

（4）企业近 3 年承担过 2 项以上抹灰作业分包，工程质量合格。

（5）企业具有与作业分包范围相适应的机具。

4. 石制作分包企业资质标准

石制作分包企业资质不分等级。

（1）企业注册资本金 30 万元以上。

（2）企业具有相关专业技术员或具有 5 年以上石制作经历的技术负责人。

（3）企业具有石制作工人不少于 10 人。

（4）企业近 3 年承担过 2 项以上石制作作业分包，工程质量合格。

（5）企业具有与作业分包范围相适应的机具。

5. 油漆作业分包企业资质标准

（1）企业注册资本金 30 万元以上。

（2）企业具有相关专业技术员或本专业高级工以上的技术负责人。

（3）企业具有初级以上油漆工不少于 20 人，其中，中、高级工不少于 50％；企业作业人员持证上岗率 100％。

（4）企业近 3 年承担过 2 项以上油漆作业分包，工程质量合格。

（5）企业具有与作业分包范围相适应的机具。

6. 钢筋作业分包企业资质标准

一级资质标准：

（1）企业注册资本金 30 万元以上。
（2）企业具有相关专业助理工程师或技师以上职称的技术负责人。
（3）企业具有初级以上钢筋、焊接技术工人不少于 20 人，其中，中、高级工不少于 50%；企业作业人员持证上岗率 100%。
（4）近 3 年中最高年完成劳务分包合同额 100 万元以上。
（5）企业具有与作业分包范围相适应的机具。

二级资质标准：
（1）企业注册资本金 10 万元以上。
（2）企业具有专业技术员或高级工以上的技术负责人。
（3）企业具有初级以上钢筋、焊接技术工人不少于 10 人，其中，中、高级工不少于 30%；企业作业人员持证上岗率 100%。
（4）企业近 3 年承担过 2 项以上钢筋绑扎、焊接作业分包，工程质量合格。
（5）企业具有与作业分包范围相适应的机具。

7. 混凝土作业分包企业资质标准
（1）企业注册资本金 30 万元以上。
（2）企业具有相关专业助理工程师职称或技师以上的技术负责人。
（3）企业具有初级以上混凝土技术工人不少于 30 人，其中，中、高级工不少于 50%；企业作业人员持证上岗率 100%。
（4）企业近 3 年最高年完成劳务分包合同额 100 万元以上。
（5）企业具有与作业分包范围相适应的机具。

8. 脚手架搭设作业分包企业资质标准
一级资质标准：
（1）企业注册资本金 50 万元以上。
（2）企业具有相关专业助理工程师或技师以上的技术负责人。
（3）企业具有初级以上架子工技术工人不少于 50 人，其中，中、高级工不少于 50%；企业作业人员持证上岗率 100%。
（4）企业近 3 年最高年完成劳务分包合同额 100 万元以上。
（5）企业具有与作业分包范围相适应的机具。

二级资质标准：
（1）企业注册资本金 20 万元以上。
（2）企业具有相关专业技术员或高级工以上的技术负责人。
（3）企业具有初级以上架子工技术工人不少于 20 人，其中，中、高级工不少于 30%；企业作业人员持证上岗率 100%。
（4）企业具有与作业分包范围相适应的机具。

9. 模板作业分包企业资质标准
一级资质标准：
（1）企业注册资本金 30 万元以上。
（2）企业具有相关专业助理工程师或技师以上的技术负责人。
（3）企业具有初级以上相应专业的技术工人不少于 30 人，其中，中、高级工不少于

50%；企业作业人员持证上岗率100%。

(4) 企业近3年最高年完成劳务分包合同额100万元以上。

(5) 企业具有与作业分包范围相适应的机具。

二级资质标准：

(1) 企业注册资本金10万元以上。

(2) 企业具有相关专业技术员或高级工以上的技术负责人。

(3) 企业具有初级以上相应专业的技术工人不少于15人，其中，中、高级工不少于30%；企业作业人员持证上岗率100%。

(4) 企业具有与作业分包范围相适应的机具。

10. 焊接作业分包企业资质标准

一级资质标准：

(1) 企业注册资本金30万元以上。

(2) 企业具有相关专业助理工程师或技师以上的技术负责人。

(3) 企业具有初级以上焊接技术工人不少于20人，其中，中、高级工不少于50%；企业作业人员持证上岗率100%。

(4) 企业近3年最高年完成劳务分包合同额100万元以上。

(5) 企业具有与作业分包范围相适应的机具。

二级资质标准：

(1) 企业注册资本金10万元以上。

(2) 企业具有相关专业技术员或高级工以上的技术负责人。

(3) 企业具有初级以上焊接技术工人不少于10人，其中，中、高级工不少于50%；企业作业人员持证上岗率100%。

(4) 企业近3年承担过2项以上焊接作业分包，工程质量合格。

(5) 企业具有与作业分包范围相适应的机具。

11. 水暖电安装作业分包企业资质标准

(1) 企业注册资本金30万元以上。

(2) 企业具有相应专业助理工程师或技师以上的技术负责人。

(3) 企业具有初级以上水暖、电工及管道技术工人不少于30人，其中，中、高级工不少于50%；企业作业人员持证上岗率100%。

(4) 企业近3年承担过2项以上水暖电安装作业分包，工程质量合格。

(5) 企业具有与作业分包范围相适应的机具。

12. 钣金工程作业分包企业资质标准

(1) 企业注册资本金30万元以上。

(2) 企业具有本专业助理工程师或技师以上的技术负责人。

(3) 企业具有初级以上钣金等技术工人不少于20人，其中，中、高级工不少于50%；企业作业人员持证上岗率100%。

(4) 企业近3年承担过2项以上钣金作业分包，工程质量合格。

(5) 企业具有与作业分包范围相适应的机具。

13. 架线工程作业分包企业资质标准

(1) 企业注册资本金 50 万元以上。

(2) 企业具有本专业工程师以上职称的技术负责人。

(3) 企业具有初级以上架线技术工人不少于 60 人，其中，中、高级工不少于 50%；企业作业人员持证上岗率 100%。

(4) 企业近 3 年承担过 2 项以上架线作业分包，工程质量合格。

(5) 企业具有与作业分包范围相适应的机具。

1.2.1.2　住房和城乡建设部 2015 年《建筑业企业资质管理规定》（住建部令第 22 号）

施工劳务企业资质标准：

1. 企业资产

(1) 净资产 200 万元以上。

(2) 具有固定的经营场所。

2. 企业主要人员

(1) 技术负责人具有工程序列中级以上职称或高级工以上资格。

(2) 持有岗位证书的施工现场管理人员不少于 5 人，且施工员、质量员、安全员、劳务员等人员齐全。

(3) 经考核或培训合格的技术工人不少于 50 人。

3. 承包业务范围

可承担各类施工劳务作业。

2015 年 1 月 1 日执行的最新建筑企业资质标准中变化非常大的一点就是施工劳务资质的变化。(1) 旧版的劳务分包企业资质标准分为木工作业、砌筑作业等 13 个专业，并且部分专业有等级之分；最新建筑企业资质标准中施工劳务资质不分专业，不分等级。(2) 最新的施工劳务企业资质标准中只对企业资产和企业主要人员进行了要求，且获得施工劳务企业资质的企业，可以承担各类施工劳务作业。相对旧的资质标准，新标准主要有如下变化：

1) 企业资产要求提高；

2) 增加了经营场所的要求；

3) 提高了对技术负责人的要求；

4) 增加了对持有岗位证书的施工现场管理人员的要求；

5) 提高了对技术工人的数量要求；

6) 取消了对业绩的要求；

7) 取消了对机具的要求。

1.2.2　建筑劳务企业工程作业分包范围

前面已经提到，旧标准中劳务企业分为 13 类。其中木工作业分包企业等 6 类企业分为一级和二级资质等级标准；抹灰作业分包企业等 7 类企业资质等级标准不分等级。根据企业类别及资质等级标准，其作业分包范围有所不同，还有一项通用要求即单项业务合同额不超过企业注册资本金的 5 倍。

1. 砌筑作业分包企业分包范围：

可承担各类工程砌筑作业（不含各类工业炉窑砌筑）分包业务。

2. 脚手架搭设作业分包企业作业分包范围：

一级企业：可承担各类工程的脚手架（不含附着升降脚手架）搭设作业分包业务。

二级企业：可承担20层或高度60m以下各类工程的脚手架（不含附着升降脚手架）作业分包业务。

3. 模板作业分包企业作业分包范围：

一级企业：可承担各类工程模板作业分包业务。

二级企业：可承担普通钢模、木模、竹模、复合模板作业分包业务。

4. 焊接作业分包企业作业分包范围：

一级企业：可承担各类工程焊接作业分包业务。

二级企业：可承担普通焊接作业的分包业务。

根据住房和城乡建设部2015年《建筑业企业资质管理规定》（住建部令第22号）施工劳务企业的承包业务范围一律改为：可承担各类施工劳务作业。

1.3 验证劳务队伍资质

1.3.1 验证劳务队伍资质业绩情况

劳务员在审验劳务队伍资质时，首先验证该劳务队伍是否隶属于某一具有资质的施工劳务企业，如果该劳务队伍与某一具有资质的施工劳务企业只是挂靠的关系或者与具有资质的施工劳务企业根本不存在隶属关系，劳务员应向本企业劳务主管部门如实反映情况，由企业劳务主管部门进行处理。在劳务队伍确实隶属于某一具有资质的施工劳务企业的前提下，应验证以下几方面：

劳务员应对劳务队伍资质进行审验，劳务队伍应满足以下几方面要求：

1. 资质要求

（1）施工作业队所在的施工劳务企业应符合《建筑业企业资质管理规定》（住建部令第22号）的要求。

（2）施工劳务企业的施工作业队属于当地建设主管部门、行业管理协会和企业考核评价合格的队伍。

（3）施工作业队已经按规定完成对进场施工管理和作业人员在建设行政主管部门备案。

2. 业绩要求

劳务队伍在以往完成的工程中，能够信守合同、保证工期、满足质量、安全要求，能服从项目经理部的日常管理。能够积极配合政府主管部门和项目经理部妥善处理突发事件，保证企业和社会稳定。

3. 政策管理要求

劳务队伍没有违反国家及地方政府法律法规与政策的不良记录。

上面几个方面的验证，主要依据《建筑业企业资质管理规定》（住房和城乡建设部令

第 22 号)的具体要求实施。下面对该规定进行详细的介绍:

《建筑业企业资质管理规定》(住房和城乡建设部令第 22 号)

第一章 总 则

第一条 为了加强对建筑活动的监督管理,维护公共利益和规范建筑市场秩序,保证建设工程质量安全,促进建筑业的健康发展,根据《中华人民共和国建筑法》、《中华人民共和国行政许可法》、《建设工程质量管理条例》、《建设工程安全生产管理条例》等法律、行政法规,制定本规定。

第二条 在中华人民共和国境内申请建筑业企业资质,实施对建筑业企业资质监督管理,适用本规定。

本规定所称建筑业企业,是指从事土木工程、建筑工程、线路管道设备安装工程的新建、扩建、改建等施工活动的企业。

第三条 企业应当按照其拥有的资产、主要人员、已完成的工程业绩和技术装备等条件申请建筑业企业资质,经审查合格,取得建筑业企业资质证书后,方可在资质许可的范围内从事建筑施工活动。

第四条 国务院住房城乡建设主管部门负责全国建筑业企业资质的统一监督管理。国务院交通运输、水利、工业信息化等有关部门配合国务院住房城乡建设主管部门实施相关资质类别建筑业企业资质的管理工作。

省、自治区、直辖市人民政府住房城乡建设主管部门负责本行政区域内建筑业企业资质的统一监督管理。省、自治区、直辖市人民政府交通运输、水利、通信等有关部门配合同级住房城乡建设主管部门实施本行政区域内相关资质类别建筑业企业资质的管理工作。

第五条 建筑业企业资质分为施工总承包资质、专业承包资质、施工劳务资质三个序列。

施工总承包资质、专业承包资质按照工程性质和技术特点分别划分为若干资质类别,各资质类别按照规定的条件划分为若干资质等级。施工劳务资质不分类别与等级。

第六条 建筑业企业资质标准和取得相应资质的企业可以承担工程的具体范围,由国务院住房城乡建设主管部门会同国务院有关部门制定。

第七条 国家鼓励取得施工总承包资质的企业拥有全资或者控股的劳务企业。

建筑业企业应当加强技术创新和人员培训,使用先进的建造技术、建筑材料,开展绿色施工。

第二章 申请与许可

第八条 企业可以申请一项或多项建筑业企业资质。

企业首次申请或增项申请资质,应当申请最低等级资质。

第九条 下列建筑业企业资质,由国务院住房城乡建设主管部门许可:

(一)施工总承包资质序列特级资质、一级资质及铁路工程施工总承包二级资质;

(二)专业承包资质序列公路、水运、水利、铁路、民航方面的专业承包一级资质及铁路、民航方面的专业承包二级资质;涉及多个专业的专业承包一级资质。

第十条 下列建筑业企业资质，由企业工商注册所在地省、自治区、直辖市人民政府住房城乡建设主管部门许可：

（一）施工总承包资质序列二级资质及铁路、通信工程施工总承包三级资质；

（二）专业承包资质序列一级资质（不含公路、水运、水利、铁路、民航方面的专业承包一级资质及涉及多个专业的专业承包一级资质）；

（三）专业承包资质序列二级资质（不含铁路、民航方面的专业承包二级资质）；铁路方面专业承包三级资质；特种工程专业承包资质。

第十一条 下列建筑业企业资质，由企业工商注册所在地设区的市人民政府住房城乡建设主管部门许可：

（一）施工总承包资质序列三级资质（不含铁路、通信工程施工总承包三级资质）；

（二）专业承包资质序列三级资质（不含铁路方面专业承包资质）及预拌混凝土、模板脚手架专业承包资质；

（三）施工劳务资质；

（四）燃气燃烧器具安装、维修企业资质。

第十二条 申请本规定第九条所列资质的，应当向企业工商注册所在地省、自治区、直辖市人民政府住房城乡建设主管部门提出申请。其中，国务院国有资产管理部门直接监管的建筑企业及其下属一层级的企业，可以由国务院国有资产管理部门直接监管的建筑企业向国务院住房城乡建设主管部门提出申请。

省、自治区、直辖市人民政府住房城乡建设主管部门应当自受理申请之日起20个工作日内初审完毕，并将初审意见和申请材料报国务院住房城乡建设主管部门。

国务院住房城乡建设主管部门应当自省、自治区、直辖市人民政府住房城乡建设主管部门受理申请材料之日起60个工作日内完成审查，公示审查意见，公示时间为10个工作日。其中，涉及公路、水运、水利、通信、铁路、民航等方面资质的，由国务院住房城乡建设主管部门会同国务院有关部门审查。

第十三条 本规定第十条规定的资质许可程序由省、自治区、直辖市人民政府住房城乡建设主管部门依法确定，并向社会公布。

本规定第十一条规定的资质许可程序由设区的市级人民政府住房城乡建设主管部门依法确定，并向社会公布。

第十四条 企业申请建筑业企业资质，应当提交以下材料：

（一）建筑业企业资质申请表及相应的电子文档；

（二）企业营业执照正副本复印件；

（三）企业章程复印件；

（四）企业资产证明文件复印件；

（五）企业主要人员证明文件复印件；

（六）企业资质标准要求的技术装备的相应证明文件复印件；

（七）企业安全生产条件有关材料复印件；

（八）按照国家有关规定应提交的其他材料。

第十五条 企业申请建筑业企业资质，应当如实提交有关申请材料。资质许可机关收到申请材料后，应当按照《中华人民共和国行政许可法》的规定办理受理手续。

第十六条　资质许可机关应当及时将资质许可决定向社会公开，并为公众查询提供便利。

第十七条　建筑业企业资质证书分为正本和副本，由国务院住房城乡建设主管部门统一印制，正、副本具备同等法律效力。资质证书有效期为5年。

第三章　延续与变更

第十八条　建筑业企业资质证书有效期届满，企业继续从事建筑施工活动的，应当于资质证书有效期届满3个月前，向原资质许可机关提出延续申请。

资质许可机关应当在建筑业企业资质证书有效期届满前做出是否准予延续的决定；逾期未做出决定的，视为准予延续。

第十九条　企业在建筑业企业资质证书有效期内名称、地址、注册资本、法定代表人等发生变更的，应当在工商部门办理变更手续后1个月内办理资质证书变更手续。

第二十条　由国务院住房城乡建设主管部门颁发的建筑业企业资质证书的变更，企业应当向企业工商注册所在地省、自治区、直辖市人民政府住房城乡建设主管部门提出变更申请，省、自治区、直辖市人民政府住房城乡建设主管部门应当自受理申请之日起2日内将有关变更证明材料报国务院住房城乡建设主管部门，由国务院住房城乡建设主管部门在2日内办理变更手续。

前款规定以外的资质证书的变更，由企业工商注册所在地的省、自治区、直辖市人民政府住房城乡建设主管部门或者设区的市人民政府住房城乡建设主管部门依法另行规定。变更结果应当在资质证书变更后15日内，报国务院住房城乡建设主管部门备案。

涉及公路、水运、水利、通信、铁路、民航等方面的建筑业企业资质证书的变更，办理变更手续的住房城乡建设主管部门应当将建筑业企业资质证书变更情况告知同级有关部门。

第二十一条　企业发生合并、分立、重组以及改制等事项，需承继原建筑业企业资质的，应当申请重新核定建筑业企业资质等级。

第二十二条　企业需更换、遗失补办建筑业企业资质证书的，应当持建筑业企业资质证书更换、遗失补办申请等材料向资质许可机关申请办理。资质许可机关应当在2个工作日内办理完毕。

企业遗失建筑业企业资质证书的，在申请补办前应当在公众媒体上刊登遗失声明。

第二十三条　企业申请建筑业企业资质升级、资质增项，在申请之日起前一年至资质许可决定做出前，有下列情形之一的，资质许可机关不予批准其建筑业企业资质升级申请和增项申请：

（一）超越本企业资质等级或以其他企业的名义承揽工程，或允许其他企业或个人以本企业的名义承揽工程的；

（二）与建设单位或企业之间相互串通投标，或以行贿等不正当手段谋取中标的；

（三）未取得施工许可证擅自施工的；

（四）将承包的工程转包或违法分包的；

（五）违反国家工程建设强制性标准施工的；

（六）恶意拖欠分包企业工程款或者劳务人员工资的；

（七）隐瞒或谎报、拖延报告工程质量安全事故，破坏事故现场、阻碍对事故调查的；

（八）按照国家法律、法规和标准规定需要持证上岗的现场管理人员和技术工种作业人员未取得证书上岗的；

（九）未依法履行工程质量保修义务或拖延履行保修义务的；

（十）伪造、变造、倒卖、出租、出借或者以其他形式非法转让建筑业企业资质证书的；

（十一）发生过较大以上质量安全事故或者发生过两起以上一般质量安全事故的；

（十二）其他违反法律、法规的行为。

第四章 监督管理

第二十四条 县级以上人民政府住房城乡建设主管部门和其他有关部门应当依照有关法律、法规和本规定，加强对企业取得建筑业企业资质后是否满足资质标准和市场行为的监督管理。

上级住房城乡建设主管部门应当加强对下级住房城乡建设主管部门资质管理工作的监督检查，及时纠正建筑业企业资质管理中的违法行为。

第二十五条 住房城乡建设主管部门、其他有关部门的监督检查人员履行监督检查职责时，有权采取下列措施：

（一）要求被检查企业提供建筑业企业资质证书、企业有关人员的注册执业证书、职称证书、岗位证书和考核或者培训合格证书，有关施工业务的文档，有关质量管理、安全生产管理、合同管理、档案管理、财务管理等企业内部管理制度的文件；

（二）进入被检查企业进行检查，查阅相关资料；

（三）纠正违反有关法律、法规和本规定及有关规范和标准的行为。

监督检查人员应当将监督检查情况和处理结果予以记录，由监督检查人员和被检查企业的有关人员签字确认后归档。

第二十六条 住房城乡建设主管部门、其他有关部门的监督检查人员在实施监督检查时，应当出示证件，并要有两名以上人员参加。

监督检查人员应当为被检查企业保守商业秘密，不得索取或者收受企业的财物，不得谋取其他利益。

有关企业和个人对依法进行的监督检查应当协助与配合，不得拒绝或者阻挠。

监督检查机关应当将监督检查的处理结果向社会公布。

第二十七条 企业违法从事建筑活动的，违法行为发生地的县级以上地方人民政府住房城乡建设主管部门或者其他有关部门应当依法查处，并将违法事实、处理结果或者处理建议及时告知该建筑业企业资质的许可机关。

对取得国务院住房城乡建设主管部门颁发的建筑业企业资质证书的企业需要处以停业整顿、降低资质等级、吊销资质证书行政处罚的，县级以上地方人民政府住房城乡建设主管部门或者其他有关部门，应当通过省、自治区、直辖市人民政府住房城乡建设主管部门或者国务院有关部门，将违法事实、处理建议及时报送国务院住房城乡建设主管部门。

第二十八条 取得建筑业企业资质证书的企业，应当保持资产、主要人员、技术装备等方面满足相应建筑业企业资质标准要求的条件。

企业不再符合相应建筑业企业资质标准要求条件的，县级以上地方人民政府住房城乡建设主管部门、其他有关部门，应当责令其限期改正并向社会公告，整改期限最长不超过3个月；企业整改期间不得申请建筑业企业资质的升级、增项，不能承揽新的工程；逾期仍未达到建筑业企业资质标准要求条件的，资质许可机关可以撤回其建筑业企业资质证书。

被撤回建筑业企业资质证书的企业，可以在资质被撤回后3个月内，向资质许可机关提出核定低于原等级同类别资质的申请。

第二十九条　有下列情形之一的，资质许可机关应当撤销建筑业企业资质：
（一）资质许可机关工作人员滥用职权、玩忽职守准予资质许可的；
（二）超越法定职权准予资质许可的；
（三）违反法定程序准予资质许可的；
（四）对不符合资质标准条件的申请企业准予资质许可的；
（五）依法可以撤销资质许可的其他情形。

以欺骗、贿赂等不正当手段取得资质许可的，应当予以撤销。

第三十条　有下列情形之一的，资质许可机关应当依法注销建筑业企业资质，并向社会公布其建筑业企业资质证书作废，企业应当及时将建筑业企业资质证书交回资质许可机关：
（一）资质证书有效期届满，未依法申请延续的；
（二）企业依法终止的；
（三）资质证书依法被撤回、撤销或吊销的；
（四）企业提出注销申请的；
（五）法律、法规规定的应当注销建筑业企业资质的其他情形。

第三十一条　有关部门应当将监督检查情况和处理意见及时告知资质许可机关。资质许可机关应当将涉及有关公路、水运、水利、通信、铁路、民航等方面的建筑业企业资质许可被撤回、撤销、吊销和注销的情况告知同级有关部门。

第三十二条　资质许可机关应当建立、健全建筑业企业信用档案管理制度。建筑业企业信用档案应当包括企业基本情况、资质、业绩、工程质量和安全、合同履约、社会投诉和违法行为等情况。

企业的信用档案信息按照有关规定向社会公开。

取得建筑业企业资质的企业应当按照有关规定，向资质许可机关提供真实、准确、完整的企业信用档案信息。

第三十三条　县级以上地方人民政府住房城乡建设主管部门或其他有关部门依法给予企业行政处罚的，应当将行政处罚决定以及给予行政处罚的事实、理由和依据，通过省、自治区、直辖市人民政府住房城乡建设主管部门或者国务院有关部门报国务院住房城乡建设主管部门备案。

第三十四条　资质许可机关应当推行建筑业企业资质许可电子化，建立建筑业企业资质管理信息系统。

第五章　法律责任

第三十五条　申请企业隐瞒有关真实情况或者提供虚假材料申请建筑业企业资质的，资质许可机关不予许可，并给予警告，申请企业在1年内不得再次申请建筑业企业资质。

第三十六条 企业以欺骗、贿赂等不正当手段取得建筑业企业资质的,由原资质许可机关予以撤销;由县级以上地方人民政府住房城乡建设主管部门或者其他有关部门给予警告,并处 3 万元的罚款;申请企业 3 年内不得再次申请建筑业企业资质。

第三十七条 企业有本规定第二十三条行为之一,《中华人民共和国建筑法》、《建设工程质量管理条例》和其他有关法律、法规对处罚机关和处罚方式有规定的,依照法律、法规的规定执行;法律、法规未作规定的,由县级以上地方人民政府住房城乡建设主管部门或者其他有关部门给予警告,责令改正,并处 1 万元以上 3 万元以下的罚款。

第三十八条 企业未按照本规定及时办理建筑业企业资质证书变更手续的,由县级以上地方人民政府住房城乡建设主管部门责令限期办理;逾期不办理的,可处以 1000 元以上 1 万元以下的罚款。

第三十九条 企业在接受监督检查时,不如实提供有关材料,或者拒绝、阻碍监督检查的,由县级以上地方人民政府住房城乡建设主管部门责令限期改正,并可以处 3 万元以下罚款。

第四十条 企业未按照本规定要求提供企业信用档案信息的,由县级以上地方人民政府住房城乡建设主管部门或者其他有关部门给予警告,责令限期改正;逾期未改正的,可处以 1000 元以上 1 万元以下的罚款。

第四十一条 县级以上人民政府住房城乡建设主管部门及其工作人员,违反本规定,有下列情形之一的,由其上级行政机关或者监察机关责令改正;对直接负责的主管人员和其他直接责任人员,依法给予行政处分;直接负责的主管人员和其他直接责任人员构成犯罪的,依法追究刑事责任:

(一)对不符合资质标准规定条件的申请企业准予资质许可的;

(二)对符合受理条件的申请企业不予受理或者未在法定期限内初审完毕的;

(三)对符合资质标准规定条件的申请企业不予许可或者不在法定期限内准予资质许可的;

(四)发现违反本规定规定的行为不予查处,或者接到举报后不依法处理的;

(五)在企业资质许可和监督管理中,利用职务上的便利,收受他人财物或者其他好处,以及有其他违法行为的。

第六章 附 则

第四十二条 本规定自 2015 年 3 月 1 日起施行。2007 年 6 月 26 日建设部颁布的《建筑业企业资质管理规定》(建设部令第 159 号)同时废止。

1.3.2 验证劳务队伍管理情况

劳务队伍管理包括劳务管理、安全管理、生产管理、技术质量管理及行政、保卫管理等,这些内容将在后边的章节中详细讲述,这里不再赘述。这里主要探讨劳务队伍生活区管理的问题。

1.3.2.1 劳务队伍生活区管理的主要内容

(1)按照总平面布置图,做好生活区规划,按照工程所在地公安、环保、卫生以及建设行政主管部门对建筑工地的有关管理要求,关于实名制的规定,制定并公布门卫管理、员工宿舍管理、暂住人员管理、员工食堂管理等各项管理制度。并组织学习，关键在于贯彻落实。

（2）按照实名制管理的要求，利用文体活动室或"农民工业余学校"经常性的组织劳务人员学习上述管理制度，使制度不流于形式，达到人人都能遵守制度的目的。

（3）劳务员定期组织座谈会，听取劳务人员的意见和建议，同时向项目经理提出生活区管理的改进意见。对生活区进行动态管理，根据条件安排健康有益的娱乐活动，尽可能给工人提供安全舒适的生活环境。

（4）劳务员会同劳务分包项目负责人，定期对生活区进行检查并公布检查情况，对发现的问题要限期整改，并对主要责任人做出相应处理。

1.3.2.2 生活场所标准化管理

1. 宿舍标准化管理

（1）现场生活区应实行封闭管理，生活区临时设施墙体与作业区围挡及周边居民区间距原则上不小于5m，不得利用围挡搭设临时宿舍等，不得在尚未竣工的建筑物内设置临时宿舍。

（2）宿舍应确保主体结构安全，设施完好。装配式活动房屋应为具有法人资格和合法经营资质的企业生产的合格产品，应采用阻燃型彩钢夹心板，每栋双层宿舍搭设不宜超过6间，且两端均须设置楼梯。

（3）宿舍内电器设备安装和电源线的配置，必须由专职电工安装，照明灯具高度不得低于2.4m，严禁私搭乱接，夏季应配备防暑降温设施。

（4）宿舍内应设置生活用品专柜、生活用品储藏室、鞋柜或鞋架，生活区内应提供居住人员晾晒衣物的场地和设施，宿舍内应设置密闭式垃圾容器。

（5）宿舍内应有必要的生活空间。建筑工人的单层床铺宿舍人均居住面积不得小于$3m^2$，双层床铺（床铺不得超过2层）宿舍人均居住面积不得小于$2m^2$。每间宿舍居住人员不宜超过10人，窗户面积不应少于宿舍面积的1/8，室内净高不得小于2.5m，通道宽度不得小于0.9m，宿舍内严禁使用通铺。

（6）生活区应设置公共开水炉、电热水器或饮用水保温桶，并应提供文体活动场所。

（7）施工作业区不得设置小卖部、小吃部等设施。为方便职工确需设置小卖部的，小卖部必须设在生活区，并纳入施工单位项目部的后勤管理。小卖部的设置应与施工现场临时设施共同设计、共同施工。

（8）生活区内严禁使用钢管、三合板、竹片、毛竹、彩条布等材料搭设简易工棚供人居住或存放易燃材料。

（9）施工现场配备常用药及绑带、止血带、颈托、担架等急救器材。

2. 食堂标准化管理

（1）食堂选址。应设置在远离厕所、垃圾站、有毒有害场所等污染源的地方，与污染源间距不小于30m。食堂与宿舍区的间距应不小于6m，食堂应保持内外环境整洁。

（2）布局和搭设规模。食堂墙体必须使用砖砌体，屋面必须采用防火材料搭设；食堂应按照生进熟出的原则合理布局，其中原料储存间、熟食间应单独设立，柴火间应与厨房隔开；食堂应配置相应的餐厅，并配备必要的就餐用桌、椅，餐厅兼作"农民工业余学校"的必须配备相应的黑板、电视、DVD等教学设备、器材。

（3）从业人员卫生要求。食堂必须有卫生许可证，炊事人员必须持健康证上岗，并应保持个人卫生，非炊事人员不得随意进入制作间。

（4）采购人员不得采购价格低廉但有问题的食物用作食堂加工给工人食用，严禁购买腐烂变质、过期和残留农药等有损健康的食品原料。

3. 浴室标准化管理

建筑工程面积 10000～50000m^2 的工地，浴室面积不应小于 20m^2 并设置不少于 10 个喷淋头；建筑面积在 50000m^2 以上的工地，浴室面积不应小于 30m^2 并设置不少于 16 个喷淋头；浴室内应设有更衣分隔区域，冬季应有热水喷淋。浴室要有专人清理和打扫，并配有相应的工作责任制。

4. 厕所标准化管理

（1）生活区必须设置男女分开的厕所，厕所内应设洗手盆和高水位冲洗装置，地面应硬化，门窗应齐全。

（2）按平方米计算，最小不低于 20m^2。厕所内蹲位与人员比例不小于 1：20，蹲位之间设置隔断，隔断高度不低于 1.2m。

（3）厕所应设专人负责清扫、消毒、化粪池应及时清掏。

5. 活动室标准化管理

（1）为丰富建筑工地住宿员工的业余文化生活，倡导开展健康向上的文体活动，工地生活区应设置一定面积的文体活动室。

（2）活动室应开设图书借阅、乒乓球、棋牌活动等文体活动场所，但必须严加管理杜绝个别人员借助场所进行赌博。

（3）活动室设置专、兼职管理人员，全面负责活动室和活动用品及设施的管理。

（4）制定文体活动室管理制度，保证活动室定期正常开放。

6. 环境卫生标准化管理

（1）生活区设专、兼职保洁员，负责卫生清理和保洁。

（2）生活区应采取灭鼠、蚊、蝇、蟑螂等措施，并应定期投放和喷洒药物。

（3）生活区住宿人员发生法定传染病、食物中毒或急性职业中毒时，必须第一时间向有关部门报告，按规定配合调查、进行隔离，并由卫生防疫部门进行处置。

1.4 核验劳务人员身份、职业资格

在《建筑与市政工程施工现场专业人员职业标准》JGJ/T 250—2011 中，规定了劳务员的工作职责，其中第二项"资格审查培训"第四条明确指出：劳务员负责审核劳务人员身份、资格，办理登记备案。劳务人员应包括施工劳务企业的管理人员和劳务作业人员。对劳务人员身份、资格审核，办理登记备案等应采用实名制管理。

1.4.1 验证劳务人员身份情况

1.4.1.1 验证劳务人员花名册

实名制管理的基础是"劳务作业进场人员花名册"。项目部劳务员必须要求劳务项目负责人，在工人进场后编制花名册交项目部劳务员审验（花名册格式见第五章第三节"劳

务作业进场人员花名册登记表")。对新进场人员由劳务员根据进场人员花名册登记表核对，不符人员应要求劳务队伍负责人按实际进场人员调整花名册。

1.4.1.2 验证身份证和办理暂住证

1. 身份证

凡进入项目现场的劳务人员必须提供有效身份证（若身份证遗失的，提供户口所在地公安部门开具的证明其身份的证明），由项目部劳务员核验并将复印件留存。为保证社会治安的稳定和工程现场的安全，没有身份证明的一律不得进入项目现场。

2. 暂住证

在进行入场教育的同时，项目部劳务管理人员应按照核验留存的名单，督促、协助劳务企业及时到派出所为名单人员办理暂住证件。

1.4.1.3 验证劳动合同

施工劳务单位招用的管理人员和劳务作业工人都必须依法订立并履行劳动合同，建立权责明确的劳动关系。严格执行国家关于劳动合同试用期的规定，不得滥用试用期侵犯管理人员和作业工人的合法权益。应采用规范的劳动合同文本，并留存备案，与现场劳务人员花名册一致。核查发现未签劳动合同人员，劳务员通知施工劳务企业必须在规定时间内与务工人员签订劳动合同，否则该人员不得在该项目工作。在施工过程中加强对劳动合同履行的监督。

1.4.2 审验劳务人员职业资格证书

1.4.2.1 核验对象及要求

1. 核验对象

（1）劳务管理人员：指拟派到该项目的施工劳务单位的管理人员。

（2）劳务作业工人：包括一般技术工人、特种作业人员、劳务普工等。

2. 劳务施工队人员持证上岗要求

（1）施工劳务企业施工队伍必须按照行业规定或工程所在地建设主管部门的规定配备相应的管理人员，全部管理人员应持有相关部门颁发的管理岗位证书。

（2）管理人员配备应符合下列要求：

1）按照住房和城乡建设部（建质2008第91号文）要求专职安全员配备应符合以下要求：50人以下必须配备一名，50～200人配置两名，200人以上配置三名。

2）每个施工劳务企业的法人代表、专职安全员必须具有相应的安全资格证书。

3）根据项目上劳务人员的人数配备一名专职劳务员或兼职劳务员。

（3）一般技术工人、特种作业人员、劳务普工必须持有相应工种的岗位证书。

（4）未达到上述标准的施工劳务施工企业，应在15个工作日内提交相关资料进行复审，复审不合格，须由劳务主管部门进行补充培训或鉴定。

1.4.2.2 职业技能等级的划分

审验劳务人员职业资格证书的重要内容是审验劳务作业人员的职业资格证书。因此必须对目前我国实行的劳务作业人员职业资格规定有所了解。

职业资格证书制度是劳动就业制度的一项重要内容，也是一种特殊形式的国家考试制度。它是指按照国家制定的职业技能标准或任职资格条件，通过政府认定的考核鉴定机构，对劳动者的技能水平或职业资格进行客观公正、科学规范的评价和鉴定，对合格者授予相应的国家职业资格证书。它表明劳动者具有从事某一职业所必备的学识和技能的证明，是劳动者求职、任职的资格凭证，是用人单位招聘、录用劳动者的主要依据，也是境外就业、对外劳务合作人员办理技能水平公证的有效证件。

职业资格证书分为五个等级，即初级（职业资格五级）、中级（职业资格四级）、高级（职业资格三级）、技师（职业资格二级）、高级技师（职业资格一级）。

1.4.2.3　国家规定的建筑业就业准入职业

目前建筑业企业从事国家规定实行就业准入控制的职业（工种），包括架子工、钢筋工、砌筑工、混凝土工、抹灰工、电气设备安装工、焊工、手工木工、起重工、塔式起重机驾驶员、中小型建筑机械操纵工、土工试验工、工程测量工、管工、涂装工、防水工、通风工等，其中架子工、电气设备安装工、起重工、塔式起重机驾驶员、焊工等高危岗位（工种）人员按照省市规定，必须取得经考核鉴定后的国家职业四级（中级）以上资格证书。

1.4.2.4　建筑业工人职业技能等级的考核鉴定

1. 职业技能鉴定的主要内容

包括职业知识、操作技能和职业道德三个方面。

2. 职业技能鉴定的申报条件

不同级别鉴定的人员，其申报条件不尽相同。

（1）参加初级鉴定的人员必须是学徒期满的在职职工，或职业学校的毕业生。

（2）参加中级鉴定的人员必须是取得初级技能证书并连续工作5年以上，或是技工学校以及其他职业学校的毕业生。

（3）参加高级鉴定的人员必须是取得中级技能证书5年以上，连续从事生产作业的，或是经过正规高级技工培训并取得结业证书的人员。

（4）参加技师鉴定的人员必须取得高级技能证书，具有丰富的生产实践经验和操作技能特长，能解决本工种关键操作技术和生产工艺难题，具有传授技艺能力和培养中级技能人员能力者。

（5）参加高级技师鉴定的人员必须是在任技师3年以上，具有高级精湛技艺和综合操作技能，能解决本工种专业高难度生产工艺问题，在技术改造、技术革新以及排除事故隐患等方面有显著成绩，而且具有培养高级技工和组织带领技师进行技术革新和技术攻关能力者。

3. 职业技能鉴定的申报方式

申请职业技能鉴定的人员，可向当地职业技能鉴定所（站）提出申请，填写职业技能鉴定申请表。报名时应出示本人身份证、培训毕（结）业证书、《技术等级证书》或工作单位劳资部门出具的工作年限证明等。申报技师、高级身份技师任职资格的人员，还须出具本人的技术成果和工作业绩证明，并提交本人的技术总结和论文资料等。

4. 职业技能鉴定的基本程序

（1）职业技能鉴定所（站）接受考生报名、审查申报资格；

（2）职业技能鉴定中心复核申报资格、确定考评组、提供鉴定试卷；

（3）职业技能鉴定所（站）具体实施知识、操作技能鉴定；

(4) 职业技能鉴定所（站）将鉴定成绩报相应鉴定中心审核；

(5) 职业技能鉴定中心编号制证，劳动保障部门验印核发证书。

5. 职业技能鉴定方式

职业技能鉴定分为知识要求考试和操作技能考核两部分。知识要求考试一般采用笔试，技能要求考核一般采用现场操作加工典型工件、生产作业项目、模拟操作等方式进行。

1.4.2.5 特种作业人员资格证书

从事特种作业的人员，还必须经过专门培训并取得相应特种作业资格后才能上岗。2008年4月18日，住房和城乡建设部发布《建筑施工特种作业人员管理规定》（建质[2008]75号），确定建筑施工特种作业工种如下：

(1) 建筑电工；

(2) 建筑架子工；

(3) 建筑起重信号司索工；

(4) 建筑起重机司机；

(5) 建筑起重机械安装拆卸工；

(6) 高处作业吊篮安装拆卸工；

(7) 经省级以上人民政府建设主管部门认定的其他特种作业。

根据上面第7项的规定，各地区根据自身特点另外增加了一些工种。例如江苏省另外增加了如下特殊工种：

(1) 建筑焊工；

(2) 建筑施工机械安装质量检验工；

(3) 桩机操作工；

(4) 建筑混凝土泵操作工；

(5) 建筑施工现场厂内机动车司机。

1.5 农民工权益保护的有关规定

1.5.1 解决农民工问题的指导思想和基本原则

1.5.1.1 指导思想

以邓小平理论和"三个代表"重要思想为指导，按照落实科学发展观和构建社会主义和谐社会的要求，坚持解放思想，实事求是，与时俱进；坚持从我国国情出发，统筹城乡发展；坚持以人为本，认真解决涉及农民工利益的问题。着力完善政策和管理，推进体制改革和制度创新，逐步建立城乡统一的劳动力市场和公平竞争的就业制度，建立保障农民工合法权益的政策体系和执法监督机制，建立惠及农民工的城乡公共服务体制和制度，拓宽农村劳动力转移就业渠道，保护和调动农民工的积极性，促进城乡经济繁荣和社会全面进步，推动社会主义新农村建设和中国特色的工业化、城镇化、现代化健康发展。

1.5.1.2 基本原则

(1) 公平对待，一视同仁。尊重和维护农民工的合法权益，消除对农民进城务工的歧视性规定和体制性障碍,使他们和城市职工享有同等的权利和义务。

(2) 强化服务,完善管理。转变政府职能,加强和改善对农民工的公共服务和社会管理,发挥企业、社区和中介组织作用,为农民工生活与劳动创造良好环境和有利条件。

(3) 统筹规划,合理引导。实行农村劳动力异地转移与就地转移相结合。既要积极引导农民进城务工,又要大力发展乡镇企业和县域经济,扩大农村劳动力在当地转移就业。

(4) 因地制宜,分类指导。输出地和输入地都要有针对性地解决农民工面临的各种问题。鼓励各地区从实际出发,探索保护农民工权益、促进农村富余劳动力有序流动的办法。

(5) 立足当前,着眼长远。既要抓紧解决农民工面临的突出问题,又要依靠改革和发展,逐步解决深层次问题,形成从根本上保障农民工权益的体制和制度。

1.5.2 农民工权益保护的一般规定

国务院关于解决农民工问题的若干意见(国发 [2006] 5 号)对农民工权益的保护做出规定:

1. 抓紧解决农民工工资偏低和拖欠问题

(1) 建立农民工工资支付保障制度。
(2) 合理确定和提高农民工工资水平。

2. 依法规范农民工劳动管理

(1) 严格执行劳动合同制度。
(2) 依法保障农民工职业安全卫生权益。
(3) 切实保护女工和未成年工权益。

3. 搞好农民工培训

(1) 加强农民工职业技能培训。
(2) 落实农民工培训责任。
(3) 大力发展面向农村的职业教育。

1.5.3 农民工的就业服务

1.5.3.1 《促进就业法》的相关规定

第三十二条 县级以上人民政府培育和完善统一开放、竞争有序的人力资源市场,为劳动者就业提供服务。

第三十三条 县级以上人民政府鼓励社会各方面依法开展就业服务活动,加强对公共就业服务和职业中介服务的指导和监督,逐步完善覆盖城乡的就业服务体系。

第三十四条 县级以上人民政府加强人力资源市场信息网络及相关设施建设,建立健全人力资源市场信息服务体系,完善市场信息发布制度。

第三十五条 县级以上人民政府建立健全公共就业服务体系,设立公共就业服务机构,为劳动者免费提供下列服务:

(一) 就业政策法规咨询;
(二) 职业供求信息、市场工资指导价位信息和职业培训信息发布;
(三) 职业指导和职业介绍;

（四）对就业困难人员实施就业援助；
（五）办理就业登记、失业登记等事务；
（六）其他公共就业服务。

公共就业服务机构应当不断提高服务的质量和效率，不得从事经营性活动。

公共就业服务经费纳入同级财政预算。

第三十六条　县级以上地方人民政府对职业中介机构提供公益性就业服务的，按照规定给予补贴。

国家鼓励社会各界为公益性就业服务提供捐赠、资助。

第三十七条　地方各级人民政府和有关部门不得举办或者与他人联合举办经营性的职业中介机构。

地方各级人民政府和有关部门、公共就业服务机构举办的招聘会，不得向劳动者收取费用。

第三十八条　县级以上人民政府和有关部门加强对职业中介机构的管理，鼓励其提高服务质量，发挥其在促进就业中的作用。

第三十九条　从事职业中介活动，应当遵循合法、诚实信用、公平、公开的原则。

用人单位通过职业中介机构招用人员，应当如实向职业中介机构提供岗位需求信息。

禁止任何组织或者个人利用职业中介活动侵害劳动者的合法权益。

第四十条　设立职业中介机构应当具备下列条件：
（一）有明确的章程和管理制度；
（二）有开展业务必备的固定场所、办公设施和一定数额的开办资金；
（三）有一定数量具备相应职业资格的专职工作人员；
（四）法律、法规规定的其他条件。

设立职业中介机构，应当依法办理行政许可。经许可的职业中介机构，应当向工商行政部门办理登记。

未经依法许可和登记的机构，不得从事职业中介活动。

国家对外商投资职业中介机构和向劳动者提供境外就业服务的职业中介机构另有规定的，依照其规定。

第四十一条　职业中介机构不得有下列行为：
（一）提供虚假就业信息；
（二）为无合法证照的用人单位提供职业中介服务；
（三）伪造、涂改、转让职业中介许可证；
（四）扣押劳动者的居民身份证和其他证件，或者向劳动者收取押金；
（五）其他违反法律、法规规定的行为。

第四十二条　县级以上人民政府建立失业预警制度，对可能出现的较大规模的失业，实施预防、调节和控制。

第四十三条　国家建立劳动力调查统计制度和就业登记、失业登记制度，开展劳动力资源和就业、失业状况调查统计，并公布调查统计结果。

统计部门和劳动行政部门进行劳动力调查统计和就业、失业登记时，用人单位和个人应当如实提供调查统计和登记所需要的情况。

1.5.3.2 国务院《关于解决农民工问题的若干意见》(国发〔2006〕5号)中关于就业服务的相关规定

1. 搞好农民工就业服务

(1) 逐步实行城乡平等的就业制度。统筹城乡就业,改革城乡分割的就业管理体制,建立城乡统一、平等竞争的劳动力市场,逐步形成市场经济条件下促进农村富余劳动力转移就业的机制,为城乡劳动者提供平等的就业机会和服务。各地区、各部门要进一步清理和取消各种针对农民工进城就业的歧视性规定和不合理限制,清理对企业使用农民工的行政审批和行政收费,不得以解决城镇劳动力就业为由清退和排斥农民工。

(2) 进一步做好农民转移就业服务工作。各级人民政府要把促进农村富余劳动力转移就业作为重要任务。要建立健全县乡公共就业服务网络,为农民转移就业提供服务。城市公共职业介绍机构要向农民工开放,免费提供政策咨询、就业信息、就业指导和职业介绍。输出地和输入地要加强协作,开展有组织的就业、创业培训和劳务输出。鼓励发展各类就业服务组织,加强就业服务市场监管。依法规范职业中介、劳务派遣和企业招用工行为。严厉打击以职业介绍或以招工为名坑害农民工的违法犯罪活动。

2. 促进农村劳动力就地就近转移就业

(1) 大力发展乡镇企业和县域经济,扩大当地转移就业容量。这是农民转移就业的重要途径。各地要依据国家产业政策,积极发展就业容量大的劳动密集型产业和服务业,发展农村二、三产业和特色经济,发展农业产业化经营和农产品加工业;落实发展乡镇企业和非公有制经济的政策措施,吸纳更多的农村富余劳动力在当地转移就业。有关部门要抓紧研究制定扶持县域经济发展的相关政策,增强县域经济活力。

(2) 引导相关产业向中西部转移,增加农民在当地就业机会。积极引导东部相关产业向中西部转移,有利于促进农村劳动力就地就近转移就业,也有利于形成东中西良性互动、共同发展的格局。要在产业政策上鼓励大中城市、沿海发达地区的劳动密集型产业和资源加工型企业向中西部地区转移。中西部地区要在有利于节约资源和保护环境的前提下,主动承接产业转移,为当地农村劳动力转移就业创造良好环境。

(3) 大力开展农村基础设施建设,促进农民就业和增收。按照建设社会主义新农村的要求,统筹规划城乡公共设施建设。各级人民政府要切实调整投资结构,把对基础设施建设投入的重点转向农村,改善农村生产生活条件,带动农村经济发展和繁荣。加快形成政府支持引导、社会资金参与、农民劳动积累相结合的农村建设投入机制。农村基础设施建设要重视利用当地原材料和劳动力,注重建设能够增加农民就业机会和促进农民直接增收的中小型项目。

(4) 积极稳妥地发展小城镇,提高产业集聚和人口吸纳能力。按照循序渐进、节约用地、集约发展、合理布局的原则,搞好小城镇规划和建设。加大对小城镇建设的支持力度,完善公共设施。继续实施小城镇经济综合开发示范项目。发展小城镇经济,引导乡镇企业向小城镇集中。采取优惠政策,鼓励、吸引外出务工农民回到小城镇创业和居住。

1.5.4 关于农民工工资支付政策的主要内容和要求

1.5.4.1 国务院关于解决农民工问题的若干意见（国发［2006］5号）中关于农民工工资支付政策的相关规定

1. 建立农民工工资支付保障制度

严格规范用人单位工资支付行为，确保农民工工资按时足额发放给本人，做到工资发放月清月结或按劳动合同约定执行。建立工资支付监控制度和工资保证金制度，从根本上解决拖欠、克扣农民工工资问题。劳动保障部门要重点监控农民工集中的用人单位工资发放情况。对发生过拖欠工资的用人单位，强制在开户银行按期预存工资保证金，实行专户管理。切实解决政府投资项目拖欠工程款问题。

2. 合理确定和提高农民工工资水平

规范农民工工资管理，切实改变农民工工资偏低、同工不同酬的状况。各地要严格执行最低工资制度，合理确定并适时调整最低工资标准，制定和推行小时最低工资标准。制定相关岗位劳动定额的行业参考标准。用人单位不得以实行计件工资为由拒绝执行最低工资制度，不得利用提高劳动定额变相降低工资水平。严格执行国家关于职工休息休假的规定，延长工时和休息日、法定假日工作的，要依法支付加班工资。农民工和其他职工要实行同工同酬。国务院有关部门要加强对地方制定、调整和执行最低工资标准的指导监督。各地要科学确定工资指导线，建立企业工资集体协商制度，促进农民工工资合理增长。

1.5.4.2 《建设领域农民工工资支付管理暂行办法》关于农民工工资支付政策的相关规定

（1）企业必须严格按照《劳动法》《工资支付暂行规定》和《最低工资规定》等有关规定支付农民工工资，不得拖欠或克扣。

（2）企业应依法通过集体协商或其他民主协商形式制定内部工资支付办法，并告知本企业全体农民工，同时抄报当地劳动和社会保障行政部门与建设行政主管部门。

（3）企业内部工资支付办法应包括以下内容：支付项目、支付标准、支付方式、支付周期和日期、加班工资计算基数、特殊情况下的工资支付以及其他工资支付内容。

（4）企业应当根据劳动合同约定的农民工工资标准等内容，按照依法签订的集体合同或劳动合同约定的日期按月支付工资，并不得低于当地最低工资标准。具体支付方式可由企业结合建筑行业特点在内部工资支付办法中规定。

（5）企业应将工资直接发放给农民工本人，严禁发放给"包工头"或其他不具备用工主体资格的组织和个人。

企业可委托银行发放农民工工资。

（6）企业支付农民工工资应编制工资支付表，如实记录支付单位、支付时间、支付对象、支付数额等工资支付情况，并保存两年以上备查。

（7）工程总承包企业应对劳务分包企业工资支付进行监督，督促其依法支付农民工工资。

（8）业主或工程总承包企业未按合同约定与建设工程承包企业结清工程款，致使建设工程承包企业拖欠农民工工资的，由业主或工程总承包企业先行垫付农民工被拖欠的工资，先行垫付的工资数额以未结清的工程款为限。

（9）企业因被拖欠工程款导致拖欠农民工工资的，企业追回的被拖欠工程款，应优先用于支付拖欠的农民工工资。

（10）工程总承包企业不得将工程违反规定发包、分包给不具备用工主体资格的组织或个人，否则应承担清偿拖欠工资连带责任。

（11）企业应定期如实向当地劳动和社会保障行政部门及建设行政主管部门报送本单位工资支付情况。

（12）企业违反国家工资支付规定拖欠或克扣农民工工资的，记入信用档案，并通报有关部门。

建设行政主管部门可依法对其市场准入、招标投标资格和新开工项目施工许可等进行限制，并予以相应处罚。

（13）企业应按有关规定缴纳工资保障金，存入当地政府指定的专户，用于垫付拖欠的农民工工资。

（14）农民工发现企业有下列情形之一的，有权向劳动和社会保障行政部门举报：
1）未按照约定支付工资的；
2）支付工资低于当地最低工资标准的；
3）拖欠或克扣工资的；
4）不支付加班工资的；
5）侵害工资报酬权益的其他行为。

（15）各级劳动和社会保障行政部门依法对企业支付农民工工资情况进行监察，对违法行为进行处理。企业在接受监察时应当如实报告情况，提供必要的资料和证明。

（16）农民工与企业因工资支付发生争议的，按照国家劳动争议处理有关规定处理。

对事实清楚、不及时裁决会导致农民工生活困难的工资争议案件，以及涉及农民工工伤、患病期间工资待遇的争议案件，劳动争议仲裁委员会可部分裁决；企业不执行部分裁决的，当事人可依法向人民法院申请强制执行。

1.5.5 违反农民工工资支付规定的处罚

1.5.5.1 《劳动法》关于违反农民工工资支付的相关规定

第五十条规定：工资应当以货币形式按月支付给劳动者本人。不得克扣或者无故拖欠劳动者的工资。

1.5.5.2 《劳动合同法》关于违反农民工工资支付的相关规定

第十八条规定：劳动合同对劳动报酬和劳动条件等标准约定不明确，引发争议的，用人单位与劳动者可以重新协商；协商不成的，适用集体合同规定；没有集体合同或者集体合同未规定劳动报酬的，实行同工同酬；没有集体合同或者集体合同未规定劳动条件等标准的，适用国家有关规定。

1.5.5.3 《工资支付暂行规定》关于违反农民工工资支付的相关规定

第十八条 各级劳动行政部门有权监察用人单位工资支付的情况。用人单位有下列侵害劳动者合法权益行为的，由劳动行政部门责令其支付劳动者工资和经济补偿，并可责令其支付赔偿金：

（一）克扣或者无故拖欠劳动者工资的；

（二）拒不支付劳动者延长工作时间工资的；

（三）低于当地最低工资标准支付劳动者工资的。

经济补偿和赔偿金的标准，按国家有关规定执行。

第十九条 劳动者与用人单位因工资支付发生劳动争议的，当事人可依法向劳动争议仲裁机关申请仲裁。对仲裁裁决不服的，可以向人民法院提起诉讼。

1.5.5.4 《建设领域农民工工资支付管理暂行办法》（以下简称《暂行办法》）关于违反农民工工资支付的相关规定

县级以上劳动和社会保障行政部门负责企业工资支付的监督管理，建设行政主管部门协助劳动和社会保障行政部门对企业执行《暂行办法》的情况进行监督检查。对违反农民工工资支付规定的做出如下规定：

（1）企业必须严格按照《劳动法》《工资支付暂行规定》和《最低工资规定》等有关规定支付农民工工资，不得拖欠或克扣。

（2）业主或工程总承包企业未按合同约定与建设工程承包企业结清工程款，致使建设工程承包企业拖欠农民工工资的，由业主或工程总承包企业先行垫付农民工被拖欠的工资，先行垫付的工资数额以未结清的工程款为限。

（3）企业因被拖欠工程款导致拖欠农民工工资的，企业追回的被拖欠工程款，应优先用于支付拖欠的农民工工资。

（4）工程总承包企业不得将工程违反规定发包、分包给不具备用工主体资格的组织或个人，否则应承担清偿拖欠工资连带责任。

（5）企业违反国家工资支付规定拖欠或克扣农民工工资的，记入信用档案，并通报有关部门。

（6）农民工发现企业有下列情形之一的，有权向劳动和社会保障行政部门举报：

1）未按照约定支付工资的；

2）支付工资低于当地最低工资标准的；

3）拖欠或克扣工资的；

4）不支付加班工资的；

5）侵害工资报酬权益的其他行为。

对事实清楚、不及时裁决会导致农民工生活困难的工资争议案件，以及涉及农民工工伤、患病期间工资待遇的争议案件，劳动争议仲裁委员会可部分裁决；企业不执行部分裁决的，当事人可依法向人民法院申请强制执行。

1.5.6 农民工权益保护、监督与保障

1.5.6.1 农民工权益保护

依法规范农民工劳动管理：

（1）严格执行劳动合同制度。所有用人单位招用农民工都必须依法订立并履行劳动合同，建立权责明确的劳动关系。严格执行国家关于劳动合同试用期的规定，不得滥用试用期侵犯农民工权益。劳动保障部门要制定和推行规范的劳动合同文本，加强对用人单位订立和履行劳动合同的指导和监督。任何单位都不得违反劳动合同约定损害农民工权益。

（2）依法保障农民工职业安全卫生权益。各地要严格执行国家职业安全和劳动保护规程及标准。企业必须按规定配备安全生产和职业病防护设施。强化用人单位职业安全卫生

的主体责任，要向新招用的农民工告知劳动安全、职业危害事项，发放符合要求的劳动防护用品，对从事可能产生职业危害作业的人员定期进行健康检查。加强农民工职业安全、劳动保护教育，增强农民工自我保护能力。从事高危行业和特种作业的农民工要经专门培训、持证上岗。有关部门要切实履行职业安全和劳动保护监管职责。发生重大职业安全事故，除惩处直接责任人和企业负责人外，还要追究政府和有关部门领导的责任。

(3) 切实保护女工和未成年工权益，严格禁止使用童工。用人单位要依法保护女工的特殊权益，不得以性别为由拒绝录用女工或提高女工录用标准，不得安排女工从事禁忌劳动范围工作，不得在女工孕期、产期、哺乳期降低其基本工资或单方面解除劳动合同。招用未成年工的用人单位，应当在工种、劳动时间、劳动强度和保护措施等方面严格执行国家有关规定。对介绍和使用童工的违法行为要从严惩处。

1.5.6.2 农民工权益监督

加强和改进对农民工工作的领导：

(1) 切实把解决农民工问题摆在重要位置。解决好涉及农民工利益的问题，是各级人民政府的重要职责。各级人民政府要切实把妥善解决农民工问题作为一项重要任务，把统筹城乡就业和促进农村劳动力转移纳入国民经济和社会发展中长期规划和年度计划。做好农民工工作的主要责任在地方，各地都要制定明确的工作目标、任务和措施，并认真落实。地方各级人民政府要建立农民工管理和服务工作的经费保障机制，将涉及农民工的劳动就业、计划生育、子女教育、治安管理等有关经费，纳入正常的财政预算支出范围。

(2) 完善农民工工作协调机制。国务院建立农民工工作联席会议制度，统筹协调和指导全国农民工工作。联席会议由国务院有关部门和工会、共青团、妇联等有关群众团体组成，联席会议办公室设在劳动保障部。各有关部门要各司其职、分工负责，检查督促对农民工的各项政策的落实。地方人民政府也应建立相应的协调机制，切实加强对农民工工作的组织领导。输出地和输入地的基层组织要加强协调沟通，共同做好农民工的教育、引导和管理工作。

(3) 引导农民工全面提高自身素质。农民工是我国产业大军中的一支重要力量。农民工的政治思想、科学文化和生产技能水平，直接关系到我国产业素质、竞争力和现代化水平，必须把全面提高农民工素质放在重要地位。要引导和组织农民工自觉接受就业和创业培训，接受职业技术教育，提高科学技术文化水平，提高就业、创业能力。要在农民工中开展普法宣传教育，引导他们增强法制观念，知法守法、学会利用法律、通过合法渠道维护自身权益。开展职业道德和社会公德教育，引导他们爱岗敬业、诚实守信，遵守职业行为准则和社会公共道德。开展精神文明创建活动，引导农民工遵守交通规则、爱护公共环境、讲究文明礼貌，培养科学文明健康的生活方式。进城就业的农民工要努力适应城市工作、生活的新要求，遵守城市公共秩序和管理规定，履行应尽义务。

(4) 发挥社区管理服务的重要作用。要建设开放型、多功能的城市社区，构建以社区为依托的农民工服务和管理平台。鼓励农民工参与社区自治，增强作为社区成员的意识，提高自我管理、自我教育和自我服务能力。发挥社区的社会融合功能，促进农民工融入城市生活，与城市居民和谐相处。完善社区公共服务和文化设施，城市公共文化设施要向农民工开放，有条件的企业要设立农民工活动场所，开展多种形式的业余文化活动，丰富农民工的精神生活。

(5) 加强和改进农民工统计管理工作。充分利用和整合统计、公安、人口计生等部门的资源，推进农民工信息网络建设，实现信息共享，为加强农民工管理和服务提供准确、及时的信息。输入地和输出地要搞好农民工统计信息交流和工作衔接。

(6) 在全社会形成关心农民工的良好氛围。社会各方面都要树立理解、尊重、保护农民工的意识，开展多种形式的关心帮助农民工的公益活动。新闻单位要大力宣传党和国家关于农民工的方针政策，宣传农民工在改革开放和现代化建设中的突出贡献和先进典型，加强对保障农民工权益情况的舆论监督。对优秀农民工要给予表彰奖励。总结、推广各地和用人单位关心、善待农民工的好做法、好经验，提高对农民工的服务和管理水平。

1.5.6.3 农民工权益保障

1. 积极稳妥地解决农民工社会保障问题

(1) 高度重视农民工社会保障工作。根据农民工最紧迫的社会保障需求，坚持分类指导、稳步推进，优先解决工伤保险和大病医疗保障问题，逐步解决养老保障问题。农民工的社会保障，要适应流动性大的特点，保险关系和待遇能够转移接续，使农民工在流动就业中的社会保障权益不受损害；要兼顾农民工工资收入偏低的实际情况，实行低标准进入、渐进式过渡，调动用人单位和农民工参保的积极性。

(2) 依法将农民工纳入工伤保险范围。各地要认真贯彻落实《工伤保险条例》。所有用人单位必须及时为农民工办理参加工伤保险手续，并按时足额缴纳工伤保险费。在农民工发生工伤后，要做好工伤认定、劳动能力鉴定和工伤待遇支付工作。未参加工伤保险的农民工发生工伤，由用人单位按照工伤保险规定的标准支付费用。当前，要加快推进农民工较为集中、工伤风险程度较高的建筑行业、煤炭等采掘行业参加工伤保险。建筑施工企业同时应为从事特定高风险作业的职工办理意外伤害保险。

(3) 抓紧解决农民工大病医疗保障问题。各统筹地区要采取建立大病医疗保险统筹基金的办法，重点解决农民工进城务工期间的住院医疗保障问题。根据当地实际合理确定缴费率，主要由用人单位缴费。完善医疗保险结算办法，为患大病后自愿回原籍治疗的参保农民工提供医疗结算服务。有条件的地方，可直接将稳定就业的农民工纳入城镇职工基本医疗保险。农民工也可自愿参加原籍的新型农村合作医疗。

(4) 探索适合农民工特点的养老保险办法。抓紧研究低费率、广覆盖、可转移，并能够与现行的养老保险制度衔接的农民工养老保险办法。有条件的地方，可直接将稳定就业的农民工纳入城镇职工基本养老保险。已经参加城镇职工基本养老保险的农民工，用人单位要继续为其缴费。劳动保障部门要抓紧制定农民工养老保险关系异地转移与接续的办法。

2. 切实为农民工提供相关公共服务

(1) 把农民工纳入城市公共服务体系。输入地政府要转变思想观念和管理方式，对农民工实行属地管理。要在编制城市发展规划、制定公共政策、建设公用设施等方面，统筹考虑长期在城市就业、生活和居住的农民工对公共服务的需要，提高城市综合承载能力。要增加公共财政支出，逐步健全覆盖农民工的城市公共服务体系。

(2) 保障农民工子女平等接受义务教育。输入地政府要承担起农民工同住子女义务教育的责任，将农民工子女义务教育纳入当地教育发展规划，列入教育经费预算，以全日制公办中小学为主接收农民工子女入学，并按照实际在校人数拨付学校公用经费。城市公办学校对农民工子女接受义务教育要与当地学生在收费、管理等方面同等对待，不得违反国家规定向农民工子女加收借读费及其他任何费用。输入地政府对委托承担农民工子女义务教育的民办学校，要在办学经费、师资培训等方面给予支持和指导，提高办学质量。输出地政府要解决好农民工留在农村子女的教育问题。

（3）加强农民工疾病预防控制和适龄儿童免疫工作。输入地要加强农民工疾病预防控制工作，强化对农民工健康教育和聚居地的疾病监测，落实国家关于特定传染病的免费治疗政策。要把农民工子女纳入当地免疫规划，采取有效措施提高国家免疫规划疫苗的接种率。

（4）进一步搞好农民工计划生育管理和服务。实行以输入地为主、输出地和输入地协调配合的管理服务体制。输入地政府要把农民工计划生育管理和服务经费纳入地方财政预算，提供国家规定的计划生育、生殖健康等免费服务项目和药具。用人单位要依法履行农民工计划生育相关管理服务责任。输出地要做好农民工计划生育宣传、教育和技术服务工作，免费发放《流动人口婚育证明》，及时向输入地提供农民工婚育信息。加强全国流动人口计划生育信息交换平台建设。

（5）多渠道改善农民工居住条件。有关部门要加强监管，保证农民工居住场所符合基本的卫生和安全条件。招用农民工数量较多的企业，在符合规划的前提下，可在依法取得的企业用地范围内建设农民工集体宿舍。农民工集中的开发区和工业园区，可建设统一管理、供企业租用的员工宿舍，集约利用土地。加强对城乡接合部农民工聚居地区的规划、建设和管理，提高公共基础设施保障能力。各地要把长期在城市就业与生活的农民工居住问题，纳入城市住宅建设发展规划。有条件的地方，城镇单位聘用农民工，用人单位和个人可缴存住房公积金，用于农民工购买或租赁自住住房。

3. 健全维护农民工权益的保障机制

（1）保障农民工依法享有民主政治权利。招用农民工的单位，职工代表大会要有农民工代表，保障农民工参与企业民主管理权利。农民工户籍所在地的村民委员会，在组织换届选举或决定涉及农民工权益的重大事务时，应及时通知农民工，并通过适当方式使其行使民主权利。有关部门和单位在评定技术职称、晋升职务、评选劳动模范和先进工作者等方面，要将农民工与城镇职工同等看待。依法保障农民工人身自由和人格尊严，严禁打骂、侮辱农民工。

（2）深化户籍管理制度改革。逐步地、有条件地解决长期在城市就业和居住农民工的户籍问题。中小城市和小城镇要适当放宽农民工落户条件；大城市要积极稳妥地解决符合条件的农民工户籍问题，对农民工中的劳动模范、先进工作者和高级技工、技师以及其他有突出贡献者，应优先准予落户。具体落户条件，由各地根据城市规划和实际情况自行制定。改进农民工居住登记管理办法。

（3）保护农民工土地承包权益。土地不仅是农民的生产资料，也是他们的生活保障。要坚持农村基本经营制度，稳定和完善农村土地承包关系，保障农民工土地承包权益不得以农民进城务工为由收回承包地，纠正违法收回农民工承包地的行为。农民外出务工期间，所承包土地无力耕种的，可委托代耕或通过转包、出租、转让等形式流转土地经营权，但不能撂荒。农民工土地承包经营权流转，要坚持依法、自愿、有偿的原则，任何组织和个人不得强制或限制，也不得截留、扣缴或以其他方式侵占土地流转收益。

（4）加大维护农民工权益的执法力度。强化劳动保障监察执法，加强劳动保障监察队伍建设，完善日常巡视检查制度和责任制度，依法严厉查处用人单位侵犯农民工权益的违法行为。健全农民工维权举报投诉制度，有关部门要认真受理农民工举报投诉并及时调查处理。加强和改进劳动争议调解、仲裁工作。对农民工申诉的劳动争议案件，要简化程序、加快审理，涉及劳动报酬、工伤待遇的要优先审理。起草、制定和完善维护农民工权益的法律法规。

（5）做好对农民工的法律服务和法律援助工作。要把农民工列为法律援助的重点对象。对农民工申请法律援助，要简化程序、快速办理。对申请支付劳动报酬和工伤赔偿法律援助的，不再审查其经济困难条件。有关行政机关和行业协会应引导法律服务机构和从业人员积极参与涉及农民工的诉讼活动、非诉讼协调及调解活动。鼓励和支持律师和相关法律从业人员接受农民工委托，并对经济确有困难而又达不到法律援助条件的农民工适当减少或免除律师费。政府要根据实际情况安排一定的法律援助资金，为农民工获得法律援助提供必要的经费支持。

（6）强化工会维护农民工权益的作用。用人单位要依法保障农民工参加工会的权利。各级工会要以劳动合同、劳动工资、劳动条件和职业安全卫生为重点，督促用人单位履行法律法规规定的义务，维护农民工合法权益。充分发挥工会劳动保护监督检查的作用，完善群众性劳动保护监督检查制度，加强对安全生产的群众监督。同时，充分发挥共青团、妇联组织在农民工维权工作中的作用。

第 2 章 劳动定额的基本知识

2.1 劳动定额及其制定方法

2.1.1 劳动定额的概念、表达形式

2.1.1.1 劳动定额的概念

1. 定额的基本概念

从字义上理解，所谓"定"，就是规定；所谓"额"，就是额度或限度。定额可以理解为规定的额度或限度。上升到理论高度对定额进行定义，定额是指在一定的技术和组织条件下，生产质量合格的单位产品所消耗的人力、物力、财力和时间等的数量标准。

在计划经济时期，定额发挥了极大的作用。目前，我国经济体制改革的目标是建立社会主义市场经济体制。应该注意的是，定额既不是计划经济的产物，也不是与市场经济相悖的体制改革对象。首先，定额与市场经济的相融性是与生俱来的。在市场经济中，作为生产经营活动的主体，每个商品生产者和商品经营者都被推向市场，他们为了在竞争中求生存、求发展，要努力提高自身的竞争能力，这就必然要求他们利用一定的手段加强管理，达到提高工作效率、降低生产和经营成本、提高市场竞争能力的目的。所以，定额是企业管理科学化的产物，是科学管理的基础，是提高竞争力的有力武器。其次，定额不仅是市场供给主体加强竞争能力的手段，而且是体现国家加强宏观调控管理的手段。如果没有定额，无法判断项目在经济上的可行性，无法实施对项目的有效控制。最后，在招标投标市场上，招标人利用定额可对投标人的投标文件进行量化的评价，更科学和公正地确定中标人。可见，利用定额加强宏观调控和宏观管理是经济发展的客观要求，也是建立规范化的市场和竞争、有序的市场的客观要求。

2. 工程建设定额的基本概念

在工程建设中，为了完成某一工程建设项目，需要消耗一定数量的人力、物力和财力，这些资源的消耗不是一成不变的，而是随着施工对象、施工方法和施工条件（包括自然环境和社会环境）的变化而变化的。因此，在定义工程建设定额时，必须设定一定的条件。

工程建设定额是指在正常的施工生产条件下，完成单位合格产品所消耗的人工、材料、施工机械及资金消耗的数量标准。不同的产品有不同的质量要求，不能把定额看成单纯的数量关系，而应看成是与质量和安全的统一体。只有考察总体生产过程中的质量、安全等方面的各个生产因素，归结出社会平均必需的数量标准，才能形成定额。

3. 工程建设定额的作用

（1）在工程建设中，定额具有节约社会劳动资源和提高生产效率的作用。一方面企业以定额作为促进工人节约社会劳动资源（工作时间、原材料、劳动力、资金等）和提高劳

动效率、加快工作速度的手段，以增加市场竞争能力，获取更多的利润；另一方面，作为工程造价计算依据的各类定额，又促使企业加强内部管理，把社会劳动的消耗控制在合理的限度内。再者，作为项目决策依据的定额指标，又在更高的层次上促使项目投资者合理而有效地利用和分配社会劳动资源。这都证明了定额在工程建设中节约社会劳动和优化资源配置的作用。

(2) 定额有利于建筑市场公平竞争。定额所提供的准确的信息为市场需求主体和供给主体之间的竞争，以及供给主体和供给主体之间的竞争，提供了一个公平竞争平台，有利于促进建筑市场公平竞争。

(3) 定额是对市场行为的规范。定额既是投资决策的依据，又是价格决策的依据。对于投资者来说，它可以利用定额权衡自己的财务状况和支付能力，预测资金投入和预期回报；还可以充分利用有关定额的大量信息，有效地提高其项目决策的科学性、合理性，优化其投资行为。对于承包商来说，企业在投标报价时，一方面要考虑定额的构成，做出正确的价格决策，形成市场竞争优势，才能获得更多的工程合同。另一方面还要根据定额，结合本企业自身的特点，估算出投标报价的成本，测算自身承受能力。可见，定额在投资决策和价格决策两个方面规范了市场的经济行为。

(4) 工程建设定额有利于完善市场的信息系统。定额管理是对大量市场信息的加工、整理和汇总，是对市场大量信息的传递，同时也是对市场信息的反馈。信息是市场体系中不可或缺的要素，它的指导性、标准性和灵敏性是市场成熟和市场效率的标志。

在我国，以定额的形式建立和完善市场信息系统，具有以公有制经济为主体的社会主义市场经济的特色。

4. 工程建设定额的分类

工程建设定额是工程建设中各类定额的总称。它包括多种类定额，可以按照不同的原则和方法进行科学分类。

(1) 按管理权限分类

1) 全国统一定额。

2) 行业统一定额。

3) 地区统一定额。

4) 企业定额。

(2) 按生产要素分类

1) 劳动消耗定额，简称劳动定额。劳动消耗定额是完成一定的合格产品（工程实体或劳务）规定活劳动消耗的数量标准。为了便于综合和核算，劳动定额大多采用工作时间消耗量来计算劳动消耗的数量。所以劳动定额主要表现形式是人工时间定额，但同时也表现为产量定额。

2) 机械台班消耗定额。我国机械消耗定额是以一台机械一个工作班为计量单位，所以又称为机械台班定额。

3) 材料消耗定额，也称材料定额。是指完成一定合格产品所需消耗材料的数量标准。材料是工程建设中使用的原材料、成品、半成品、构配件、燃料及水、电、气等资源的统称。

(3) 按使用范围分类

1) 施工定额。

2) 预算定额。
3) 概算定额。
4) 概算指标。
5) 投资估算指标。

5. 劳动定额的概念

劳动定额，也称人工定额。它是在正常的施工（生产）技术组织条件下，为完成一定量的合格产品或完成一定量的工作所必需的劳动消耗量的标准，或预先规定在单位时间内生产合格产品的数量。这个标准（或数量）是国家和企业对生产工人在单位时间内的劳动数量和质量的综合要求，也是建筑施工企业内部组织生产，编制施工作业计划、签发施工任务单、考核工效、计算报酬的依据。

现行的《全国建筑安装工程劳动定额》是供各地区主管部门和企业编制施工定额的参考定额，是以建筑安装工程产品为对象，以合理组织现场施工为条件，按"实"计算。因此，定额规定的劳动时间或劳动量一般不变，其劳动工资单价可根据各地区工资水平的差异进行调整。

2.1.1.2 劳动定额的表达形式

劳动定额按其表现形式不同，分为时间定额和产量定额见表2-1（表2-1摘自2013年《全国建筑安装工程统一劳动定额》）。

砖基础砌体劳动定额　　　　　　　　　　　　　　　　　表2-1

工作内容：清理地槽、垛、角、抹防潮层砂浆等。　　　　　计量单位：m^3

项目		砖基础深在1.5m以内			序号
		厚度			
		1砖	1.5砖	2砖及2砖以上	
综合	时间定额/产量定额	0.89/1.12	0.86/1.16	0.833/1.2	一
砌砖	时间定额/产量定额	0.37/2.7	0.336/2.98	0.309/3.24	二
运输	时间定额/产量定额	0.427/2.34	0.427/2.34	0.427/2.34	三
调制砂浆	时间定额/产量定额	0.093/10.8	0.097/10.3	0.097/10.3	四
编号		1	2	3	

1. 时间定额

时间定额也称工时定额，是指在一定的生产技术和生产组织条件下，某工种、某种技术等级的工人小组或个人，完成符合质量要求的单位产品所必需的工作时间。必需的工作时间包括基本工作时间、辅助工作时间、准备与结束工作时间、必需休息时间以及不可避免的工作时间。由于劳动组织的缺点而停工、缺乏材料停工、工作地点未准备好而停工、机具设备不正常而停工、产品质量不符合标准而停工、偶然停工（停水、停电、暴风雨）、违反劳动纪律造成的工作时间损失、其他损失时间，都不属于劳动定额时间。

时间定额以"工日"为单位，即单位产品的工日，如：工日/m、工日/m^2、工日/m^3、工日/t等。

每个工日工作时间按现行制度规定为8h。用公式表示如下：

单位产品时间定额（工日）＝1÷每日产量

或　单位产品时间定额（工日）＝小组成员工日数的总和÷台班产量

2. 产量定额

产量定额是指在一定的生产技术和生产组织条件下，某工种、某种技术等级的工人小组或个人，在单位时间内（工日）应完成合格产品的数量。产量定额的计量单位是以产品的单位计算即单位产品的工日，如：$m/工日$、$m^2/工日$、$m^3/工日$、$t/工日$等，用公式表示如下：

每工产量＝1÷单位产品时间定额（工日）

或　台班产量＝小组成员工日数的总和÷单位产品的时间定额（工日）

3. 时间定额和产量定额的关系

时间定额与产量定额互为倒数，成反比例关系，即：

时间定额×产量定额＝1

时间定额＝1÷产量定额

产量定额＝1÷时间定额

4. 劳动定额示例

按定额标定的对象不同，劳动定额又分为单项工序定额、综合定额。综合定额表示完成产品中的各单项（工序或工种）定额的综合。按工序综合的用"综合"表示，见表2-2，按工种综合的一般用"合计"表示，计算方法如下：

综合时间定额（工日）＝各单项（工序）时间定额的总和

综合产量定额＝1÷综合时间定额（工日）

【例2-1】 砌 $1m^3$ 1.5砖基础，计算其综合产量定额。

解： 砌 $1m^3$ 1.5砖基础综合需0.86工日，它是由砌砖、运输、调制砂浆三个工序的时间定额之和得来的，即

0.336＋0.427＋0.097＝0.86（工日）

其综合产量定额＝1/0.86＝1.16（m^3）即每工日综合可砌 $1.16m^3$ 1.5砖基础。

表2-2摘自《全国建筑安装工程统一劳动定额》2013版第四分册砖石工程的砖基础。

砖基础砌体劳动定额　　　　表2-2

工作内容：清理地槽、垛、角、抹防潮层砂浆等。　　　　计量单位：m^3

项目		砖基础深在1.5m以内			序号
		厚度			
		1砖	1.5砖	2砖及2砖以上	
综合	时间定额/产量定额	0.89/1.12	0.86/1.16	0.833/1.2	一
砌砖	时间定额/产量定额	0.37/2.7	0.336/2.98	0.309/3.24	二
运输	时间定额/产量定额	0.427/2.34	0.427/2.34	0.427/2.34	三
调制砂浆	时间定额/产量定额	0.093/10.8	0.097/10.3	0.097/10.3	四
编号		1	2	3	

注：1. 垫层以上防潮层以下为基础（无防潮层按室内地坪区分），其厚度以防潮层出为准；围墙以室外地坪以下为基础。
　　2. 基础深度1.5m以内为准，超过部分，每 $1m^3$ 增加0.04工日。
　　3. 基础无放大脚时，按混水墙相应定额执行。

2.1.1.3 劳动定额的应用

时间定额和劳动定额虽是同一劳动定额的不同表现形式，但它们的作用还是有所不同。时间定额以单位产品的工日数表示，便于计算完成某一分部（项）工程所需的总工日数，便于核算工资、编制施工进度计划和计算分项工程的工期。

【例 2-2】 某土方工程二类土，挖基槽的工程量为 450m³，每天有 24 名工人负责施工，时间定额为 0.205 工日/m³，试计算完成该分项工程的施工天数。

解：（1）计算完成该分项工程所需总人工工日：

总人工工日＝总工程量×时间定额＝450×0.205＝92.25（工日）

（2）计算施工天数：

施工天数＝总人工工日实际施工人数＝92.25÷24＝3.84（天）即该分项工程需 4 天完成。

【例 2-3】 某工程有 170m³ 一砖混水内墙，每天有 14 名专业工人进行砌筑，试根据国家劳动定额计算完成该工程的定额施工天数。

解： 查《建设工程劳动定额（建筑工程）》，编号为 AD0022，时间定额为 1.02 工日/m³，故完成砌筑需要的总工日数＝170m³×1.02 工日/m³＝173.40 工日

需要的施工天数＝173.40 工日÷14 工日/天≈13 天

产量定额是以单位时间内完成的产品数量表示，便于小组分配施工任务，考核工人的劳动效率和签发施工任务单。如需施工企业给工人下达生产任务，考核工人劳动生产率时一般使用产量定额。

【例 2-4】 有 140m³ 二砖混水外墙，由 11 人砌筑小组负责施工，产量定额为 0.862m³/工日，试计算其施工天数。

解：（1）计算小组每工日完成的工程量：

工程量＝11×0.862＝9.48（m³）

（2）计算施工天数：

施工天数＝140÷9.48＝14.77（天） 即该混水外墙需 15 天完成。

【例 2-5】 某砌砖班组 20 名工人，砌筑某住宅楼 1.5 砖混水外墙需要 5 天完成，试根据国家劳动定额确定班组完成的砌筑体积。

解： 查定额编号为 AD0028，时间定额为 1.04 工日/m³，则：

产量定额＝1/时间定额＝1÷1.04＝0.96（m³/工日）

砌筑的总工日数＝20 工日/天×5 天＝100 工日

砌筑体积＝100 工日×0.96m³/工日＝96m³

2.1.2 制定劳动定额的主要方法

制定劳动定额常用的方法有四种，即：比较类推法、经验估计法、统计分析法和技术测定法。如图 2-1 所示。

1. 比较类推法

比较类推法，也称典型定额法。它是以同类型工序、同类型产品定额典型项目的水平或技术测定的实际消耗工时为基准，经过分析比较，以此类推出同一组定额中相邻项目定额的一种方法。

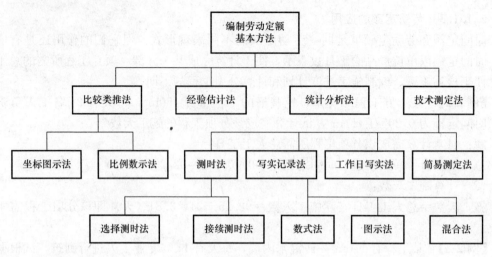

图 2-1 编制劳动定额的方法

采用这种方法编制定额时,对典型定额的选择必须恰当,通常采用主要项目和常用项目作为典型定额比较类推。用来对比的工序、产品的施工(生产)工艺和劳动组织的特征,必须是"类似"或"近似",各种影响因素也"相似",具有可比性的。这样可以提高定额的准确性。

这种方法简便、工作量小,适用产品规格多、工序重复、工作量小的施工过程。

比较类推法常用的方法有两种:

(1) 比例数示法

比例数示法,是在选择好典型定额项目后,经过技术测定或统计资料确定出它们的定额水平,以及和相邻项目的比例关系,再根据比例关系计算出同一组定额中其余相邻项目水平的方法。例如挖地槽、地沟的时间定额水平的确定就采用了这种方法。

挖地槽、地沟时间定额确定表　　　　　表 2-3

单位:工日/m³

项目	比例关系	挖地槽、地沟在 1.5m 以内		
		上口宽度在(m以内)		
		0.8	1.5	3
一类土	1	0.167	0.144	0.133
二类土	1.43	0.233	0.205	0.192
三类土	2.5	0.417	0.357	0.338
四类土	3.76	0.62	0.538	0.5

(2) 坐标图示法

它是以横坐标表示影响因素值的变化,纵坐标标志产量或工时消耗的变化。选择一组同类型的典型定额项目(一般为四项),并用技术测定或统计资料确定出各典型定额项目的水平,在坐标图上用"点"表示,连接各点成一曲线,即是影响因素与工时(产量)之间的变化关系,从曲线上即可找出所需的全部项目的定额水平。

2. 经验估计法

经验估计法,是根据有经验的工人、施工技术人员和定额员的实践经验,并参照有关技术资料，结合施工图纸、施工工艺、施工技术组织条件和操作方法等进行分析、座谈讨论、综合计算、反复平衡制定定额的方法。

由于参与人员之间存在着经验和水平的差异，在对同一个项目在相同的条件下进行估算时，往往会提出一组不同的定额数值，此时应根据统筹法原理，进行优化以确定出平均先进的定额指标。一般情况下，可按计算公式：$t=(a+4m+b)\div 6$ 进行确定。

式中　t——表示定额优化时间（平均先进水平）；

a——表示先进作业时间；

m——表示一般的作业时间；

b——表示后进作业时间。

【例 2-6】 用经验估计法确定某一个施工过程单位合格产品工时消耗。有经验的工人、施工技术人员和定额员通过座谈讨论估计出了三种不同的该产品的工时消耗消耗，分别是 0.4、0.45、0.6，计算其定额时间。

解： $t=(0.4+4\times 0.45+0.6)\div 6=0.47$

经验估计法具有制定定额工作过程较短，技术简单，工作量较小，省时、省力、简便易行的特点。但是其准确程度在很大程度上取决于参加评估人员的经验及理论水平，人为因素较多，有一定的局限性。因而它只适用于产品品种多，批量小，不易计算工作量的施工（生产）作业。

3. 统计分析法

统计分析法，是把过去一定时期内实际施工中的同类工程或生产同类产品的实际工时消耗和产量的统计资料（如施工任务书、考勤报表和其他有关的统计资料），经过整理，与当前生产技术组织条件的变化结合起来，进行分析研究制定定额的方法。统计资料应真实、系统且完整，并且能够代表平均先进水平的地区、企业、施工队伍的情况。统计分析法简便易行，工作量小，较经验估计法有较多的原始资料，更能反映实际施工水平。它适合于施工（生产）条件正常、产品稳定、批量大、统计工作制度健全的施工（生产）过程。

4. 技术测定法

技术测定法，是一种细致的调查研究方法。是指通过对施工（生产）过程的生产技术组织条件和各种工时消耗进行科学的分析研究后，拟订合理的施工条件、操作方法、劳动组织和工时消耗。在考虑挖掘生产潜力的基础上，确定定额水平的方法。

在正常的施工条件下，对施工过程各工序时间的各个组成要素，进行现场观察测定，分别测定出每一工序的工时消耗，然后对测定的资料进行整理、分析、计算制定定额的一种方法。

根据施工过程的特点和技术测定的目的、对象和方法的不同，技术测定法又分为测时法、写实记录法、工作日写实法和简易测定法等四种。

（1）测时法

测时法主要用来观察研究施工过程某些重复的循环工作的工时消耗，不研究工日休息、准备与结束及其他非循环的工作时间。主要适用于施工机械。可为制定劳动定额提供单位产品所必需的基本工作时间的技术数据。按使用秒表和记录时间的方法不同，测时法又分选择测时和接续测时两种。

（2）写实记录法

写实记录法，是研究各种性质的工作时间消耗的方法。通过对基本工作时间、辅助工作时间、不可避免的中断时间、准备与结束时间、休息时间以及各种损失时间的写实记录，可以获得分析工时消耗和制定定额的全部资料。观察方法比较简便，易于掌握，并能保证必需的精度，在实际工作中得到广泛应用。

按记录时间的方法不同分为数示法、图示法和混合法三种。

（3）工作日写实法

工作日写实法，是对工人在整个工作班组内的全部工时利用情况，按照时间消耗的顺序进行实地的观察、记录和分析研究的一种测定方法。根据工作日写实的记录资料，可以分析哪些工时消耗是合理的、哪些工时消耗是无效的，并找出工时损失的原因，拟定措施，消除引起工时损失的因素，从而进一步促进劳动生产率的提高。因此工作日写实法是一种应用广泛而行之有效的方法。

（4）简易测定法

简易测定法，是简化技术测定的方法，但仍保持了现场实地观察记录的基本原则。在测定时，它只测定定额时间中的基本工作时间，而其他时间则借助"工时消耗规范"来获得所需的数据，然后利用计算公式，计算和确定出定额指标。它的优点是方法简便，容易掌握，且节省人力和时间。企业编制补充定额时常用这种方法。其计算公式是：

$$定额时间 = \frac{基本工作时间}{(1-规范时间\%)}$$

式中基本工作时间可用简易测定法获得。

规范时间可查"定额工时消耗规范"。

【例 2-7】 设测定一砖厚的基础墙，现场测得每立方米砌体的基本工作时间为 140 工分，试求其时间定额与产量定额。

解： 查"定额工时消耗规范"得知：

准备与结束时间占工作班时间的 5.45%；

休息时间占工作班时间的 5.84%；

不可避免的中断时间占工作班时间的 2.49%。

则，时间定额 = 140 ÷ [1-(5.45% + 5.84% + 2.49%)] = 140 ÷ 0.8622 = 162.4(工分)

折合成工日，则时间定额为：

$$162.4 \div 480 = 0.34（工日）$$
$$每工产量 = 1 \div 0.34 = 2.94（m^3）$$

总之，以上四种测定方法，可以根据施工过程的特点以及测定的目的分别选用。但应遵循的基本程序是：预先研究施工过程，拟定施工过程的技术组织条件，选择观察对象，进行计时观察，拟定和编制定额。同时还应注意与比较类推法、统计分析法、经验估计法结合使用。

2.2 工作时间的界定

2.2.1 工作时间的界定

工人在工作班内消耗的工作时间，按其消耗的性质，可以分为两大类：必须消耗的时间（定额时间）和损失时间（非定额时间）。见图2-2。

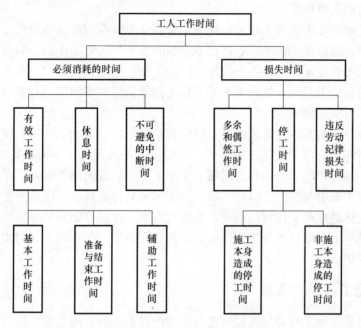

图2-2 工人工作时间分类图

必须消耗的时间是工人在正常施工条件下，为完成一定产品（工作任务）所消耗的时间。它是制定定额的主要依据。必须消耗的时间包括有效工作时间、不可避免的中断时间和休息时间。

有效工作时间是从生产效果来看与产品生产直接有关的时间消耗，包括基本工作时间、辅助工作时间、准备与结束工作时间。

基本工作时间是工人完成基本工作所消耗的时间，也就是完成能生产一定产品的施工工艺过程所消耗的时间。基本工作时间的长短与工作量的大小成正比。

辅助工作时间是为保证基本工作能顺利完成所做的辅助性工作消耗的时间。如工作过程中工具的校正和小修、机械的调整、搭设小型脚手架等所消耗的工作时间。辅助工时间的长短与工作量的大小有关。

准备与结束工作时间是执行任务前或任务完成后所消耗的工作时间。如工作地点、劳动工具和劳动对象的准备工作时间，工作结束后的调整工作时间等。准备与结束工作时间的长短与所负担的工作量的大小无关，但往往和工作内容有关。这项时间消耗可分为班内的准备与结束工作时间和任务的准备与结束工作时间。

不可避免的中断所消耗的时间是由于施工工艺特点引起的工作中断所消耗的时间。如汽车司机在汽车装卸货时消耗的时间。与施工过程工艺特点有关的工作中断时间，应包括在定额时间内；与工艺特点无关的工作中断所占有的时间，是由于劳动组织不合理引起的，属于损失时间，不能计入定额时间。

休息时间是工人在工作过程中为恢复体力所必需的短暂休息和生理需要的时间消耗，在定额时间中必须进行计算。

损失时间，是与产品生产无关，而与施工组织和技术上的缺点有关，与工作过程中个人过失或某些偶然因素有关的时间消耗。损失时间中包括有多余和偶然工作、停工、违背劳动纪律所引起的工时损失。

多余工作，就是工人进行了任务以外的工作而又不能增加产品数量的工作。如重砌质量不合格的墙体、对已磨光的水磨石进行多余的磨光等。多余工作的工时损失不应计入定额时间中。偶然工作也是工人在任务以外进行的工作，但能够获得一定产品。如电工铺设电缆时需要临时在墙上开洞，抹灰工不得不补上偶然遗留的墙洞等。在拟订定额时，可适当考虑偶然工作时间的影响。

停工时间可分为施工本身造成的停工时间和非施工本身造成的停工时间两种。施工本身造成的停工时间，是由于施工组织不善、材料供应不及时、工作面准备工作做得不好、工作地点组织不良等情况引起的停工时间。非施工本身造成的停工时间，是由于气候条件以及水源、电源中断引起的停工时间。后一类停工时间在定额中可以适当考虑。

违背劳动纪律造成的工作时间损失，是指工人在工作班开始和午休后迟到、午饭前和工作班结束前的早退、擅自离开工作岗位、工作时间内聊天等造成的工时损失。这类时间在定额中不予考虑。

2.2.2 施工过程的概念

施工过程是指在施工现场对工程所进行的生产过程。研究施工过程的目的在于帮助我们认识工程建造过程的组成及其构造规律，以便根据时间研究的要求对其进行必要的分解以达到预想效果。

施工过程的分类：

按不同的分类标准，施工过程可以分成不同的类型。

（1）按施工过程的完成方法分类，可以分为手工操作过程（手动过程）、机械化过程（机动过程）和机手并动过程（半机械化过程）。

（2）按施工过程劳动分工的特点不同分类，可以分为个人完成的过程、工人班组完成的过程和施工队完成的过程。

（3）按施工过程组织上复杂程度分类。可以分为工序过程、工作过程和综合工作过程。这种分类方法比较常用，也是与我们本节所研究的定额密切相关，因此，下面对其做比较详细的解释。

工序是组织上分不开和技术上相同的施工过程。工序的主要特征是：工人班组、工作地点、施工工具和材料均不发生变化。如果其中有一个因素发生了变化，就意味着从一个工序转入了另一个工序。工序可以由一个人来完成，也可以由工人班组或施工队几名工人协同完成；可以由手动完成，也可以由机械操作完成。将一个施工工程分解成一系列工序的目的，是为了分析、研究各工序在施工过程中的必要性和合理性。测定每个工序的工时消耗，分析各工序之间的关系及其衔接时间，最后测定工序上的时间消耗标准。

工作过程是由同一工人或同一工人班组所完成的在技术操作上相互有机联系的工序的总和。其特点是在此过程中生产工人的编制不变、工作地点不变，而材料和工具则可以发生变化。例如，同一组生产工人在工作面上进行铺砂浆、砌砖、刮灰缝等工序的操作，从而完成砌筑砖墙的生产任务，在此过程中生产工人的编制不变、工作地点不变，而材料和工具则发生了变化，由于铺砂浆、砌砖、刮灰缝等工序是砌筑砖墙这一生产过程不可分割的组成部分，它们在技术操作上相互紧密地联系在一起，所以这些工序共同构成一个工作过程。从施工组织的角度看，工作过程是组成施工过程的基本单元。

综合工作过程是同时进行的、在施工组织上有机地联系在一起的、最终能获得一种产品的工作过程的总和。例如，现场浇筑混凝土构件的生产过程，是由搅拌、运送、浇捣及养护混凝土等一系列工作过程组成。

施工过程的工序或其组成部分，如果以同样次序不断重复，并且每经一次重复都可以生产同一种产品，则称为循环的施工过程。反之，若施工过程的工序或其组成部分不是以同样次序重复，或者生产出来产品各不相同，这种施工过程则称为非循环的施工过程。

第3章 劳务用工计划管理

3.1 劳动力需求计划的编制

3.1.1 劳动力需求计划的编制原则和要求

3.1.1.1 施工劳动力的来源和特点

1. 施工劳动力的来源

(1) 企业自有工人。

(2) 劳务企业工人。

(3) 劳务派遣工人。

(4) 临时工。

2. 施工劳动力的特点

(1) 以使用施工劳务企业劳动力为主

现阶段，建筑施工企业实行以劳务分包为特征的用工体制，总承包企业自己没有一线作业工人或者只在关键工种、特殊工种上保留少数一线作业工人，施工现场一线的工人以施工劳务企业劳动力为主，总承包企业只派出相关管理人员和技术骨干监督、管理工作。

(2) 以农村劳动力为主

建筑业目前属于生产条件和环境较差的劳动密集型行业，多年来难于从城镇招收建筑业工人，过去从事该职业的人员或已退休，或以转岗，只有少数人员还保留在原岗位。同时由于使用农民工的成本低廉，使大量农村剩余劳动力成为建筑业工人的主要来源。

(3) 高技能工人少，一般技工和普通工多

这是由于建筑业总体技术水平不高和劳动技能要求不均衡决定的。建筑施工作业的许多方面一般技工和普通工即可胜任。即使对技术要求较高的工种，也常常需要一定数量的普通工做一些辅助工作。只有少数工种，如电工、电焊工等高技能工人的比重相对高一些，但就整个行业来讲所占比例很小。

(4) 女性工人少，男性工人多

由于建筑业的劳动强度和作业方式的特殊性，主要工种不适宜妇女从事。妇女只适宜在建筑业从事一些辅助性工作，如后勤服务工作等，但这些工作岗位的数量有限，与社会上其他行业相比，妇女的平均就业率很低。

3.1.1.2 劳动力需求计划的分类

根据使用对象的不同，劳动力需求计划可分为企业劳动力需求计划和项目部劳动力需求计划。

根据使用时间的不同，劳动力需求计划可分为劳动力总需求计划、年度劳动力需求计

划和月劳动力需求计划等。

根据使用情况的不同，劳动力需求计划可分为正常劳动力需求计划和特殊情况需求计划（包括节假日劳动力需求计划及有重大工程变更时的劳动力需求计划等）。

劳务员的主要工作职责之一就是"参与制定劳务管理计划"，劳动力需求计划是劳务管理计划中的一项重要内容。劳务员是项目管理中的"八大员"之一，应重点掌握项目部层面上使用的劳动力需求计划，对于企业劳动力需求计划可作一般了解。

3.1.1.3 劳动力需求计划的编制原则

（1）劳务需求计划应以劳动定额为依据。

（2）劳务需求计划应围绕项目的施工组织设计中工程项目的开、竣工日期和施工部位及工程量，计算具体劳务需求的各工种的人员数量。

（3）符合项目实施过程中进度计划变化的要求。

（4）控制人工成本，实现企业劳动力资源市场化的优化配置。

（5）优先选用本单位劳动力，如本单位劳动力不足，再考虑外部劳动力。

（6）根据企业需要选择专业分包、劳务分包队伍，提供合格劳动力，保证工程进度及工程质量、安全生产的要求。

（7）依据国家及地方的法律法规对分包企业的履约及用工行为实施监督管理。

3.1.1.4 劳动力需求计划的编制要求

1. 要保持劳动力均衡使用

劳动力使用不均衡，不仅会给劳动力调配带来困难，还会出现过多、过大的需求高峰，同时也增加了劳动力的管理成本，带来住宿、交通、饮食、工具等方面的问题。

2. 编制依据

根据工程的实物量和定额标准分析劳动需用总工日，根据施工组织设计和进度计划确定各个阶段的生产工人的数量和及各工种人员之间的比例，以便对劳务人员进行组织、培训，以保证现场施工的劳动力的有效使用。

3. 要准确计算工程量

劳动力管理计划的编制质量，不仅与计算的工程量的准确程度有关，而且与工期计划得合理与否有直接的关系。工程量越准确，工期越合理，劳动力使用计划越准确。

3.1.2 劳动力总量需求计划的编制程序和方法

3.1.2.1 劳动力总需求计划的编制程序

劳动力的需求，要求项目部以表格的形式向公司劳务主管部门进行申报。表格的形式国家及行业无统一限制，各企业可根据自身需要来制订。其中的内容一般包括各作业工种的人数及使用期限（以表3-1为例）。如何确定内容是编制此表的关键。

劳动力需求计划表　　　　　　表3-1

	20××年						20××年					
	1月	2月	3月	4月	…	…	1月	2月	3月	4月	…	…
工种1												
工种2												

续表

	20××年						20××年					
	1月	2月	3月	4月	…	…	1月	2月	3月	4月	…	…
工种3												
工种4												

确定建筑工程项目劳动力的需求量，是劳动力管理计划的重要组成部分，它不仅决定了劳动力的需求计划，而且直接影响其他管理计划的编制。劳动力需求计划的编制程序如下：

1. 确定劳动效率

确定劳动力的劳动效率，是劳动力需求计划编制的前提，只有确定了劳动力的劳动效率，才能制定出科学、合理的计划。建筑工程施工中，劳动效率通常用"产量/单位时间"或"工时消耗量/单位工作量"来表示。

在一个工程中，分部分项工程量一般是确定的，它可以通过图纸和工程量清单的规范计算得到，而劳动效率的确定比较复杂。在建筑工程中，劳动效率可以在《建设工程劳动定额》中直接查到，它代表社会平均先进水平的劳动效率。但在实际应用时，必须考虑到具体情况，如环境、气候、地形、地质、工程特点、实施方案的特点、现场平面布置、劳动组合、施工机具等，进行合理调整。

2. 确定劳动力投入量

劳动力投入量也称劳动组合或投入强度，在劳动力投入总工时一定的情况下，假设在持续的时间内，劳动力投入强度相等，而且劳动效率也相等，在确定每日班次及每班次的劳动时间时，可计算：

$$\text{劳动投入量} = \frac{\text{劳动力投入总工时}}{\text{班次/日} \times \text{工时/班次} \times \text{活动持续时间}} = \frac{\text{工程量} \times \text{工时消耗量} \times \text{单位工程量}}{\text{班次/日} \times \text{工时/班次} \times \text{活动持续时间}}$$

3. 劳动力需求计划的编制

在编制劳动力需求量计划时，由于工程量、劳动力投入量、持续时间、班次、劳动效率、每班工作时间之间存在一定的变量关系，因此，在计划中要注意他们之间的相互调节。

在工程项目施工中，经常安排混合班组承担一些工作任务，此时，不仅要考虑整体劳动效率，还要考虑到设备能力的制约，以及与其他班组工作的协调。

劳动力需求量计划还应包括对现场其他人员的使用计划，如为劳动力服务的人员（如厨师、司机等）、工地警卫、勤杂人员、工地管理人员等，可根据劳动力投入量计划按比例计算，或根据现场实际需要安排。

3.1.2.2 劳动力总需求计划的编制方法

1. 经验比较法

经验比较法是指利用施工经验，将拟建的工程项目与已完成的同类或类似工程项目进行比较、计算，从而确定拟建项目的劳动力需求量的一种方法。该方法可利用产值人工系数或投资人工系数来比较计算。在工程开工前，资料比较少的情况下，一般在仅具有施工方案和生产规模的资料时才使用这种方法。

2. 分项综合系数法

分项综合系数法是利用实物工程量中的综合人工系数计算总工日的一种方法。目前，在使用工程量清单计价形式投标报价中较为常用。例如，机械挖土方，平时定额为 0.2 工时/m³，10000m³ 则需要 0.2×10000＝2000 工时；设备安装，大型压缩机安装为 20 工时/t，若压缩机重 30t 则需要 20×30＝600 工时。类似地，可以计算出各分项工程所需的工时数，再将所有的分项工程所需的同工种工时数分别进行累加，就得到各工种的总的工时数。该方法适用于在提供了工程量清单计价表后，利用实物工程量中的综合人工系数进行计算。

3. 概算定额法

概算定额法是指利用概（预）算中的人工含量进行汇总，计算劳动力需求总量。这种方法计算出的劳动力需用量较为准确，因此，在投标文件的施工组织设计中被广泛采用。在施工准备阶段，编制劳动力总需求计划时，可以直接使用投标文件中施工组织设计里面的数据（工种、人数、期限等）。但要在中标后根据工程的实际情况进行核对。并且在施工过程中，根据工程的变化情况，对劳动力需用量进行调整。由于该方法简单快捷，因此在工程实践中被广泛应用。但其准确性很大程度上取决于施工组织设计的准确性及工程项目的稳定性。

4. 公式法

公式法是对上述三种方法进行综合，并根据实际要求利用公式计算相应参数的一种方法。在工程实际中，由于对劳动力需求计划表，国家和行业无统一要求，各企业可根据自身情况有自己的表式。表 3-1 所示表格，只是在实践中较为常见的一种，适用于项目部向公司劳务主管部部门申报用表，不适用于在公司层面使用，公司用表要有汇总、平衡、缺口等要求。

利用公式法进行计算的公式如下：

(1) 平均人数计算

平均人数＝用工所需日历工日数÷月度日历日数

(2) 计划平均人数，计划工资总额和计划实际用工的计算

计划平均人数＝计划用工总工日÷计划工期天数

计划工资总额＝计划用工总工日×工日单价

计划实际用工＝计划用工总工日÷计划劳动生产率指数

(3) 计划工人劳动生产率、计划工资总额和计划平均工资的计算

计划工人劳动生产率＝计划施工产值÷计划平均人数

计划工资总额＝计划施工产值×百元产值系数

计划平均工资＝计划工资总额÷计划平均人数

(4) 劳动定额完成情况指标的计算

指完成定额工日与实用工日（即全部作业工日数）相比的比率，比率越高，定额完成情况越好。完成定额工日：指本期完成的实际验收工程量按劳动定额计算的所需定额工日数。

完成定额工日数＝∑(完成工作量×劳动定额)

劳动定额完成程度＝完成定额工日数÷全部作业工日数×100％

3.2 劳动力计划平衡方法

3.2.1 劳动力负荷曲线

一个施工项目从准备、实施、竣工各阶段所需要的施工人员包括各工种工人和管理人员的数量都不相等，而且时间也不同。根据资源耗用规律人力需要量是从少到多，逐渐形成相对平稳的高峰，然后逐渐减少。这一规律，可用函数 $f(x)$ 来表示，这种函数曲线所描述的就是劳动力动员直方图的包络曲线，可称为劳动力负荷曲线，曲线有限点的坐标值的表格形成就是劳动力动员计划表。

1. 制订劳动力负荷曲线的原始条件

施工项目的工程范围、工作规范、工程设计、施工图设计；施工项目所在地区的环境条件：项目的分部、分项工程量；项目总体施工统筹计划；设备材料的交货方式、交货时间、供货状态等。这些条件在施工准备阶段往往不可能完全具备，所以要根据所掌握的资料，运用不同的方法制订劳动力负荷曲线。

2. 劳动力负荷曲线的绘制方法

（1）类比法

分析已经积累的各种类型项目在不同规模下劳动力计划和实际耗用劳动力的高峰系数、高峰持续系数、平均系数、高峰期人数，以及各工种的数据等。剔除虚假数据，列出实施项目与类比项目间的差异，计算出类比系数，如规模系数、投资比例系数、建安估算值比例系数。根据计算出的类比系数，结合实际经验进行修正，绘制出劳动力动员直方图和劳动力负荷曲线，如图 3-1 和图 3-2 所示。

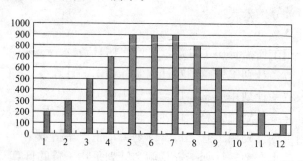

图 3-1 劳动力动员直方图（示意图）

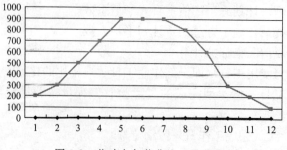

图 3-2 劳动力负荷曲线（示意图）

(2) 标准（典型）曲线法

当绘制企业各项目劳动力负荷曲线数据不足时，可以采用此法，即套用已有的同类项目标准（典型）劳动力负荷曲线，根据现有项目情况加以修正。

3.2.2 劳动力计划平衡

劳动力计划平衡是公司劳务管理部门，根据各项目部申报的劳动力需求计划进行汇总后所进行的一项工作。这项工作类似于材料需求计划中的平衡库存，即对于自有劳动力的企业，就是优先使用自有劳动力，对于有长期合同的合格分承包方也可以优先采用，用总量减去平衡量，就得到缺口量，通过公开招标或议标等形式解决缺口量。

要使劳动力计划平衡，应注意以下几个关键：

(1) 劳动力计划要具体反映出各月、各工种的需求人数，计划逐月累计投入的总人数、高峰人数、高峰持续时间、高峰系数、总施工周期。

(2) 劳动力计划要编制企业按月需求的各工种总计划人数，分施工项目的月度计划使用劳动力总人数等。

(3) 劳动力计划一般用表格的形式表达。其制订方法与劳动力需求总量计划直方图基本相同，只是按工种分别计算，汇总制表（具体形式可见表3-2）。

劳务用工需求计划表　　　　　表3-2

序号	工程项目名称	需求劳务队伍类型	需求时限	需求人数	平衡人数	缺口人数	解决途径
1							
2							
3							
4							
5							
合计							

3.3 编制劳务需求计划

按照《建筑与市政工程施工现场专业人员职业标准》JGJ/T 250—2011 的规定，"参与制定劳务管理计划"是劳务员的一项工作职责。劳务管理计划是根据项目本身施工生产需要和劳动力市场供需状况所制定的，从数量和质量方面确保施工进度和工程质量所需劳动力的筛选、引进和管理的计划。

3.3.1 建筑劳务管理的程序

建筑劳务的管理，贯穿整个项目的实施过程，即从项目中标开始到项目竣工结束，整个过程分为三个阶段，项目施工前准备阶段、项目施工阶段、项目竣工阶段。作为建筑劳务管理，在每个阶段有其管理的重点，下面就各个阶段的工作重点分述如下。

1. 项目施工前准备阶段

本阶段的主要工作如下，流程见图3-3。

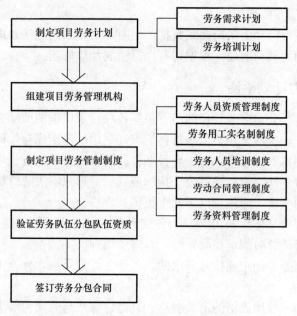

图 3-3 项目施工前准备阶段工作流程

(1) 制定项目劳务管理计划

包括编制劳务需求计划（详见第四章第二节）、劳务培训计划（详见第三章第三节）。

(2) 组建项目劳务管理机构

项目经理是劳务管理的第一责任人，劳务员在项目经理领导下具体负责建筑劳务管理相关工作（劳务员相关职责详见本章第三节）。

(3) 制定项目劳务管理制度

项目劳务管理制度不能完全照搬公司的劳务管理制度，而是要依据公司的劳务管理制度结合本项目的具体情况，制定切实可行的，具有可操作性的本项目劳务管理制度。具体包括劳务人员资格管理制度、劳务用工实名制管理制度、劳务人员培训制度、劳动合同管理制度、劳务资料管理制度、国际工程劳务管理制度等。这些制度将在以后的各章中详细介绍。

(4) 验证施工劳务企业资质，办理登记备案

(5) 签订劳务分包合同

2. 项目施工阶段（流程见图3-4）

(1) 审核劳务人员身份、资格，办理登记备案。

(2) 编制劳务队伍和劳务人员的管理资料。

(3) 组织劳务人员培训。

(4) 监督劳务人员劳动合同的签订、变更、解除、终止及参加社会保险等工作，对劳动合同进行规范性审查。

(5) 负责或监督劳务人员进场及用工管理。

(6) 劳务结算资料的收集整理，核实劳务分包款。

(7) 监督劳务人员工资支付对劳务人员工资进行公示并建立劳务人员个人工资台账。

(8) 编制劳务人员工资纠纷等应急预案。

(9) 对发生的劳务纠纷进行调解处理，对发生的工伤事故的善后工作进行处理。

3. 项目竣工阶段（流程见图3-5）

(1) 组织劳务人员退场工作。

(2) 汇总整理并移交劳务管理资料。

(3) 对项目劳务管理工作进行总结。

图 3-4　项目施工阶段工作流程　　　　图 3-5　项目竣工阶段工作流程

3.3.2　计算劳务用工数量及费用

3.3.2.1　劳务用工需求量的预测

1. 劳务用工需求量预测的原则

(1) 劳务需求预测应以劳动定额为依据；

(2) 劳务需求预测应围绕企业（项目）的施工组织设计中工程项目的开、竣工日期和施工部位及工程量，测算具体劳务需求的工种和数量。

2. 劳动力需求的预测计算方法

(1) 依据项目工期进度安排，确定工程部位所需的工种以及各个工种的具体劳务人员的需求数量；

(2) 根据企业（项目）跨年度和在施项目的劳务使用情况，测算可供给的劳务企业的工种、数量，从而计算出企业（项目）的劳务净需求：如某工种的劳务净需求为正数，则需引进新的劳务企业或施工队伍；反之，则过剩，需要精简或调剂；

(3) 在掌握劳务人员余缺并确定劳务净需求的基础上，编制劳务需求计划。

3.3.2.2 劳务用工的相关计算方法

1. 平均人数计算

计算公式如下：平均人数＝用工所需日历工日数÷月度日历日数

例：根据下列日历工日数资料计算（见表3-3）

计划平均人数：（该资料为某年6月资料）　　　　　　　　　　表3-3

单位	用工所需日历工日数	月度日历日数	计划平均人数
第一项目部	21300		710
第一项目部	2580		86
第一项目部	19500	30（6月份）	650
第一项目部	27000		900
第一项目部	22500		750
合计	92880		3096

2. 计划平均人数，计划工资总额和计划实际用工的计算

计划平均人数＝计划用工总工日÷计划工期天数

计划工资总额＝计划用工总工日×工日单价

计划实际用工＝计划用工总工日÷计划劳动生产率指数

【例3-1】 某工程承包作业5000m²，计划每平方米单位用工5个工日，每个工日单价40元，计划工期为306天，计划劳动生产率指数为120%。求计划平均人数，计划工资总额和计划实际用工（保留整数）

解：计划平均人数＝计划用工总工日÷计划工期天数＝5000×5÷306＝82人

计划工资总额＝计划用工总工日×工日单价＝5000×5×40＝1000000元

计划实际用工＝计划用工总工日÷计划劳动生产率指数

＝5000×5÷120%＝20833工日

3. 计划工人劳动生产率、计划工资总额和计划平均工资的计算

计划工人劳动生产率＝计划施工产值÷计划平均人数

计划工资总额＝计划施工产值×百元产值系数

计划平均工资＝计划工资总额÷计划平均人数

例：某工程队有建安工人300人，月计划完成施工产值3750000元，百元产值工资系数为14%，试计算计划工人劳动生产率，计划工资总额和计划平均工资。

解：计划工人劳动生产率＝计划施工产值÷计划平均人数

＝3750000÷300＝12500元/人

计划工资总额＝计划施工产值×百元产值工资系数

＝3750000×14%＝525000元

计划平均工资＝计划工资总额÷计划平均人数
525000÷300＝1750 元

4. 劳动定额完成情况指标的计算

指标1：执行定额面指标：指工人中执行定额工日占全部作业工日的比重。鼓励有条件执行定额的尽量执行定额。

全部作业工日：指出勤工日中扣除开会、出差、学习等非生产工日以及停工工日后的生产作业工日，包括全日加班工日。

全部作业工日＝制度内实际作业工日＋加班工日

制度内实际作业工日＝出勤工日－停工工日（非生产工日）

执行定额工日：指全部作业工日中，按定额考核工效，计发奖金或计件工资的实际工日数。

执行定额工日＝全部作业工日－未执行定额工日

执行定额面：指执行定额工日占全部作业工日的比重，计算公式为：

执行定额面＝执行定额工日÷全部作业工日×100%

指标2：定额完成程度指标：指完成定额工日与实用工日（即全部作业工日数）相比的比率，比率越高，定额完成情况越好。

完成定额工日：指本期完成的实际验收工程量按劳动定额计算的所需定额工日数。

完成定额工日数＝Σ（完成工作量×劳动定额）

劳动定额完成程度＝完成定额工日数÷全部作业工日数×100%

【例3-2】 某队有生产工人100人，7月病事假72工日，开会学习40工日，公休假日8天，加班450工日，出差、联系材料20工日，其中1人协助炊事班，2人守卫，其余工人没有执行定额的620工日，全月共完成定额工日2025工日。

求：7月份执行定额面及定额完成程度各是多少？（结果保留2位小数）

解： 全部作业工日＝[（月平均人数－非生产人数）×（日历天数－公休天数）]－缺勤工日－非生产工日＋加班工日

＝[（100－1－2）×（31－8）]－72－40－20＋450＝2549 工日

执行定额工日＝全部作业工日－未执行定额工日＝2549－620＝1929 工日

（1）执行定额面＝1929÷2549×100%＝75.68%

（2）定额完成程度＝2025÷2549×100%＝79.44%

答：7月执行定额面为75.68%；定额完成程度为79.44%。

3.3.3 制劳务用工需求计划表

1. 劳务用工需求计划的主要内容

（1）项目部劳动力计划编制的主要内容

在施工准备阶段，项目部根据投标文件中的施工组织设计编制劳务用工需求量计划。根据开、竣工时间和具体施工部位的工程量，确定该项目需要的各工种在每个月的施工人数、进退场时间。具体内容如下：

1）根据企业投标文件施工组织设计中的开竣工时间和具体施工部位及工程量，确定该项目需要的各工种劳务人员的需用量。企业按照合格分包方名录选择施工劳务企业，或实行公开招标的方式，择优选取施工劳务企业，根据施工进度计划安排所需劳务企业的施工队伍的进场时间。

2）按工期进度要求及实际劳务人员需求量，以施工部位（或分部、分项工程）为单位，编制项目部劳务人员需求计划表（见表3-4）。

项目部劳务用工需求计划表　　　　　　表 3-4

	20××年						20××年					
	1月	2月	3月	4月	…	…	1月	2月	3月	4月	…	…
测量工												
钢筋工												
木工												
瓦工												
架子工												
油漆工												
电焊工												
混凝土工												
抹灰工												
装修工												
防水工												
辅助工												
…												
…												

3）由于设计变更或其他情况，往往会产生工程量的变化。项目部应根据劳务净需求的新增（减）部分，制定具体的补充或调剂计划。

4）涉及引进新的劳务企业或施工队伍时，劳务需求计划应包括：

① 引进劳务企业或施工队伍的资质类等情况和引进的渠道通过资质审核、在建工程考察、劳务分包招标投标、分包合同签订、分包合同及劳动合同、分包劳务人员备案等具体内容；

② 引进企业或施工队伍进场的具体时间以及入场安全教育培训、安全协议的签订和生活管理等内容。

(2) 公司劳动力需求计划编制的主要内容

总承包企业的劳务主管部门应依据本公司生产部门的年度、季度、月度生产计划，制定劳动力招用、管理和储备的计划草案。汇总本公司各项目部计划需求后，按照劳务队伍类型（工种），及需求时限，根据自有劳动力数量，进行劳动力平衡，确定缺口量，提出解决途径。形成公司的《劳务用工需求计划表》（见表3-5）予以实施，并根据各工程项目现场生产需要进行动态调整。

2. 劳务用工需求量计划表样式

(1) 项目部劳务用工需求计划表

表3-4是某工程项目部所使用的一种劳务用工需求计划表，该表只是一种样表，不是

固定不变的，即不限于这一种形式，各项目部可根据企业自身需要，或各工程项目的不同特点进行设置。

（2）劳务用工需求计划表

表3-5是某公司所使用的一种劳务用工需求计划表，该表只是一种样表，不是固定不变的，即不限于这一种形式，各企业可根据企业自身需要，或各工程项目的不同特点进行设置。

劳务用工需求计划表　　　　　　　　　　表3-5

序号	工程项目名称	需求劳务队伍类型	需求时限	需求人数	平衡人数	缺口人数	解决途径
1							
2							
3							
4							
5							
	合计						

3.4　编制劳务培训计划

《国务院关于解决农民工问题的若干意见》（国发［2006］5号）关于农民工培训作出以下规定：

（1）加强农民工职业技能培训。各地要适应工业化、城镇化和农村劳动力转移就业的需要，大力开展农民工职业技能培训和引导性培训，提高农民转移就业能力和外出适应能力。扩大农村劳动力转移培训规模，提高培训质量。继续实施好农村劳动力转移培训阳光工程。完善农民工培训补贴办法，对参加培训的农民工给予适当培训费补贴。推广"培训券"等直接补贴的做法。充分利用广播电视和远程教育等现代手段，向农民传授外出就业基本知识。重视抓好贫困地区农村劳动力转移培训工作。支持用人单位建立稳定的劳务培训基地，发展订单式培训。输入地要把提高农民工岗位技能纳入当地职业培训计划。要研究制定鼓励农民工参加职业技能鉴定、获取国家职业资格证书的政策。

（2）落实农民工培训责任。完善并认真落实全国农民工培训规划。劳动保障、农业、教育、科技、建设、财政、扶贫等部门要按照各自职能，切实做好农民工培训工作。强化用人单位对农民工的岗位培训责任，对不履行培训义务的用人单位，应按国家规定强制提取职工教育培训费，用于政府组织的培训。充分发挥各类教育、培训机构和工青妇组织的作用，多渠道、多层次、多形式开展农民工职业培训。建立由政府、用人单位和个人共同负担的农民工培训投入机制，中央和地方各级财政要加大支持力度。

3.4.1　分析劳务培训需求

1. 分析劳务培训需求的含义

分析劳务培训需求就是判断劳务管理人员和劳务作业人员是否需要培训以及分析培训内容的一种活动或者过程。需求分析对企业的培训工作至关重要，它是真正有效地实现培训的前提条件,也是使培训工作准确、及时和有效完成的重要保证。同时,需求分析具有很强的指导性,它既是确定培训目标、设计培训计划的前提,也是进行培训评估的基础。

2. 培训需求分析的内容

(1) 培训需求的层次分析

1) 企业层次分析。主要确定企业范围内的培训需求,以保证培训计划符合企业的整体目标与战略要求。通过对企业的外部环境和内部环境进行分析,包括对政府的产业政策、竞争对手的发展状况、企业的发展目标、生产效率、事故率、疾病发生率、辞职率、缺勤率和员工的行为等进行分析,来发现企业目标与培训需求之间的联系。

2) 工程项目层次分析。主要确定企业的各个工程项目范围内的培训需求,以保证培训计划符合各个工程项目的目标要求。

3) 工作岗位层次分析。主要是确定各个工作岗位的员工达到理想的工作业绩所必须掌握的技能和能力。工作分析、绩效评价、质量控制报告和顾客反应等都为这种培训需求提供了重要的信息。

4) 员工个人层次分析。主要是确定员工目前的实际工作绩效与企业的员工业绩标注对员工技能的要求之间是否存在差距,是为了将来评价培训的结果和评估未来培训的需求。

(2) 在职员工培训需求分析

由于新技术在生产过程中的应用、在职员工的技能不能满足工作需要等方面的原因而产生的培训需求,通常采用绩效分析法评估在职员工的培训需求。

(3) 培训需求的阶段分析

主要有目前培训需求分析及未来培训需求分析两种。

1) 目前培训需求分析主要是分析企业现阶段的生产经营目标及其实现状况、未能实现的生产任务、企业运行中存在的问题等方面,找出这些问题产生的原因,并确认培训是解决问题的有效途径。

2) 未来培训需求分析是为满足企业未来发展过程中的需要而提出培训的要求。

3. 培训需求分析的作用

培训需求分析作为培训活动的首要环节,它在培训中具有重大作用。具体表现为:

(1) 充分认识现状与目的差距

培训需求分析的基本目标就是找差距,即应有状况同现实状况之间的差距。找差距一般包含三个环节:一是必须对所需要的知识、技能、能力进行分析;二是必须对现实缺少的知识、技能、能力进行分析;三是必须对所需要的知识、技能、能力与现有的知识、技能、能力之间的差距进行分析。这三个环节应独立有序地进行,以保证分析的有效性。

(2) 促进劳务管理工作和劳务培训工作的有效结合

把两项工作有机地结合在一起,更有利于企业节约成本,提高培训工作和劳务管理工作的效率。

(3) 提供解决实际问题的方法

最好的方法是把几种可供选择的方法综合起来,使其包含多层次的培训策略。这样有利于节省成本,又能够较好地实现目标。

(4) 能够得出大量员工培训的相关成果

一个好的需求分析能够得出一系列的研究成果,确立培训内容,指出最有效的培训战略,安排最有效的培训课程。同时,在培训之前,通过研究这些资料,建立起一个标准,然后用这个标准来评估所进行的培训项目的有效性。

(5) 决定培训的价值和成本

培训需求分析,能够找到存在的问题,能够把成本因素引入到培训需求分析中去。如果不进行培训的损失大于进行培训的成本,那么培训就是必然的、可行的。反之,说明当前还不需要或不具备条件进行培训。

(6) 能够获得各个方面的协助

无论是组织内部还是外部,需求分析提供了选择适当指导方法与执行策略的大量信息,这为获得各方面的支持提供了条件。

4. 培训需求分析的特点

从以上培训需求分析的含义,可以看出培训需求分析具有下列几个特点:

(1) 需求分析主体的多样性

从需求分析的主体来看,需求分析的主体具有多样性,在一个企业中,培训需求分析的参与者可能有以下这些人:

1) 项目部管理人员。培训的对象就是项目部管理人员和劳务人员,项目部管理人员了解自己和劳务作业人员最需要培训哪些内容。

2) 人力资源部和劳务管理部门的工作人员。培训需求分析的整个工作是由人力资源部门和劳务管理部门主持的,而且他们掌握了大量有关本企业员工及劳务作业人员知识技能、工作水平以及工作要求的相关资料,同时他们对每个岗位的要求和变化也是最清楚的。

3) 培训方面的专家。专家具有丰富的经验和深厚的知识,因此向专家请教,无疑会得到一定的帮助。

4) 建设单位、监理单位以及其他相关人员。企业外的人员对企业存在的问题分析一般会更为客观,这对培训项目的设计是有帮助的。

(2) 需求分析客体的多层次性

从需求分析的客体来看,需求分析的客体具有多层次性,即要通过对组织及其成员的目标、技能、知识的分析,来确定现有状况与应有状况的差距。

具体来说它包含了三个不同的层次:个体层次、组织层次、战略层次。个体层次是如何可以让受训者在一个特定的职位上取得更大绩效,进而得到更大的发展空间。组织层次的培训则着眼于组织中的某个职能部门或者机构研究如何使得一个部门或者机构能够更加有效地发挥作用。而战略层次的培训就是以整个企业组织为客体,考虑企业如何保持和强化自身的优势地位。

(3) 需求分析的核心在于找差距,从中确定培训的必要性以及培训的内容

从需求分析的核心来看,需求分析的核心就是通过对组织及其成员的现有状况与应有状况之间差距的分析,来确定是否需要培训以及培训的内容。

(4) 需求分析结果的指导性

从需求分析的结果来看,需求分析具有很强的指导性,它既是确定培训目标、设计培

训规划的前提，也是进行培训评估的基础。

5. 培训需求分析的方法

培训需求分析有多种方法。这里只简单介绍比较有代表性的两种方法：

（1）诺伊分析方法

诺伊分析方法是由著名企业管理专家R·A·诺伊提出的，它包括组织分析、任务分析以及人员分析三个要素。

在进行培训需求分析，制定培训规划时，可以将调查收集的数据分门别类，分别归入组织、人员、岗位这三个层面，然后从这三个层面上进行具体、详尽的分析，以获得所需的信息。

（2）必要性分析方法

所谓必要性分析方法，是指通过收集并分析信息或资料，以确定是否通过培训来解决组织存在问题的方法。它包括一系列的具体方法和技术。

必要性方法的意义在于：通过对组织进行彻底的分析，以确定组织中所存在的问题的类型以及是否可以由培训来解决这些问题，还包括了运用培训方式来解决这些问题的成本和收益如何等等一系列问题。

6. 劳务培训需求分析的实施过程

（1）前期准备工作

培训活动开展之前，培训者就要有意识地收集受训者的相关资料、简历背景档案，培训档案应该注重员工素质、员工工作变动情况以及培训历时等方面内容的记载。

（2）制定培训需求调查计划

1）确定培训需求调查的内容。培训需求调查的内容不要过于宽泛，对于某一项内容可以从多角度调查，这样易于取证。

2）确定培训需求调查工作的目标、计划。培训需求调查工作应确定一个目标，由培训的特点而定。但由于培训需求调查中的各种客观或主观的原因，使培训需求调查的结果易受其他因素的影响，因此要提高和保证调查结果的可信度。对于重要的、大规模的需求评估，还需要制定一个需求调查工作的计划。

3）选择合适的培训需求调查方法。根据企业的实际情况以及培训中可利用的资源选择一种合适的培训方法。如面谈法、观察法、问卷调查法和个别会谈结合法。

（3）实施培训需求调查工作

在制定了培训需求调查计划后，就要按照计划依次开展工作。实施培训需求调查主要包括以下步骤：

1）有培训部门发出制订计划的通知，请各负责人针对相应岗位工作需要提出培训愿望。

2）相关人员根据企业或部门的理想需求与现实需求、预测需求与现实需求的差距，调查、收集来源于不同部门和个人的各类需求信息，整理、汇总培训需求的动机和愿望，并报告企业培训组织部门或者负责人。由企业的组织计划部门、相关岗位、相关部门及培训组织管理部门共同协商确定培训需求分析。

（4）分析与输出培训需求结果

1）对培训需求调查信息进行归类、整理。对收集到的信息进行分类，根据不同的培训调查内容的需要进行分类，根据不同的培训调查内容的需要进行信息的归档；同时制作一套表格对信息进行统计，利用直方图、分布曲线图等工具将信息所表现的趋势和分布状况予以直观处理并进行整理。

2) 对培训需求进行分析、总结。对收集上来的调查资料进行仔细分析，从中找出培训需求，并对其进行总结。此时应注意个别需求和普遍需求、当前需求和未来需求之间的关系。

3) 撰写培训需求分析报告。对所有的信息进行分类处理、分析总结以后，就要根据处理结果撰写培训需求调查报告，报告结论要以调查的信息为依据，对各部门申报、汇总上来的培训动机、培训需求的结果做出解释并提供评估结论，以最终确定是否需要培训及培训什么。

3.4.2 编写劳务培训计划的主要内容

劳务培训计划是从企业的生存与发展战略出发，在全面、客观地分析培训需求的基础上，针对建筑行业劳务从业人员的特点，制定的关于培训时间、培训地点、培训者、培训对象、培训方式和培训内容等的预先系统设定。

1. 劳务培训计划的编制原则

培训计划的制定是一个复杂的系统工程。制定之前有许多需要考虑的因素，这些因素直接影响培训的质量和效果，因此，必须遵循一定的原则进行编制。培训计划编制的基本原则有：

(1) "三全"原则

1) 全员性。企业所有员工都应参加培训。
2) 全方位性。主要体现在培训的内容，满足不同层次的需求。
3) 全过程性。培训过程贯穿员工的整个职业生涯。

(2) 理论与实践相结合的原则

1) 培训的根本目的是为了提高广大员工在生产中应用理论知识解决实际问题的能力，从而提高企业的经济效益。
2) 理论与实践相结合的原则决定培训时要积极发挥学员的主观能动性性，强调学员的参与意识。

(3) 培训与提高相结合的原则

1) 全员培训与重点提高相结合。全员培训就是有计划、有步骤地对在职的各级各类人员都进行培训，这是提高员工素质的必由之路。
2) 组织培训和自我提高相结合。在个人成长环境中，组织和个人的因素都是相当重要的。

(4) 人格素质培训与专业素质相结合

1) 从培训的三方面内容，即知识、技能和态度看，三者必须兼备，缺一不可。
2) 从培训的难易程度来看，态度的培训比另外两个方面更为困难。
3) 从培训的效果来看，员工的态度直接影响培训效果的好坏。

总之，在培训中应将人格素质的训练融入知识技能的学习中，而不是泛泛的空谈，成为一种说教。

(5) 人员培训与企业文化相适应
1) 培训应服务于企业的总体发展战略。
2) 培训应有助于企业文化的形成和发展。
3) 培训应有助于企业管理工作的程序化。
4) 培训必须符合市场需求。
5) 培训必须与时俱进。

2. 如何编制劳务培训计划

劳务培训计划必须满足企业和劳务人员两方面的需求，必须兼顾企业资源条件和劳务人员素质基础，必须充分考虑劳务人员培养的现实具体要求、超前性及培训结果的不确定性。不同的企业，培训计划的内容不一样，但是一般来说，一个比较完整的培训计划应该包含以下内容：

（1）劳务培训的目标。劳务培训的目标是指培训活动所要达到的目的，从受训者角度进行理解就是指在培训活动结束后应该掌握哪些知识和技能。培训目标的制定不仅对培训活动具有指导意义，而且是培训评估的一个重要依据。设置培训目标是，应包括三个要素：

1) 内容要素，即企业希望劳务人员做什么事情。
2) 标准要素，即企业期望劳务人员以什么样的标准来做这件事。
3) 条件要素，即在什么条件下要达到这样的标准。

（2）劳务培训的内容和培训的对象。劳务培训的内容是指应当进行什么样的培训；培训的对象则是指哪些劳务人员要接受培训，这两个项目都是培训需求分析的结果。需要强调的是，为了便于受训劳务人员学习，一般都要将培训的内容编制成相应的教材或讲义。培训的内容不同，教材或讲义形式也不同。不论教材或讲义的形式如何，都要紧紧围绕劳务培训的内容。

（3）培训教师。培训教师的选择是培训实施过程中重要的一项工作，培训教师选择的恰当与否对于整个培训活动的效果和质量有着直接的影响，优秀的培训教师往往都能够使培训工作更富有成效。

（4）培训的时间。培训时间是指培训在什么时候进行，在培训实施中，这也是非常重要的一点。一般来说，培训时间的确定要考虑两个因素：一是培训需求，二是受训人员。培训时间确定的科学合理，一方面可以保证培训及时地满足培训的需求；另一方面也有助于受训人员安心的接受培训，从而保证培训的效果。

（5）培训的地点和设施。培训地点就是指培训要在什么地方进行，培训地点的选择也会影响培训的效果，合适地点有助于创造有利的培训条件，建立良好的培训环境，从而增进培训的效果。培训的地点选择主要考虑培训的方式，应当有利于培训的有效实施。

此外，在培训计划中，还应当清楚地列出培训所需的设备，如座位、音响、投影仪、屏幕、黑板、各种文具等，准备好相应的设备也是培训顺利实施的一个重要保证。

（6）培训的方式方法和费用。在实践中，培训的方式方法有很多，不同的方法具有不同的特点，企业应当根据自己的具体情况来选择合适的方法。一般情况下，应该根据培训的内容以及成人学习的特点来选择更容易接受的培训方法。

此外，由于培训都是需要费用的，因此在计划中还需要编制出培训的预算，这里的培训费用一般只计算直接发生的费用,如培训地点的租用费、培训的教材费、培训教师的授课费、培训的设备费等。对培训的费用做出预算,既便于获取资金支持以保证培训的顺利进行,又是培训评估的一个依据。

3. 劳务培训的过程管理

劳务培训的过程管理,是一项非常重要的工作。他直接影响培训的效果。一般的劳务人员培训可通过图 3-6 来直观表现:

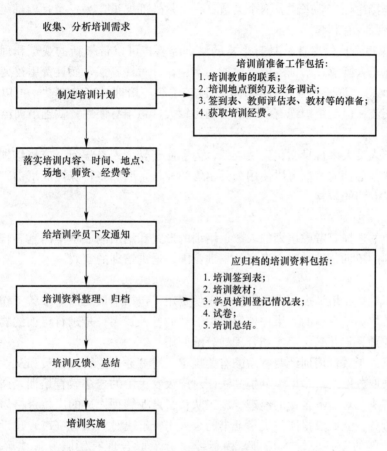

图 3-6　劳务培训过程

(1) 劳务培训计划的分类

1) 年度计划

通过对上年度培训工作的总结,结合组织现阶段工作重点与需求,确定本年度培训的重点项目。在制定年度培训计划时需要着重考虑的两个要素是:可操作性和效果。

2) 专项计划

专项培训计划即指针对每项不同科目、内容的培训活动或课程的具体计划。

(2) 编制培训计划的要求

1) 要理论与实践相结合;

2) 要思想和专业相结合;

3) 要与组织战略、组织文化相结合。

（3）劳务培训计划的实施

实施培训计划包括：落实劳务培训师资、教材、场地、资金→通知相关培训人员→正式进行培训→培训情况登记、整理、归档。

1）师资

培训教师的选择是培训实施过程中一项重要内容，教师选择的恰当与否对整个培训活动的效果和质量都有着直接的影响。

师资的选择途径一般来说有两个渠道：一个是外部渠道，另一个是内部渠道。从这两个渠道选择教师各有利弊。

① 外部渠道：比较专业，具有丰富的培训经验，可以带来新的观点和理念；但对组织和员工情况不太了解，培训的内容可能不实用，针对性不强，而且费用较高。

② 内部渠道：责任心强，对组织情况比较了解，培训具有针对性，可以与受训人员进行很好的交流；但受组织现有状况的影响比较大，思维有惯性；缺乏培训经验。

2）教材

建筑劳务人员大多自身文化素质较低，为了便于受训人员学习，应将培训的内容编辑成教材，一些基础性的培训可以使用公开出售的教材，而那些特殊性的培训则可由组织或培训教师提供专门的教材。

3）场地

培训场地的选择要考虑培训的人数、培训的形式和培训的成本等因素。合适的地点有助于创造有利的培训条件，建立良好的培训氛围，增进培训的实效。

4）经费

培训费用是指在培训过程中所发生的一切费用，包括培训之前的准备工作，培训的实施过程，以及培训结束后的效果评估等各项活动的各种费用，是进行培训的物质基础。必须做好充分的预算，并确保落实和合理地分配使用。

按照国家关于教育培训经费管理的有关规定，对劳务企业管理人员和从业人员开展教育培训工作采取分层次，多渠道分担办法。对广大农民工的普法教育培训，岗位培训主要由政府出资解决。对劳务企业的经理、施工队长、专业管理人员的岗位资格培训和继续教育，主要由劳务企业或取得岗位资格证书的个人出资解决。对由省（市）建设主管部门委托行业协会开展的全行业统一培训，由行业协会采取合理有偿服务形式解决培训经费来源。

5）资料

建立健全培训管理台账制度，对参加培训的劳务人员建立个人的教育培训档案，将培训内容、学时、培训人、时间、地点以及考核成绩等登记在册。台账制度是做好培训管理的基础性工作。

4. 劳务培训的评估和总结

1）培训评估，是指对培训项目、培训过程和效果进行评价。完整的培训评估分为3个阶段：培训前评估、培训中和培训后评估。我们这里主要阐述的是培训后评估，就是以结果为本的原则对培训的最终效果进行评价，是培训评估中最为重要的部分；目的在于了解培训项目选择的优劣，了解培训计划是否具有成效、培训是否达到预期目标，作为以后培训需求分析、制定培训计划的依据和培训项目实施等提供有益的帮助，是提高培训质量的有效途径。

2）培训后评估的主要内容

① 反应评估即在课程刚结束的时候，了解学员对培训项目的主观感觉和满意程度。

② 学习评估主要是评价参加者通过培训对所学知识深度与广度的掌握程度。

③ 行为评估主要是评估学员在工作中的行为方式有多大程度的改变。

④ 结果评估着眼于由培训项目引起的业务工作结果的变化情况。

以上四层评估是按照时间推移而逐级递进的。

3）培训总结

培训总结是在培训评估的基础上，对培训全过程的科学合理地报告。培训总结的主要内容应包含：培训项目的概况、培训实施的过程、培训评估结果以及就此提出的意见和建议。

第 4 章 劳动合同管理

4.1 劳动合同的种类和内容

4.1.1 劳动合同的概念、种类和特征

1. 劳动合同的概念

劳动合同是用人单位与劳动者进行双向选择、确定劳动关系、明确双方权利和义务的协议,是保护劳动者和用人单位双方合法权益的基本依据。

根据《劳动法》等劳动法律、法规,依法订立的劳动合同受国家法律的保护,对订立合同的双方当事人产生约束力,是处理劳动争议的直接证据和依据。

用人单位与劳动者订立劳动合同时,应当遵循合法、公平、平等自愿、协商一致、诚实信用的原则。依法订立的劳动合同具有约束力,用人单位与劳动者应当履行劳动合同约定的义务。用人单位不得与尚未与原单位解除劳动合同的人员签订劳动合同。

劳动合同的主体分别是用人单位与劳动者。用人单位方可以是中华人民共和国境内的企业、个体经济组织、民办非企业单位等组织,也可以是国家机关、事业单位、社会团体;劳动者应当是年满 18 周岁,具备民事行为能力,身体条件和工作能力符合用人单位招聘条件。

2. 劳动合同的种类

(1) 按照劳动期限的劳动合同划分

劳动合同可分为固定期限劳动合同、无固定期限劳动合同和以完成一定工作任务为期限的劳动合同。

1) 固定期限劳动合同

固定期限劳动合同是指用人单位与劳动者约定合同终止时间的劳动合同。

用人单位与劳动者协商一致,可以订立固定期限劳动合同。这类劳动合同明确了劳动合同的起止时间,劳动合同期限届满,双方当事人的劳动法律关系即行终止。如果双方同意,还可以续订合同,延长期限。

2) 无固定期限劳动合同,是指用人单位与劳动者约定无确定终止时间的劳动合同。

用人单位与劳动者协商一致,可以订立无固定期限劳动合同。有下列情形之一,劳动者提出或者同意续订、订立劳动合同的,除劳动者提出订立固定期限劳动合同外,应当订立无固定期限劳动合同:

劳动者在该用人单位连续工作满十年的。

用人单位初次实行劳动合同制度或者国有企业改制重新订立劳动合同时,劳动者在该用人单位连续工作满十年且距法定退休年龄不足十年的。

连续订立二次固定期限劳动合同,且劳动者没有下列情形,续订劳动合同的:
① 在试用期间被证明不符合录用条件的;
② 严重违反用人单位的规章制度的;
③ 严重失职,营私舞弊,给用人单位造成重大损害的;
④ 劳动者同时与其他用人单位建立劳动关系,对完成本单位的工作任务造成严重影响,或者经用人单位提出,拒不改正的;
⑤ 被依法追究刑事责任的;
⑥ 劳动者患病或者非因工负伤,在规定的医疗期满后不能从事原工作,也不能从事由用人单位另行安排的工作的;
⑦ 劳动者不能胜任工作,经过培训或者调整工作岗位,仍不能胜任工作的。

用人单位自用工之日起满一年不与劳动者订立书面劳动合同的,视为用人单位与劳动者已订立无固定期限劳动合同。

3) 以完成一定工作任务为期限的劳动合同。

以完成一定工作任务为期限的劳动合同,是指用人单位与劳动者约定以某项工作的完成为合同期限的劳动合同。这类劳动合同有明确的起始时间,但终止时间是以某项工作的完成为条件为劳动合同的终止时间。用人单位与劳动者协商一致,可以订立以完成一定工作任务为期限的劳动合同。

(2) 按照用工方式的不同划分

1) 全日制用工劳动合同,它是指劳动者按照国家法定工作时间,从事全职工作的劳动合同。

2) 非全日制用工劳动合同,它是指劳动者按照国家法律的规定,从事部分时间工作的劳动合同。

我国《劳动合同法》第六十八条至七十二条专门作了规定:

① 非全日制用工,是指以小时计酬为主,劳动者在同一用人单位一般平均每日工作时间不超过4小时,每周工作时间累计不超过24小时的用工形式。
② 非全日制用工双方当事人可以订立口头协议。
③ 从事非全日制用工的劳动者可以与一个或者一个以上用人单位订立劳动合同,但是后订立的劳动不得影响先订立的劳动合同的履行。
④ 非全日制用工双方不得约定试用期。
⑤ 非全日制用工双方当事人任何一方都可以随时通知对方终止用工。终止用工,用人单位不向劳动者支付经济补偿。
⑥ 非全日制用工小时计酬标准不得低于用人单位所在地人民政府规定的最低小时工资标准。
⑦ 非全日制用工劳动报酬结算支付周期不得超过十五日。

(3) 劳务派遣用工劳动合同

它是指劳务派遣单位与被派遣劳动者之间订立的劳动合同。我国《劳动合同法》第五十八条至六十七条对劳务派遣专门做了特别规定:

1) 劳务派遣用工劳动合同的内容,除应当载明一般劳动合同必须具备的条款外,还应当载明被派遣劳动者的用工单位以及派遣期期限、工作岗位等情况。

2）劳动派遣单位应当与被派遣劳动者订立二年以上的固定期限劳动合同，按月支付劳动报酬；被派遣劳动者在无工作期间，劳务派遣单位应当按照所在地人民政府规定的最低工作标准，向其按月支付报酬。

3）劳务派遣单位派遣劳动者应当与用工单位订立劳务派遣协议。

4）劳务派遣单位应当将劳务派遣协议的内容告知被派遣劳动者，不得克扣用工单位按照劳务派遣协议支付给被派遣劳动者的劳动报酬，劳务派遣单位和用工单位不得向被派遣劳动者收取费用。

5）劳动派遣单位跨地区派遣劳动者的，被派遣劳动者享有的劳动报酬和劳动条件，按照用工单位所在地的标准执行。

6）被派遣劳动者享有与用工单位的劳动者同工同报酬的权利。

7）被派遣劳动者有权利在劳务派遣单位或用工单位依法参加或者组织工会，维护自身的合法权益。

（4）按照劳动合同存在的方式不同划分

1）书面劳动合同

它是指以法定的书面形式订立的劳动合同。此类劳动合同适用于当事人的权利、义务需要明确的劳动关系。《劳动合同法》第十条都明确规定：建立劳动关系，应当订立书面劳动合同。已建立劳动关系，未同时订立书面劳动合同的，应当自用工之日起一个月内订立的书面劳动合同。书面劳动合同是由双方当事人达成权利、义务协议后用文字形式固定下来，作为存在劳动关系的凭证。

2）口头劳动合同

它是指由劳动关系当事人以口头约定的形式产生的劳动合同。我国《劳动合同法》第六十九条规定：非全日制用工双方当事人可以订立口头协议。这类劳动合同适用于当事人之间的权利、义务可以短时间内结清的劳动关系。

3. 劳动合同的特征

劳动合同是合同的一种，它具有合同的一般特征，即合同是双方的法律行为，而不是单方的法律行为；合同是当事人之间的协议，只有当事人在平等自愿、协商一致的基础上达成一致时，合同才成立；合同是合法行为，不能是违法行为，合同一经签订，就具有法律约束力。劳动合同除具有上述一般特征外，还有其自身的基本特征：

（1）劳动合同的主体是特定的。必须一方是具有法人资格的用人单位或能独立承担民事责任的经济组织和个人；另一方是具有劳动权力能力和劳动行为能力的劳动者。

（2）劳动者和用人单位在履行劳动合同的过程中，存在着管理关系，即劳动者一方必须加入到用人单位一方中去，成为该单位的一名职工，接受用人单位的管理并依法取得劳动报酬。

（3）劳动合同的性质决定了劳动合同的内容以法定为多、为主，以商定为少、为辅，即劳动合同的许多内容必须遵守国家的法律规定，如工资、保险、保护、安全生产等，而当事人之间对合同内容的协商余地较小。

（4）在特定条件下，劳动合同往往涉及第三人的物质利益，即劳动合同内容往往不仅限于当事人的权利和义务，有时还需涉及劳动者的直系亲属在一定条件下享受的物质帮助权。如劳动者死亡后遗属待遇等。

4.1.2 劳动合同的格式与必备条款

1. 劳动合同的格式

劳动合同的签订需要双方当事人协商一致的基础上进行，并且严格按照《劳动合同法》规定的形式签订，合同签订后也会出现变更、解除和终止的情形。

协商一致原则是我国签订劳动合同的基本原则。合同双方在就劳动合同的内容、条款，在法律法规允许的范围内，由双方当事人共同讨论、协商、在取得完全一致的意思表示后确定。只有双方当事人就合同的主要条款达成一致意见后，合同才成立和生效。在实践中，常见的是用人单位先拟好的劳动合同，由劳动者作出是否签约的决定。根据我国《合同法》的有关规定，采用格式条款订立合同的，提供格式条款的一方应遵循公平原则确定当事人之间的权利和义务，并采取合理的方式提请对方注意免除或者限制其责任的条款，按照对方的要求，对该条款予以说明。

2. 劳动合同的必备条款

劳动合同的必备条款是指法律规定的劳动合同必须具备的内容。在法律规定了必备条款的情况下，如果劳动合同缺少此类条款，劳动合同就不能成立。根据《劳动合同法》第十七条第一款的规定，劳动合同应当具备以下条款：

（1）用人单位的名称、住所和法定代表人或者主要负责人。

为了明确劳动合同中用人单位一方的主体资格，确定劳动合同的当事人，劳动合同中必须具备这一项内容。

（2）劳动者的姓名、住址和居民身份证或者其他有效身份证件号码。

为了明确劳动合同中劳动者一方的主体资格，确定劳动合同的当事人，劳动合同中必须具备这一项内容。

（3）劳动合同期限。

劳动合同期限是双方当事人相互享有权利、履行义务的时间界限，即劳动合同的有效期限。劳动合同期限可分为固定期限、无固定期限和以完成一定工作任务为期限。签订劳动合同主要是建立劳动关系，但建立劳动关系必须明确期限的长短。劳动合同期限与劳动者的工作岗位、内容、劳动报酬等都有紧密关系，更与劳动关系的稳定紧密相关。合同期限不明确则无法确定合同何时终止，如何支付劳动报酬、经济补偿等，引发争议。因此一定要在劳动合同中加以明确双方签订的是何种期限的劳动合同。

（4）工作内容和工作地点。

所谓工作内容，是指劳动法律关系所指向的对象，即劳动者具体从事什么种类或者内容的劳动，这里的工作内容是指工作岗位和工作任务或职责。这一条款是劳动合同的核心条款之一，是建立劳动关系的极为重要的因素。它是用人单位使用劳动者的目的，也是劳动者通过自己的劳动取得劳动报酬的缘由。劳动合同中的工作内容条款应当规定的明确具体，便于遵照执行。如果劳动合同没有约定工作内容或约定的工作内容不明确，用人单位将可以自由支配劳动者，随意调整劳动者的工作岗位，难以发挥劳动者所长，也很难确定劳动者的劳动报酬，造成劳动关系的极不稳定，因此是必不可少的。工作地点是劳动合同的履行地，是劳动者从事劳动合同中所规定的工作内容的地点，它关系到劳动者的工作环境、生活环境，以及劳动者的就业选择，劳动者有权在与用人单位建立劳动关系时知悉自己的工作地点，所以这也是劳动合同中必不可少的内容。

（5）工作时间和休息休假。

工作时间是指劳动时间在企业、事业、机关、团体等单位中，必须用来完成其所担负的工作任务的时间。一般由法律规定劳动者在一定时间内（工作日、工作周）应该完成的工作任务，以保证最有效地利用工作时间，不断地提高工作效率。这里的工作时间包括工作时间的长短、工作时间方式的确定，如是 8 小时工作制还是 6 小时工作制，是日班还是夜班，是正常工时还是实行不定时工作制，或者是综合计算工时制。在工作时间上的不同，对劳动者的就业选择、劳动报酬等均有影响，因此成为劳动合同不可缺少的内容。休息休假是指企业、事业、机关、团体等单位的劳动者按规定不必进行工作，而自行支配的时间。休息休假的权利是每个国家的公民都应享受的权利。劳动法第三十八条规定："用人单位应当保证劳动者每周至少休息一日。"休息休假的具体时间根据劳动者的工作地点、工作种类、工作性质、工龄长短等各有不同，用人单位与劳动者在约定休息休假事项时应当遵守劳动法及相关法律法规的规定。

（6）劳动报酬。

劳动合同中的劳动报酬，是指劳动者与用人单位确定劳动关系后，因提供了劳动而取得的报酬。劳动报酬是满足劳动者及其家庭成员物质文化生活需要的主要来源，也是劳动者付出劳动后应该得到的回报。因此，劳动报酬是劳动合同中必不可少的内容。

劳动报酬主要包括以下几个方面：①用人单位工资水平、工资分配制度、工资标准和工资分配形式；②工资支付办法；③加班、加点工资及津贴、补贴标准和奖金分配办法；④工资调整办法；⑤试用期及病、事假等期间的工资待遇；⑥特殊情况下职工工资（生活费）支付办法；⑦其他劳动报酬分配办法。劳动合同中有关劳动报酬条款的约定，要符合我国有关最低工资标准的规定。

（7）社会保险。

社会保险是政府通过立法强制实施，由劳动者、劳动者所在的工作单位或社区以及国家三方面共同筹资，帮助劳动者及其亲属在遭遇年老、疾病、工伤、生育、失业等风险时，防止收入的中断、减少和丧失，以保障其基本生活需求的社会保障制度。

社会保险由国家成立的专门性机构进行基金的筹集、管理及发放，不以赢利为目的。一般包括医疗保险、养老保险、失业保险、工伤保险和生育保险。社会保险强调劳动者、劳动者所在用人单位以及国家三方共同筹资，体现了国家和社会对劳动者提供基本生活保障的责任。劳动者所在用人单位的缴费，使社会保险资金来源避免了单一渠道，增加了社会保险制度本身的保险系数。由于社会保险由国家强制实施，因此成为劳动合同不可缺少的内容。

（8）劳动保护、劳动条件和职业危害防护。

1）劳动保护是指用人单位为了防止劳动过程中的安全事故，采取各种措施来保障劳动者的生命安全和健康。在劳动生产过程中，存在着各种不安全、不卫生因素，如不采取措施加以保护，将会发生工伤事故。国家为了保障劳动者的身体安全和生命健康，通过制定相应的法律和行政法规、规章，规定劳动保护，用人单位也应根据自身的具体情况，规定相应的劳动保护规则，以保证劳动者的健康和安全。

2）劳动条件，主要是指用人单位为使劳动者顺利完成劳动合同约定的工作任务，为劳动者提供必要的物质和技术条件，如必要的劳动工具、机械设备、工作场地、劳动经费、辅助人员、技术资料、工具书以及其他一些必不可少的物质、技术条件和其他工作条件。

3）职业危害是指用人单位的劳动者在职业活动中，因接触职业性有害因素如粉尘、放射性物质和其他有毒、有害物质等而对生命健康所引起的危害。

根据职业病防治法第三十条的规定，用人单位与劳动者订立劳动合同时，应当将工作过程中可能产生的职业病危害及其后果、职业病防护措施和待遇等如实告知劳动者，并在劳动合同中写明，不得隐瞒或者欺骗。

（9）法律、法规规定应当纳入劳动合同的其他事项。

4.1.3 劳动合同的其他条款及当事人约定事项

根据劳动合同法第十七条第二款规定，劳动合同除必备条款外，当事人可以协商约定其他内容。本条第二款规定："劳动合同除前款规定的必备条款外，用人单位与劳动者可以协商约定试用期、培训、保守商业秘密、补充保险和福利待遇等其他事项。"这里所规定的"试用期、培训、保守商业秘密、补充保险和福利待遇"都属于法定可备条款。

（1）试用期。试用期是指对新录用的劳动者进行试用的期限。用人单位与劳动者可以在劳动合同中就试用期的期限和试用期期间的工资等事项作出约定，但不得违反本法有关试用期的规定。劳动合同法第十九条规定："劳动合同期限三个月以上不满一年的，试用期不得超过一个月；劳动合同期限一年以上三年以下的，试用期不得超过二个月；三年以上固定期限和无固定期限的劳动合同试用期不得超过六个月；同一用人单位与同一劳动者只能约定一次试用期；以完成一定工作任务为期限的劳动合同或者劳动合同期限不满三个月的，不得约定试用期；试用期包含在劳动合同期限内，劳动合同仅约定试用期或者劳动合同期限与试用期相同的，试用期不成立，该期限为劳动合同期限。"劳动合同法第二十条对试用期的工资作出了明确规定，即：劳动者在试用期的工资不得低于本单位同岗位最低档工资或者劳动合同约定工资的百分之八十，并不得低于用人单位所在地的最低工资标准。在试用期内，用人单位与劳动者之间的劳动关系尚处于不完全确定的状态。根据劳动合同法第二十一条规定："在试用期中，除劳动者被证明不符合录用条件外，用人单位不得解除劳动合同。用人单位在试用期解除劳动合同的，应当向劳动者说明理由。"

（2）培训。培训是按照职业或者工作岗位对劳动者提出的要求，以开发和提高劳动者的职业技能为目的的教育和训练过程。

（3）保守商业秘密。商业秘密是不为大众所知悉，能为权利人带来经济利益，具有实用性并经权利人采取保密措施的技术信息和经营信息。用人单位可以在合同中就保守商业秘密的具体内容、方式、时间等，与劳动者约定，防止自己的商业秘密被侵占或泄露。

（4）补充保险。补充保险是指除了国家基本保险以外，用人单位根据自己的实际情况为劳动者建立的一种保险，它用来满足劳动者高于基本保险需求的愿望，包括补充医疗保险、补充养老保险等。补充保险的建立根据用人单位的经济承受能力而定，由用人单位自愿实行，国家不作强制的统一规定，只要求用人单位内部统一。用人单位必须在参加基本保险并按时足额缴纳基本保险费的前提下，才能实行补充保险。因此补充保险的事项不作为合同的必备条款，由用人单位与劳动者自行约定。

(5) 福利待遇。随着市场经济的发展，用人单位给予劳动者的福利待遇也成为劳动者收入的重要指标之一。福利待遇包括住房补贴、通讯补贴、交通补贴、子女教育等。不同的用人单位福利待遇也有所不同，福利待遇已成为劳动者就业选择的一个重要因素。

当事人也可以根据需要在法律规定的可备条款之外对有关条款作新的补充性约定。

4.1.4 劳动合同的变更、解除及违约责任

1. 劳动合同的变更

劳动合同的变更是指劳动合同双方当事人依照法律规定或约定，对劳动合同内容进行修改或者补充的法律行为。

（1）劳动合同的变更原则

《劳动合同法》规定，变更劳动合同应当遵循平等自愿、协商一致的原则，不得违反法律、行政法规的规定。

（2）劳动合同的变更类型

1）协商变更劳动合同

一般情况下，劳动合同签订后，双方的权利和义务内容即以书面形式固定下来，具有相对稳定性和可预见性，任何一方不得擅自变更劳动合同。劳动合同变更必须满足一定的条件，履行一定的程序后才可以变更。

根据《劳动合同法》的规定，劳动合同的变更应当满足两个条件：一是应当经过用人单位与劳动者的协商一致；二是必须采取书面形式，二者缺一不可。

2）单方变更劳动合同

用人单位在特定情形下可以单方变更劳动合同，无须与劳动者协商一致。有下列情形的，用人单位可以变更劳动合同：

① 劳动者不能胜任工作

劳动者不能胜任工作，是指劳动者不符合岗位职责要求或者不能按时按质按量地完成工作任务。根据《劳动合同法》的规定，劳动者不能胜任工作，经过培训或者调整工作岗位，仍不能胜任工作的，用人单位可以提前30日以书面形式通知劳动者本人或者额外支付劳动者一个月工资后，解除劳动合同。该规定还表明，用人单位在员工不能胜任工作后应当对其单方进行调岗。

② 医疗期届满劳动者不能从事原工作

劳动者患病或非因工负伤，医疗期满后不能从事原工作的，企业可以单方合理调整其工作岗位。

2. 劳动合同的解除

解除劳动合同，是指劳动合同订立后，尚未全部履行完毕以前，由于某种原因导致劳动关系提前终止。根据《劳动合同法》的规定，劳动合同的解除主要有劳动者单方解除、用人单位单方解除以及双方协商解除三种情形。单方解除必须依法进行，必须满足法律规定的条件；而协商解除的，只要求双方在内容上、形式上以及程序上合法即可。相比较而言，双方协商解除劳动合同的效果最好，极少引发劳动争议纠纷。

（1）协商解除劳动合同

协商解除劳动合同，是指用人单位和劳动者协商一致，解除劳动合同。用人单位与劳

动者不仅要对解除劳动合同本身达成一致，还要对一方或者双方提出的解除劳动合同的条件协商一致。

（2）用人单位要求解除劳动合同

在具备法定条件时，用人单位对劳动合同享有单方解除权，无须双方协商达成一致意见。用人单位单方解除劳动合同，应当事先将理由通知工会。用人单位违反法律、行政法规规定或者劳动合同约定的，工会有权要求用人单位纠正；用人单位应当研究工会的意见，并将处理结果书面通知工会。用人单位单方解除劳动合同有三种情况：

1）过错性解除劳动合同

在劳动者有过错性情形时，用人单位有权单方解除劳动合同。劳动合同法对过错性解除的程序无严格的限制，且用人单位无须支付劳动者解除劳动合同的经济补偿金。但在解除的条件上有限制性规定，一般适用于试用期内劳动者不符合录用条件或者劳动者有严重违反规章制度、违法的情形。劳动者有下列情形之一的，用人单位可以解除劳动合同：

① 在试用期内被证明不符合录用条件的；

② 严重违反用人单位的规章制度的；

③ 严重失职，营私舞弊，给用人单位造成重大损害的；

④ 劳动者同时与其他用人单位建立劳动关系，对完成本单位的工作任务造成严重影响，或者经用人单位提出，拒不改正的；

⑤ 因以欺诈、胁迫的手段或者乘人之危，使对方在违背真实意思的情况下订立或者变更劳动合同的；

⑥ 因劳动者以欺诈、胁迫的手段或者乘人之危，使对方在违背真实意思的情况下订立或者变更劳动合同的情形致使劳动合同无效的；

⑦ 被依法追究刑事责任的。

2）无过错性解除劳动合同

劳动者本人无过错，但由于主客观原因致使劳动合同无法履行，用人单位在符合法律规定的情形下，履行法律规定的程序后有权单方解除劳动合同。劳动者有下列情形之一的，用人单位有权解除劳动合同：

① 劳动者患病或者非因工负伤，医疗期满后，不能从事原工作也不能从事由用人单位另行安排的工作的；

② 劳动者不能胜任工作，经过培训或者调整工作岗位，仍不能胜任工作的；

③ 劳动合同订立时所依据的客观情况发生重大变化，致使劳动合同无法履行，经用人单位与劳动者协商，未能就变更劳动合同内容达成协议的。

对非过错性解除劳动合同，用人单位应履行提前30日以书面形式通知劳动者本人的义务或者以额外支付劳动者一个月工资代替提前通知义务后，可以解除劳动合同。用人单位选择额外支付劳动者一个月工资解除劳动合同的，其额外支付的工资应当按照该劳动者上一个月的工资标准确定。用人单位还应承担支付经济补偿金的义务。

3）裁员

《劳动合同法》四十一条规定，有下列情形之一，需要裁减人员20人以上或者裁减不足20人但占企业职工总数10%以上的，用人单位应提前30日向工会或者全体职工说明情况，听取工会或者职工的意见后，将裁减人员方案上报劳动行政部门。其中可有裁减人员的情况如下：

① 依照企业破产法规定进行重整的；

② 生产经营发生严重困难的；

③ 企业转产、重大技术革新或者经营方式调整，经变更劳动合同后，仍需裁减人员的；

④ 其他因劳动合同订立时所依据的客观经济情况发生重大变化，致使劳动合同无法履行的。

裁减人员时，应当优先留用下列人员：

① 与本单位订立较长期限的固定期限劳动合同的；

② 与本单位订立无固定期限劳动合同的；

③ 家庭无其他就业人员，有需要扶养的老人或者未成年人的。

用人单位依照本条第一款规定裁减人员，在六个月内重新招用人员的，应当通知被裁减的人员，并在同等条件下优先招用被裁减的人员。

4）用人单位不得解除劳动合同的情况

为了保护劳动者的合法权益，我国劳动法、劳动合同法还规定了不得解除劳动合同的情形。

《劳动法》第二十九条、《劳动合同法》第四十二条规定的情形有：

① 从事接触职业病危害作业的劳动者未进行离岗前职业健康检查，或者疑似职业病病人在诊断或者医学观察期间的；

② 在本单位患职业病或者因工负伤并被确认丧失或者部分丧失劳动能力的；

③ 患病或者非因工负伤，在规定的医疗期内的；

④ 女职工在孕期、产期、哺乳期的；

⑤ 在本单位连续工作满十五年，且距法定退休年龄不足五年的；

⑥ 法律、行政法规规定的其他情形。

(3) 劳动者要求解除劳动合同

在具备法律规定的条件时，劳动者享有单方解除权，无须双方协商达成一致意见，也无须征得用人单位的同意。劳动者单方解除劳动合同的情形有：

1）提前通知解除

《劳动合同法》第三十七条规定，劳动者提前30日以书面形式通知用人单位，可以解除劳动合同。劳动者在试用期内提前3日通知用人单位，可以解除劳动合同。

2）用人单位有下列情形之一的，劳动者可以解除劳动合同：

① 未按照劳动合同约定提供劳动保护或者劳动条件的；

② 未及时足额支付劳动报酬的；

③ 未依法为劳动者缴纳社会保险费的；

④ 用人单位的规章制度违反法律、法规的规定，损害劳动者权益的；

⑤ 因用人单位以欺诈、胁迫的手段或者乘人之危，使劳动者在违背真实意思的情况下订立或者变更劳动合同而致使劳动合同无效的；

⑥ 法律、行政法规规定劳动者可以解除劳动合同的其他情形。

3) 劳动者有权立即解除劳动合同的情形

用人单位以暴力、威胁或者非法限制人身自由的手段强迫劳动者劳动的，或者用人单位违章指挥、强令冒险作业危及劳动者人身安全的，劳动者可以立即解除劳动合同，不需事先告知用人单位。

3. 劳动合同的违约责任

劳动合同违约责任，是指劳动合同当事人因过错而违反劳动合同的约定，不履行或不完全履行劳动合同的义务应承担的法律责任。

从我国现行劳动立法看，当事人违反劳动合同的约定，实施了不履行或不完全履行劳动合同的行为，必须承担的违约责任，包括行政责任、经济责任和刑事责任三种。这些责任的承担依据，详见《劳动法》第12章"法律责任"，以及劳动部颁发的配套部门规章中。如《违反〈劳动法〉行政处罚办法》《违反和解除劳动合同的补偿颁发》《违反〈劳动法〉有关劳动合同规定的补偿办法》等。

【例4-1】 陈某于2008年4月1日到某工程施工单位工作，担任项目工程师，2008年4月1日，双方签订了两年期的劳动合同，合同期限为2008年4月1日至2010年3月31日。劳动合同期满后，双方又续签了两年期劳务合同，合同终止时间为2012年3月31日。在2012年2月28日，施工单位向陈某单方面做出了《终止劳动合同通知书》，书面告知与陈某签订的劳动合同于2013年3月31日期满后终止劳动关系。陈某拒绝签署，并要求签订无固定期限劳动合同。因公司不同意陈某的要求，并于2014年4月1日停止了陈某的工作，为此，陈某申请劳动仲裁。

1. 施工单位与陈某连续签订了两次固定期限劳动合同后，第三次陈某可以要求签订（B）。
   A. 固定期限劳动合同
   B. 无固定期限劳动合同
   C. 已完成一定工作任务为期限的劳动合同
   D. 非全日制劳动合同

2. 该单位单方面停止陈某的工作行为是（B）的。
   A. 正确   B. 错误

3. 应当签订无固定期限的劳动合同的情形有（ACD）。
   A. 劳动者在该用人单位连续工作满十年
   B. 劳动者严重违法该单位的规章制度的
   C. 用人单位初次实行劳动合同制度或国有企业改制重新签订劳动合同时劳动者在该用人单位连续工作满十年且距法定退休年龄不足十年的
   D. 连续签订两次固定期限劳动合同，且劳动者没有相关过失
   E. 劳动者被依法追究刑事责任的

4. 劳动合同的终止，是指（C）的权利义务因履行完毕而归于消灭，劳动合同关系不复存在。劳动合同对用人单位和劳动者双方不再具有法律约束力。
   A. 用人单位   B. 劳动者   C. 劳动合同双方当事人   D. 劳动合同一方

5. 劳动者不能胜任工作，经过培训或者调整工作岗位，仍不能胜任工作的，用人单位提前30天以书面形式通知劳动者本人，可以解除劳动合同。（A）
   A. 正确   B. 错误

4.2 劳动合同审查的内容和要求

4.2.1 劳动合同审查的内容

劳动合同审查，是指劳动行政主管部门审查、证明劳动合同真实性、合法性的一项行政监督措施。在我国主要指劳动鉴证制度。

劳动合同审查的内容包括：

(1) 当事人双方是否具备签订劳动合同的资格。
(2) 合同内容是否符合国家法律、法规。
(3) 当事人双方是否在平等自愿和协商一致的基础上签订劳动合同。
(4) 合同条款是否完备，双方的责任、权利、义务是否明确。
(5) 中外合同文本是否一致。

已鉴定的劳动合同，因其依据的法规政策发生变化而现行法规政策有矛盾的，可免费重新鉴定，劳动合同鉴证后发现确有错误的，应立即撤销鉴定并退还鉴定费，或重新鉴证。

4.2.2 劳动合同审查的要求

第一，当事人申请：劳动合同签订后，当事人双方要亲自向劳动合同签证机关提出对劳动合同进行鉴证的口头或书面申请。用人单位可以由法定代表人委托授权代理人，如劳资处、科长或其他工作人员，但必须出具委托书，明确授权范围。申请劳动合同鉴证的当事人，应当向鉴证机关提供下述材料：①劳动合同书及其副本；②营业执照或副本；③法定代表人或委托代理人资格证明；④被招用工人的身份证或户籍证明；⑤被招用人员的学历证明、体检证明和《劳动手册》；⑥其他有关证明材料。

第二，鉴证机关审核：鉴证机关的鉴证人员按照法定的鉴证内容，对当事人提供的劳动合同书及有关证明材料进行审查、核实。在劳动合同鉴证过程中，鉴证人员对当事人双方提供的鉴证材料，认为不完备或有疑义时，应当要求当事人必要的补充或向有关单位核实；鉴证人员有权就劳动合同内容的有关问题询问双方当事人；对于内容不合法、不真实的劳动合同，鉴证人员应立即向当时人提出纠正；当事人对鉴证人员的处理认为有不当之处时，可以向鉴证人员所在的劳动行政机关申诉，要求作出处理。劳动合同鉴证申请人应当按照有关规定向鉴证机关交付鉴证费。

第三，确认证明：劳动合同鉴证机关经过审查、核实，对于符合法律规定的劳动合同，应予以确认，有鉴证人员在劳动合同书上签名，加盖劳动合同鉴证章，或附上加盖劳动合同鉴证章和鉴证人员签名的鉴证专页。

4.3 劳动合同的实施和管理

4.3.1 劳动合同的实施

劳动合同依法订立即具有法律约束力，用人单位与劳动者应当履行劳动合同规定的义务。劳动合同一经依法订立即具有法律效力，受法律保护，双方当事人应当做到切实履行，以实现劳动合同双方当事人订立劳动合同时的预期目的。用人单位与劳动者应当按照劳动合同的约定全面履行各自的义务。

劳动合同的全面履行要求劳动合同的当事人双方必须按照合同约定的时间、期限、地点，用约定的方式，按质、按量全部履行自己承担的义务，既不能只履行部分义务而将其他义务置之不顾，也不得擅自变更合同，更不得任意不履行合同或者解除合同。对于用人单位而言，必须按照合同的约定向劳动者提供适当的工作场所和劳动安全卫生条件、相关工作岗位，并按照约定的金额和支付方式按时向劳动者支付劳动报酬；对于劳动者而言，必须遵守用人单位的规章制度和劳动纪律，认真履行自己的劳动职责，并且亲自完成劳动合同约定的工作任务。劳动合同的全面履行要求劳动合同主体必须亲自履行劳动合同。因为劳动关系是具有人身关系性质的社会关系，劳动合同是特定主体间的合同。

劳动关系确立后，劳动者不允许将应由自己完成的工作交由第三方代办，用人单位也不能将应由自己对劳动者承担的义务转嫁给其他第三方承担，未经劳动者同意不能随意变更劳动者的工作性质、岗位，更不能擅自将劳动者调到其他用人单位工作。劳动合同的全面履行，还需要劳动合同双方当事人之间相互理解和配合，相互协作履行。这一方面要求劳动者应自觉遵守用人单位的规章制度和劳动纪律，以主人翁的姿态关心用人单位的利益和发展，理解用人单位的困难，为本单位发展献策出力；另一方面，也要求用人单位爱护劳动者，体谅劳动者的实际困难和需要。具体而言，劳动合同的协作履行要求双方应当做到：

(1) 当事人双方首先应按照劳动合同的约定和劳动纪律的规定，履行自己应尽的义务，并为对方履行义务创造条件；

(2) 当事人双方应互相关心，通过生产经营管理和民主管理，互相督促，发现问题及时协商解决；

(3) 无论是用人单位还是劳动者遇到问题时，双方应在法律允许的范围内尽力给予对方帮助，协助对方尽快解决问题；

(4) 劳动者违纪，用人单位应依法进行教育，帮助劳动者改正；用人单位违约，劳动者要及时发现问题，尽快协助纠正，并设法防止和减少损失；

(5) 在履行过程中发生了劳动争议，当事人双方都应从大局出发，根据劳动合同法和劳动法等法律法规的有关规定，结合实际情况，及时协商解决，从而建立起和谐稳定的劳动关系。

4.3.2 劳动合同的过程管理

1. 劳动合同生效

劳动合同是劳动者与用人单位之间建立劳动关系的法律依据，是双方当事人明确各自权利与义务的基本形式，也是劳动者维护自身合法权益的最直接的证据。

劳动合同由用人单位与劳动者协商一致，并经用人单位与劳动者在劳动合同文本上签字或者盖章生效，劳动合同文本应当由用人单位和劳动者各执一份。

2. 劳动报酬的支付

劳动者报酬指劳动者为用人单位提供劳务而获得的各种报酬。用人单位在生产过程中支付给劳动者的全部报酬。

(1) 用人单位应当按照劳动合同约定和国家规定向劳动者支付劳动报酬

用人单位和劳动者双方在法律允许的范围内对劳动报酬的金额、支付时间、支付方式等进行平等协调，在劳动合同中约定一种对当事人而言更切合实际的劳动报酬制度。同时，用人单位向劳动者发放劳动报酬还要遵守国家有关规定，主要有：

最低工资制度。劳动法第四十八条规定了国家实行最低工资保障制度，用人单位支付劳动者的工资不得低于当地的最低工资标准。

(2) 工资应当以货币形式发放。

我国劳动法第五十条明确规定，工资应当以货币形式。

根据劳动法的这一规定，工资应当以法定货币支付，不得以发放实物或有价证券等形式代替货币支付。

(3) 劳动者加班费也是其劳动报酬的一个重要组成部分。用人单位应当严格按照劳动法的有关规定支付劳动者加班费。

(4) 在一些特殊情况下，劳动者也应取得工资支付。所谓特殊情况下的工资支付是指在非正常情况下或者暂时离开工作岗位时，按照国家法律、法规规定的对劳动者的工资支付。

这些特殊情况主要包括：

1) 劳动者依法参加社会活动期间的工资支付。
2) 非因劳动者原因停工期间的工资支付。
3) 劳动者休假期间的工资支付。
4) 劳动者在法定休假日的工资支付。
5) 劳动者在享受探亲假期间的工资支付。
6) 婚丧假期间的工资支付。
7) 产假期间的工资支付。

(5) 用人单位应当及时支付劳动报酬。

依照劳动法和其他有关规定，用人单位应当每月至少发放一次劳动报酬。

(6) 用人单位应当足额向劳动者支付劳动报酬

用人单位对履行了劳动合同规定的义务和责任，保质保量地完成生产工作任务的劳动者，应当足额支付劳动报酬，劳动者的工资获得权和使用权受法律的保护。工资不得随意扣除。

不支付或者未足额支付劳动报酬的，则构成劳动法"克扣"劳动者工资的行为，是依照本法和有关法律法规应受处罚的行为。

劳动合同法第三十条第二款规定了用人单位拖欠或者未足额发放劳动报酬的，劳动者可以依法向当地人民法院申请支付令。

劳动合同法第三十一条规定：用人单位应当严格执行劳动定额标准，不得强迫或者变相强迫劳动者加班。用人单位安排加班的，应当按照国家有关规定向劳动者支付加班费。

劳动合同法第三十二条规定：劳动者拒绝用人单位管理人员违章指挥、强令冒险作业的，不视为违反劳动合同；对危害生命安全和身体健康的劳动条件，有权提出批评、检举和控告。

4.3.3 劳动合同的签订

劳动合同是劳动者与用人单位确立劳动关系、明确双方权利和义务的协议。在用人单位与劳动者建立劳动关系的同时，应当订立劳动合同。

1. 订立劳动合同应当注意的问题

（1）签订劳动合同要遵循平等自愿、协商一致的原则。平等自愿是指劳动合同双方地位平等，应以平等身份签订劳动合同。自愿是指签订劳动合同完全是出于本人的意愿，不得采取强加于人和欺诈、威胁等手段签订劳动合同。协商一致是指劳动合同的条款必须由双方协商达成一致意见后才能签订劳动合同。

（2）签订劳动合同要符合法律、法规的规定。违反了国家有关法律、行政法规的规定，使这类合同自签订之日起就成为无效或部分无效合同。因此，在签订合同前，双方一定要认真审视每一项条款，就权利、义务及有关内容达成一致意见、并且严格按照法律、法规的规定，签订有效合法的劳动合同。

（3）合同内容要尽量全面。劳动合同法第十七条规定了劳动合同的内容。分为必备条款和约定条款两部分，对于必备条款，合同必须写明，对于约定条款，可以双方当事人根据劳动关系的内容和需要来约定。合同内容要尽量全面，如果条款过于简单、原则，容易产生认识和理解上的分歧和矛盾。

（4）合同的语言表达要明确、易懂。依法签订的劳动合同是受法律保护的，它涉及当事人的权利、责任和利益，能够产生一定的法律后果。因此，签订劳动合同时，在语言表达和用词上必须通俗易懂，尽量写明确，以免发生争议。

2. 订立劳动合同应当采用书面形式

劳动合同作为劳动关系双方当事人权利义务的协议，也有书面形式和口头形式之分。以书面形式订立劳动合同是指劳动者在与用人单位建立劳动关系时，直接用书面文字形式表达和记载当事人经过协商而达成一致的协议。劳动合同法第十条明确规定，劳动合同应当以书面形式订立。用书面形式订立劳动合同严肃慎重、准确可靠、有据可查，一旦发生争议时，便于查清事实，分清是非，也有利于主管部门和劳动行政部门进行监督检查。另外，书面劳动合同能够加强合同当事人的责任感，促使合同所规定的各项义务能够全面履行。与书面形式相对应的口头形式由于没有可以保存的文字依据，随意性大，容易发生纠纷，且难以举证，不利于保护当事人的合法权益。

3. 未在建立劳动关系的同时订立书面劳动合同的情况

对于已经建立劳动关系，但没有同时订立书面劳动合同的情况，要求用人单位与劳动者应当自用工之日起一个月内订立书面劳动合同。

根据劳动合同法规定，用人单位自用工之日起满一年不与劳动者订立书面劳动合同的，视为用人单位与劳动者已订立无固定期限劳动合同。用人单位未在用工的同时订立书面劳动合同，与劳动者约定的劳动报酬不明确的，新招用的劳动者的劳动报酬应当按照企业的或者行业的集体合同规定的标准执行；没有集体合同或者集体合同未作规定的，用人单位应当对劳动者实行同工同酬。用人单位自用工之日起超过一个月但不满一年未与劳动者订立书面劳动合同的，应当向劳动者支付二倍的月工资。

4. 先订立劳动合同后建立劳动关系的情况

如用人单位在招用劳动者进入工作岗位之前，先与劳动者订立了劳动合同。其劳动关系从用工之日起建立，其劳动合同期限、劳动报酬、试用期、经济补偿金等，均从用工之日起计算。

【例 4-2】 2011 年 4 月 8 日，李先生被某建筑公司聘用担任机电工程师。该公司通知李先生 4 月 10 日上班，试用期合格后双方签订劳动合同，公司将为其办理社会保险，李先生工作两个月后，发现该公司对包括李先生在内的 10 名试用期间的员工均没有签订劳动合同，也没有缴纳社会保险，于是李先生匿名向劳动保障监察机构举报。劳动保障监察机构受理该举报后，及时向该公司调查了解情况，发现举报人反映的问题基本属实，依据调查事实，劳动保障监察机构依法向该公司下达了《限期整改指令书》，责令该公司在 7 日内与该 10 名员工补签劳动合同，补办社会保险，3 天后，该公司就与 10 名试用期间的员工签订了劳动合同，并补办社会保险。

1. 试用期合格后用人单位与李先生签订劳动合同是正确的。（B）
   A. 正确　　　　　　　B. 错误
2. 社会保险除养老保险外，还包含（ABDE）。
   A. 医疗保险　　　　　B. 生育保险　　　　　C. 意外伤害保险　　　D. 失业保险
   E. 工伤保险
3. 试用期为三个月，劳动合同至少应签订（C）年。
   A. 一　　　　　　　　B. 二　　　　　　　　C. 三　　　　　　　　D. 五
4. 已建立劳动关系，未同时签订书面劳动合同的，应当自用工之日起（A）个月内订立书面劳动合同。
   A. 一　　　　　　　　B. 二　　　　　　　　C. 三　　　　　　　　D. 五
5. 试用期不包括在劳动合同期限内。（B）
   A. 正确　　　　　　　B. 错误

4.4　劳动合同的法律效力

4.4.1　劳动合同法律效力的认定

劳动合同由用人单位与劳动者协商一致，并经用人单位与劳动者在劳动合同文本上签字或者盖章生效。劳动合同文本由用人单位和劳动者各执一份。

根据《劳动合同法》第二十六条规定，下列劳动合同无效或者部分无效：

（1）以欺诈、胁迫的手段或者乘人之危，使对方在违背真实意思的情况下订立或者变更劳动合同的；

（2）用人单位免除自己的法定责任、排除劳动者权利的；

（3）违反法律、行政法规强制性规定的。

对劳动合同的无效或者部分无效有争议的，由劳动争议仲裁机构或者人民法院确认。无效的劳动合同，从订立时起就没有法律约束力，任何一方当事人不得根据无效的劳动合同要求另一方履行或承担违约责任。

劳动合同部分无效，不影响其他部分效力的，其他部分仍然有效。劳动合同被确认无效，劳动者已付出劳动的，用人单位应当向劳动者支付劳动报酬。劳动报酬的数额，参照本单位相同或相近岗位职工的劳动报酬确定。

4.4.2 劳动合同纠纷的处理

因劳动合同引起的劳动纠纷有多种，其中包括因订立劳动合同而引起的劳动纠纷，因履行劳动合同而引起的劳动纠纷，因变更劳动合同而引起的劳动纠纷，因终止劳动合同而引起的劳动纠纷，因解除劳动合同而引起的劳动纠纷等。处理因不同原因引起的劳动纠纷，有各自不同的具体要求。

（1）因订立劳动合同而发生的劳动纠纷的处理

1）对于用人单位与劳动者未订立劳动合同而发生劳动纠纷的，劳动争议处理机关应当弄清未订立劳动合同的原因，在分清当事人责任的基础上，要求有过错的一方向受损失的一方提供一定的补偿，并督促双方依法补签劳动合同，如双方无意继续合作，则解除劳动合同。

2）对于由他人代签劳动合同而发生劳动纠纷的，劳动争议处理机关应查明代签的原因，并审查劳动合同的内容是否合法。对内容合法的，责成用人单位与劳动者重签劳动合同，对内容不合法的，应宣布合同无效。

3）对于由于劳动者隐瞒真实情况，导致用人单位误解而与其签订劳动合同而发生劳动纠纷的，劳动争议处理机关查明事实真相后，对不符合用工条件的劳动者解除劳动合同的决定，应当予以维持。

4）对于不符合法律而发生的劳动纠纷，劳动争议处理机关应当宣布劳动合同无效，然后视违法程度责成责任方承担相应的法律责任。

5）发生对于订立方式不合法的劳动合同纠纷，劳动争议处理机关应分情况做出处理。内容合法，只是订立方式不合法，一般应认定合同有效，并督促双方补签劳动合同；内容和订立方式均不合法的，应认定该合同无效，并按无效合同的处理方式进行处理。

（2）因履行劳动合同而发生的劳动纠纷的处理

1）对于不履行劳动合同引起劳动纠纷的，劳动争议处理机关应查清不履行劳动合同的原因，对用人单位无过错的，督促劳动者依照有关规定寻求合理的解决办法；对用人单位有过错的，在要求用人单位履行劳动合同的同时，可以裁定用人单位赔偿劳动者由此而造成的全部损失。

2）对于履行劳动合同中一方违约引起劳动纠纷的，劳动争议处理机关对不履行合同的劳动者首先应说服教育，督促其履行劳动合同，对仍拒不履行劳动合同的劳动者，应依法追究其违约责任；对不履行劳动合同的用人单位，劳动争议仲裁机构应当依法裁定其继续履行劳动合同。

3）对于因赔偿问题引起劳动合同纠纷的，劳动争议处理机关应查明劳动合同中的赔偿条款是否合法，并对合法的内容予以保护。

4）对于第三方干预导致劳动合同无法履行引起纠纷的，劳动争议处理机关应追究过错的第三方的法律责任。

(3) 因变更劳动合同而发生的劳动合同纠纷的处理

1) 对于劳动者违反劳动合同规定，单方面要求用人单位变更其劳动岗位、工种或不符合劳动合同约定的上岗条件而要求上岗的，劳动争议处理机关应驳回劳动者的申诉，维持用人单位对此做出的处理决定。

2) 对于用人单位擅自决定改变劳动者的劳动岗位、工种的，对于正常的工作调动，应依法确认用人单位的调动有效；对属于非法调动的，要求用人单位改变决定，恢复劳动者的劳动岗位，并补偿劳动者因此而造成的经济损失。

3) 对于用人单位违反法定程序变更劳动合同的，劳动争议处理机关应当确认用人单位的变更行为不合法，并促使用人单位和劳动者重新协商具体变更事项。

(4) 因终止劳动合同而发生劳动合同纠纷的处理

1) 对于用人单位不允许到期劳动合同终止引起劳动纠纷的，劳动争议处理机关应支持劳动者终止劳动合同的请求，对合同期限内劳动者没有实际履行的，有协议的，按照协议处理，没有协议的，合情合理的处理双方的其他正当要求。

2) 对于用人单位附加条件，不允许劳动者终止劳动合同而引起劳动纠纷的，劳动争议处理机关应查明该附加条件是否双方约定，在法律上是否成立，然后根据合同期限届满，劳动合同即告终止的法律规定，裁定劳动合同终止。

3) 对于劳动合同终止后续订劳动合同发生劳动纠纷的，劳动争议处理机关应按照根据生产、工作需要，在双方完全同意的情况下，可以按续订合同的规定要求来处理，对用人单位强迫劳动者续签劳动合同的，依法支持劳动者的请求。

4) 对于合同到期后既不续订又不终止劳动合同引起劳动纠纷的，因合同双方都有责任，对这种事实上的劳动关系，法律不予保护，所以，劳动争议处理机关应依法支持终止劳动合同的申请，由此而导致的其他争执，则由其他法律予以调整。

(5) 因解除劳动合同而发生劳动合同纠纷的处理

劳动争议处理机关在处理此类纠纷时应明确：

1) 解除劳动合同是否为合法有效，适用劳动法规是否得当，认定事实是否有偏差，是否有根据。

2) 将劳动合同的解除与行政处分区分开来，有些行政处分可以解除劳动合同，而有些行政处分则不能解除劳动合同。

3) 过失违纪一般不应解除劳动合同；违纪事实未查清的不能适用解除劳动合同的规定；初次轻微违纪未进行教育的，不适用解除劳动合同规定。

4) 把握违约与解除劳动合同的界限，解除劳动合同是因为用人单位或劳动者违约在先引起的，违约在先是解除劳动合同的法定条件。当事人一方违约在先，另一方据此解除劳动合同是合法的。如果一方故意制造违约条件，并据此解除劳动合同则是非法的。

4.5 对劳动合同进行规范性审查

4.5.1 审查订立劳动合同的主体

(1) 用人单位主体合法

用人单位与劳动者签订劳动合同的应当是法定代表人或法定代表人授权委托的代理

人。凡不具备法人资格的事业部门负责人与劳动者签订劳动合同前应当办理法定代表人授权委托手续。

（2）劳动者资格合法

劳动者应当是年满 18 周岁，具备民事行为能力，身体条件和工作能力符合用人单位招聘条件。

劳动者未与其他用人单位建立劳动关系。

在校学生、现役军人、离退休人员及居民雇佣等不属于具有签订劳动合同主体资格的劳动者。

4.5.2 审查劳动书内容

（1）劳动合同内容应具备劳动合同法规定的必备条款。

劳动合同应载明建筑劳务分包企业名称、地址、农民工姓名、身份证号码、出生日期、家庭住址、户口所在地等基本情况，并具备以下条款：

1) 劳动合同期限；
2) 工作内容；
3) 劳动保护和劳动条件；
4) 劳动报酬；
5) 保险待遇；
6) 劳动纪律；
7) 劳动合同的解除条件；
8) 劳动争议处理方式。

劳动者在用人单位所在地以外地点工作，应明确约定执行劳动者报酬的最低工资标准。

（2）除必备条款外，用人单位与劳动者可以约定试用期、培训、劳动纪律、保守商业秘密、竞业限制、违反劳动合同的责任、补充保险和福利待遇等其他事项。

用人单位与劳动者不得在《劳动合同法》第四十四条规定的劳动合同终止情形之外约定其他劳动合同终止条件。

建筑业劳动合同示范文本见本章附件。

附件：

建筑业劳动合同范本（国家版）
建筑业劳动合同
（示范文本）

中华人民共和国劳动和社会保障部制

签约须知

1. 用人单位不得招用未满 16 周岁的未成年人。

2. 劳动合同期限在六个月以下的,试用期不得超过十五日;劳动合同期限在六个月以上一年以下的,试用期不得超过三十日;劳动合同期限在一年以上两年以下的,试用期不得超过六十日。试用期包括在劳动合同期限内。

3. 用人单位支付劳动者工资不得低于本地最低工资标准。本地区最低工资标准为_____元/月(小时)。(年度)

4. 用人单位依法安排劳动者延长工作时间的,支付劳动者不低于工资的 150% 的工资报酬;安排劳动者在休息日工作又不能安排补休的,支付劳动者不低于工资的 200% 的工资报酬;安排劳动者在法定休假日工作的,支付劳动者不低于工资的 300% 的工资报酬。

5. 当用人单位有克扣或者无故拖欠劳动者工资等违反劳动保障法律、法规或者规章的行为,侵犯劳动者合法权益的,劳动者可以依法向用人单位用工所在地劳动保障行政部门劳动保障监察机构投诉。投诉电话:_____。

6. 用人单位应当按照有关法律、法规和国家及地方相关规定参加社会保险。

7. 双方应当仔细阅读合同条款,以明确其权利和义务。

甲方（用人单位）名称：_____

法定代表人：_____

地址：_____ 联系电话：_____

乙方（劳动者）姓名：_____ 家庭住址：_____

居民身份证号码：_____ 联系电话：_____

根据《中华人民共和国劳动法》和国家有关规定，甲乙双方遵循平等自愿、协商一致的原则订立本劳动合同。

一、劳动合同期限

甲、乙双方选择以下第_____种形式确定劳动合同期限：

（一）有固定期限：自_____年____月____日起至_____年____月____日止。

（二）无固定期限：自_____年____月____日起至止。

（三）以完成一定的工作任务为期限：自_____年_____月_____日起至_____时止。

其中，试用期自_____年____月____日至_____年____月____日。

二、工作内容和工作时间

（四）根据甲方工作需要和任职要求，乙方同意在_____岗位上工作。经甲乙双方协商同意，可以变更工作岗位，双方签署的变更协议或者通知书作为本合同的附件。

（五）乙方应按照甲方的要求，按时完成规定的工作数量，达到规定的质量标准。

（六）乙方每日工作时间不超过 8 小时、平均每周工作时间不超过 40 小时。甲方应当保证乙方每周至少休息 1 日。

甲方因生产特点不能按照前款执行时，经劳动保障行政部门批准，可以实行综合计算工时或者不定时工作制。

三、劳动报酬和社会保险

（七）甲方根据本单位的工资制度，确定乙方正常工作时间工资执行以下第_____种方式：

1. 甲乙双方实行月（周、日、小时）工资制。乙方月（周、日、小时）工资为_____元。试用期的工资为_____元/月（周、日、小时）。

2. 甲乙双方实行计件工资制，计件单价为_____元。

甲方提供食宿条件或者等同于提供食宿条件的，不得折算为乙方工资。

（八）甲方按月以货币形式支付乙方工资，每月_____日前支付工资，并由乙方签字确认。

（九）甲乙双方实行周、日、小时工资制的，甲方应按双方约定的时间，以货币形式支付乙方工资，并由乙方签字确认。

四、劳动保护和劳动条件

（十）甲方为乙方提供符合有关劳动法律、法规和国家有关规定的劳动安全保护设施、劳动防护用品和其他劳动条件。甲方必须按照国家有关规定对女职工和未成年工实行特殊劳动保护。

（十一）甲方在乙方上岗前对乙方进行安全生产教育。在施工现场，甲方必须按照国家建筑施工安全生产的规定，采取必要的安全措施。

（十二）甲方为乙方提供的宿舍、食堂、饮用水、洗浴、公厕等基本生活条件必须达到安全、卫生要求，其中建筑施工现场必须符合建筑施工现场环境与卫生标准。

（十三）用人单位应当将依法参加工伤保险的有关情况在本单位内公示。用人单位和职工应当预防工伤事故发生，避免和减少职业病危害。职工发生工伤时，用人单位应当采取措施使工伤职工得到及时救治。

五、劳动纪律

（十四）甲方依法制定的需要乙方遵守的劳动规章制度，应当在与乙方签订本劳动合同时告知乙方。

（十五）乙方自觉遵守有关劳动法律、法规和甲方依法制定的各项规章制度，严格遵守安全操作规程，服从管理，按时完成工作任务。

乙方对甲方违章、强令冒险作业有权拒绝；对危害生命安全和身体健康的劳动条件，有权提出批评、检举和控告。

六、劳动合同的解除和终止

（十六）甲乙双方单方面解除本合同，应符合《劳动法》第25条、第26条、第27条、第31条和第32条的规定。乙方有《劳动法》第29条规定情形的，甲方不得随意解除本合同。

（十七）劳动合同期满或者当事人约定的劳动合同终止条件出现，劳动合同即行终止。甲乙双方协商同意，可以续订劳动合同。

（十八）解除、终止劳动合同时，甲方应当依据有关法律法规等规定出具解除、终止劳动合同的证明书或者相关文件。

七、经济补偿与赔偿

（十九）甲方依法解除乙方劳动合同，应当支付乙方经济补偿金的，按照《劳动法》及有关规定执行。乙方根据《劳动法》第32条第（二）、（三）项规定解除本合同，甲方也应按照《劳动法》及有关规定执行。

（二十）甲方支付乙方的工资报酬低于施工地行政区域内最低工资标准的，要在补足低于标准部分的同时，依法支付赔偿金。

八、劳动争议处理

（二十一）甲、乙双方在履行本劳动合同时发生争议的，可先协商解决；不愿协商或者协商不成的，可在争议发生之日起60日内向当地（用人单位工商注册地或者施工地）劳动争议仲裁委员会申请仲裁。对仲裁裁决不服的，可以在15日内向当地人民法院提起诉讼。

九、其他约定

（二十二）甲、乙双方约定的其他内容如下：_____

_____。

（二十三）本劳动合同与国家法律法规及有关规定相违背的，依照国家法律法规及有关规定执行。

本劳动合同一式2份，甲乙双方各执1份。

本劳动合同自甲乙双方签字、盖章之日起生效。

甲方（公章）   乙方（签字）
法定代表人或者
委托代理人签字

签字日期：_____年___月___日   签字日期：_____年___月___日

第5章 劳务分包管理

5.1 劳务分包管理的一般规定

5.1.1 对劳务分包企业的规定

住建部 2015 年《建筑业企业资质管理规定》(住建部令第 22 号)施工劳务企业资质标准。

1. 企业资产
(1) 净资产 200 万元以上。
(2) 具有固定的经营场所。

2. 企业主要人员
(1) 技术负责人具有工程序列中级以上职称或高级工以上资格。
(2) 持有岗位证书的施工现场管理人员不少于 5 人,且施工员、质量员、安全员、劳务员等人员齐全。
(3) 经考核或培训合格的技术工人不少于 50 人。

3. 承包业务范围
可承担各类施工劳务作业。

2015 年 1 月 1 日执行的最新建筑企业资质标准中变化非常大一点就是施工劳务资质的变化。
(1) 旧版的劳务分包企业资质标准分为木工作业、砌筑作业、抹灰作业、石制作、油漆作业、钢筋作业、混凝土作业、脚手架搭设作业、模板作业、焊接作业、水暖电安装作业、钣金工程作业、架线工程作业等 13 个专业,其中木工作业、砌筑作业、钢筋作业、脚手架搭设作业、模板作业、焊接作业等还有一级和二级等级之分;最新建筑企业资质标准中施工劳务资质不分专业,不分等级。
(2) 最新的施工劳务企业资质标准中只对企业资产和企业主要人员进行了要求,且获得施工劳务企业资质的企业可以承担各类施工劳务作业。
(3) 相对旧的资质标准新标准主要有如下变化:
1) 企业资产要求提高;
2) 增加了经营场所的要求;
3) 提高了对技术负责人的要求;
4) 增加了对持有岗位证书的施工现场管理人员的要求;
5) 提高了对技术工人的数量要求;
6) 取消了对业绩的要求;
7) 取消了对机具的要求。

5.1.2 对劳务人员的规定

1. 劳务人员应遵守的社会公共道德

(1) 使用文明用语,注意仪表,衣着整洁,以礼待人。维护公共场所秩序,不大声喧哗,不寻衅生事;提倡精神文明,不收听收看和传播低级和黄色的刊物、音像制品。

(2) 团结工友、乐于助人;遇到困难互相帮助;服从组织安排,听从上级指挥,勇于同不良现象作斗争。

(3) 爱护公共设施、花草树木。注重保护自己及他人的劳动成果,爱护工地成品、半成品工具设备,及时做好保管及维护工作;不损害公共利益,不做有损企业和个人形象的事。

(4) 保持环境卫生,不随意乱扔垃圾,不在公共场所吸烟,不酗酒、不赌博、不打架斗殴,不聚众滋事,不侵害他人利益。

(5) 遵守法律法规和职业操守,注重安全生产,严把工程质量关。

(6) 为人诚信,作风正派,团结互助,光明磊落,顾全大局,不拉帮结伙。

2. 劳务人员应当遵守的职业道德

(1) 爱岗敬业。坚守工作岗位,不擅自离岗,不无故旷工,工作时间不做与工作无关的事情。

(2) 遵守规章制度和操作规程,严格执行工作标准和要求,听从指挥,不违章作业,保证安全生产。控制机械噪声,不野蛮施工,不扰乱周围居民正常生活,严格控制施工的时间限制。

(3) 服从协调、管理、教育和工作调动,不浪费资源,不消极怠工,不损坏施工机械和单位公共财物。

(4) 严格按照图纸施工,不偷工减料,保证施工质量。

(5) 养成健康、卫生的生活习惯;遵纪守法,严禁参与各种违法乱纪活动,尊重民风民俗。

3. 对劳务人员安全、卫生方面的规定

(1) 上岗作业前必须先进行三级(公司、项目部、班组)安全教育,经考试合格后方能上岗作业。凡变换岗位的,必须进行新岗位安全教育。

(2) 正确使用个人防护用品,工人进入施工现场必须正确佩戴安全帽,在没有防护设施的高处作业,必须系好安全带。

(3) 坚持文明施工,杂物及时清理,材料堆放整齐。

(4) 禁止攀爬脚手架、安全防护设施等。严禁乘坐提升机吊笼上下。

(5) 特种作业的人员必须经过专门培训,经考试和体检合格,取得操作证书后,方可上岗作业。

(6) 保护施工现场临边、洞口设置的防护栏杆或防护板,保护通道口搭设的双层防护棚及设置的各种危险警告标志。

(7) 爱护安全防护设施,不得擅自拆卸和移动。

4. 劳务人员文明施工须知

(1) 施工现场实行封闭式管理,设置进出口大门、围墙(栏),执行门卫检查制度。严禁与工作无关的人员进入施工现场。

（2）遵守国家有关劳动和环境保护的法律法规，有效的控制粉尘、噪声，合理处置固体废物、泥浆等对环境产生污染的和危害的物质，禁止焚烧有毒、有害物质。

（3）施工现场实行作业清扫和卫生保洁制度。作业区内搞好落手清工作，做到工完料尽，场地清。生活垃圾盛放在容器内，及时清理，确保周围环境整洁、卫生。

（4）建筑材料、物件、料具，必须按施工现场总平面布置图合理堆放，作业区和仓储间堆料整齐统一、标示醒目。

（5）严禁在建设中的施工楼层内、配电间、厨房间等处住人。宿舍内保持通风、整洁、卫生，生活用品摆放整齐，工具放入工具间。浴室、厕所专人清扫、冲洗。

（6）食堂严格执行《食品卫生法》，办理卫生许可证，炊事人员办理健康证，纱门纱窗齐全，生熟食品分开存放，保持食堂整洁卫生。

5. 劳务人员治安防范须知

（1）进场作业人员应具备有效的身份证、务工证、计划生育证，严禁使用无证盲流人员和童工。

（2）施工现场建立社会治安综合领导小组、成立治安巡逻队，认真落实"四防"工作，做到有活动、有检查、有记录。

（3）项目部与新进场子班组、班组与个人均应签订社会治安责任书，层层落实，责任到人。

（4）加强职工思想道德教育，提倡诚信做人，争做有理想、有道德、有文化、有纪律的社会主义劳动者，自觉遵守社会治安各项管理规定，同违法乱纪行为做斗争。

（5）提倡共创文明卫生、人人爱护公物的道德风尚。保管好公私财物，柜门及时加锁，现金和贵重物品不得随便带入工具（更衣）间，多余现金存入银行，防止财物被盗。

（6）自觉维护食堂、浴室、宿舍等公共场所秩序，严禁撬门、爬窗、乱拿他人物品。不准用公物制作私人用具。

（7）加强社会治安、综合治理工作，实行来访登记制度和门卫纠察制度，增强职工治安防范责任意识。

（8）施工现场严禁酗酒滋事、聚众赌博、打架斗殴、起哄闹事、偷盗建筑材料和工具设备等。严禁耍流氓活动和其他违法乱纪行为，严禁男女非法混居。

（9）项目部治安巡逻队伍，应加强对警戒范围内的治安巡逻检查，认真记录，发现可疑情况及时查明。对严重违法犯罪分子，应将其扭送或报告公安部门处理。

5.2 劳务招标管理

劳务招标是指建筑施工企业在自身劳动力不够或不能满足某阶段施工生产的需要，而面向市场采购劳动力的手段和方法。是建筑施工企业通过劳务分包由传统的劳动密集型向新型的智力密集型转变，走管理层和作业层"两层分离"，实现项目产出最大化的发展之路。

建筑劳务分包招标是劳务采购的最主要手段，是参照工程量清单招标的模式，通过公开招标的形式把总承包或专业分包企业的承包或分包工程中的劳务作业，发包给具有相应施工劳务资格的企业完成的活动。虽然2012年2月1日施行的《中华人民共和国招标投标法实施条例》没有把劳务分包作业纳入强制招标范围，但劳务招标投标的公开、公平、公正原则和其先进性，还是受到了广大总承包企业和专业分包企业的认可并广泛采用。

5.2.1 劳务招标投标的特点

1. 合同标的额小，项目数量大

由于工程总造价中材料、设备所占比例较高，总承包或专业承包项目的标的额都很大，往往在上千万甚至若干亿元，而大量劳务分包项目的标的额都在十几万元、几十万元或数百万元。但是，劳务分包项目的数量远远大于总承包项目和专业承包项目的数量，一个总承包或专业承包项目，若根据工程特点采用分部或分段进行劳务分包招标，就演变成若干个劳务分包项目。因此，劳务分包招标投标数量大，工作任务繁重。

2. 报价形式多样，内容复杂

施工总承包或专业承包项目的投标报价因为有主管部门的多年规范和指导，执行的主要是工程量清单方式，采用人工、材料、机具、管理等费用的包干方式进行发承包。劳务分包由于没有预决算的审查与审计，完全是工程承包人和劳务分包人双方的事，根据承包人的不同要求，形成多种形式的劳务分包招标投标报价方式。

在劳务分包招标的内容上，各总承包或分包企业根据自身的情况和习惯性的管理深度，劳务分包招标的范围也不同，有纯人工费招标，也有人工费加小型机具和部分低值易耗材料等招标。在劳务分包招标要求的投标报价方式上，有定额预算直接费中人工费加适量管理费的报价方式，有定额工日单价乘以总工日报价方式，还有以每平方米单价乘以总面积的报价方式。

3. 招标投标活动的流程操作性强，操作周期短

按照住房和城乡建设部相关规定，完成一个总承包项目招标投标过程的法定时效为107天，这个时间安排作为总承包工程是允许的，也是可行的。但工程承包企业尚未在承包市场中标获得工程，是不允许其进行劳务分包招标的，因此如果总承包企业或专业分包企业一旦在市场中标获得工程，一般来讲建设单位都会要求其马上进场施工，此时进行劳务分包招标投标就要求整个流程具有很强的操作性，招标投标的周期要短。

5.2.2 劳务招标的主要内容

虽然劳务招标投标报价的形式多样，内容复杂，但在同一个标段的劳务招标则要求以同一种方式的报价投标。一般来讲劳务招标文件的条款有以下内容：

1. 投标人资格预审情况

明确本次劳务招标的劳务企业类别和资质等级要求，若不分等级的只需预审类别。

2. 工程概况

工程名称的全称、工程地点、工程结构类型、工程质量和工期要求等。

3. 现场情况简介

施工场地内施工平面图的布置，临时生活区的设置是在场内还是考虑离工地多远的场外，工地周边有无居民区或重要建筑物，附近有无高压线等。

4. 招标要求

招标的范围，招标的原则，评标的原则和拟有多少个劳务企业投标，拟中标几个。

5. 投标报价要求

招标文件必须对投标人的报价明确的几点：

(1) 究竟是工程量清单计价模式的劳务分包还是其他方式进行的劳务分包报价；
(2) 单就人工费报价还是人工费加小型机具和部分低值易耗材料费报价；
(3) 希望采用定额预算直接费中人工费加适量管理费，还是采用平方米单价乘以总面积的报价方式。

6. 劳务费的结算与支付

一般来讲月结工资比较合理合法，招标文件中明确结算的方法和支付的标准，这样做可以尽可能避免拖欠劳务民工工资。

7. 投标须知

投标文件的格式要求、份数要求、特种作业人员的证书附件，标书的密封和印鉴以及投标的有效期规定等。

8. 开标须知

告知开标的时间、地点和投标人不参加开标的后果等。

9. 附件和补充条款

招标文件中的附件和补充条款使得该文件更加合理充实，对开标中标以后承包人和劳务分包人的合同签订也有十分重要的指导意义。

5.2.3 劳务招标管理工作流程

参照建设工程招标流程，制定劳务招标管理工作流程如下：

1. 招标组织形式与招标代理

（1）招标组织形式

招标的组织形式有自行招标和委托招标两种。自行招标，是指招标人自身具有编制招标文件和组织评标的能力，依据有关法律规定自行办理招标。实行自行招标的，任何单位和个人都不得强制其委托招标代理机构办理招标事宜。委托招标，是指招标人有权自行选择委托招标代理机构办理招标事宜。实行委托招标的，任何单位和个人不得为招标人指定招标代理机构。

（2）招标人不具备自行招标能力，或者虽然具备但不愿意自行招标的，应当委托具有相应资格的专业招标代理机构代理招标人招标。招标代理机构是依法设立、从事招标代理业务并为招标投标双方提供相关服务的社会组织，其与行政机关和其他国家机关不得存在隶属关系或其他利益关系。招标机构在代理工作中还必须注意以下几点：

1）在招标人授权范围组织招标，不得无权代理和越权代理。
2）遵守法律规定，不得明知委托事项违法而进行代理。
3）不得接受同一招标项目的招标代理和投标咨询业务。
4）未经招标人同意，不得转让招标代理业务。

2. 招标程序

劳务分包项目具备条件的就可以依法招标。招标方式一般有公开招标和邀请招标两种。公开招标，也称为无限竞争招标，是指招标人以招标公告的方式邀请不特定的法人或其他组织投标。邀请招标，也称有限竞争招标，是指招标人以投标邀请书的方式邀请特定的法人或其他组织投标。

前面已经讲到劳务分包不同于工程承包，其招标投标的操作流程需要很强的操作性，周期要短。

(1) 确定招标项目，发布资格预审公告。根据《招标投标法》，确定招标项目后，招标公告或投标邀请书都应当载明：招标人的名称和地址、招标项目的性质、数量、实施地点和时间以及获取招标文件的办法等等。还要公告参与本次招标投标的投标人的资格预审要求和报名手续。

(2) 编制招标文件，成立评标委员会制定评标的标准和方法。不管是自行招标或委托代理招标，招标人要编制招标文件，（招标文件内容见5.2.2节）。招标人要成立评标委员会，其成员由招标人代表和有关项目的技术、经济、劳务管理等专家组成，成员为5人以上单数。评标委员会成员应当遵纪守法、客观公正地履行职责，遵守职业道德。评标委员会应当按照招标文件制定评标的标准和方法，对投标文件进行评审和比较，同时向有关部门办理招标登记备案。

(3) 通过资格预审，确定投标人数量。经过资格预审后，招标人可以确定潜在投标人的数量，可向资格预审合格的潜在投标人发出资格预审合格通知书，告知获取招标文件的时间、地点和方法，同时告知资格预审不合格的潜在投标人无需参加投标。

(4) 召开发标会，发放招标文件。招标人按资格预审合格通知书上告知的时间和地点召开发标会，向预审资格合格的投标人发放招标文件。招标人在召开发标会后为便于投标人编制标书，可组织现场勘查。招标人在发布招标公告、发出投标邀请书或发出招标文件后不得擅自终止招标。

(5) 接受投标文件，召开开标会。投标人按招标文件要求的时间编制好投标书并投标。招标人接受投标文件，并且在招标文件规定的时间和地点召开开标会。当众审查，剔除无效标书，所有本项目的投标人都必须参加开标会，未参加的视为废标。

(6) 投标书评审，确定中标候选人。评标委员会全体成员进行评标，对实质性内容相应招标文件的投标文件进行评估，除了投标文件外，还要结合投标人以往的社会影响和综合信誉确定中标候选人。

(7) 提交招标情况书面报告，发中标通知书。评标委员会在完成评标工作后，应当向招标人提出书面报告，报告评标的过程概况，推荐中标候选人。候选人应当按照得分高低1~3排列顺序。评标委员会全体成员应在报告上签字，若有对评标结论持不同意见的成员，可以书面阐述其观点和理由。中标人的投标应当符合以下条件之一：

1) 能够最大限度满足招标文件中规定的各项综合评价标准；

2) 能够满足招标文件的实质性要求，并且经评审的投标价格不低于成本的最低价。招标人根据评标委员会的报告和推荐意见，发中标通知书。同时告知未中标的投标人，并退还投标保证金。

(8) 订立书面合同，合同备案。招标人确定中标人并向其发出中标通知书后，双方立即进行合同谈判，签订劳务发分包合同。

5.3 劳务分包作业管理

劳务分包作业管理包括劳务队伍的进场管理、劳务分包作业过程的安全管理、劳务分包作业过程的质量管理、劳务分包作业过程的进度管理和劳务队伍的退场管理。

5.3.1 劳务分包队伍进出场管理

1. 劳务分包队伍进场管理

劳务分包队伍进场是指承包人通过合法选择或采取招标程序而中标的劳务分包企业依照与承包人所签订的建设工程劳务分包合同开始履行施工程序的行为。

（1）劳务分包队伍进场流程

劳务分包队伍进场流程见图 5-1。

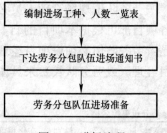

图 5-1 进场流程

1）编制进场工种、人数一览表

劳务员根据公司所批复的项目进度计划和劳动力使用计划编制进场工种、人数一览表。表 5-1 为样表，各项目部可根据本项目的自身情况进行改动。

进场工种、人数一览表　　　　　　　　　　表 5-1

进场单位：_____劳务公司

序号	工种	人数	进场时间		备注
			月	日	
	合计				

填表人：　　　　　　　　　　　　　　　日期：　　年　月　日

2）下达劳务分包队伍进场通知书

下达劳务分包队伍进场通知书的时间应在工程开工的 7 天前（如劳务合同有具体约定，按合同约定）。劳务队伍进场通知书可按下列格式书写，但具体内容各项目部可根据本项目的自身情况进行改动。见图 5-2。

劳务队伍进场通知书

_____劳务公司：

　　根据项目进度计划和劳动力使用计划，现安排你公司进入我项目进行施工。具体详见《进场工种、人数一览表》，请做好具体安排。

　　项目地址：

　　项目联系人：

　　　　　　　　　　　　　　　　　　_____项目部
　　　　　　　　　　　　　　　　　　　　年　　月　　日

图 5-2 劳务队伍进场通知书

3) 劳务分包队伍进场准备

劳务队伍管理人员和劳务作业人员进场登记

劳务队伍现场管理人员必须进行实名登记（具体要求见本章第二节），表 5-2 为样表，各项目部可根据本项目的自身情况进行改动，但至少应包含下表所含信息。需要强调的是：劳务队伍必须设项目经理（或劳务队长）。劳务员对劳务队伍的管理通过劳务队伍项目经理（或劳务队长）来具体实施。

劳务队伍现场管理人员登记表　　　　　　　　　　表 5-2

分包单位名称：　　　　工程名称：　　　　制表日期：　　年　月　日

序号	姓名	性别	文化程度	身份证号	岗位	进场时间	出场时间	签字	备注

分包单位负责人：　　　　分包单位项目负责人：　　　　制表人：

劳务作业人员必须进行实名登记（具体要求见本章第二节），表 5-3 为样表，各项目部可根据本项目的自身情况进行改动，但至少应包含表 5-3 所含信息。

劳务作业人员进场花名册登记表　　　　　　　　　　表 5-3

分包单位名称：　　　　工程名称：　　　　制表日期：　　年　月　日

序号	姓名	性别	文化程度	身份证号	工种	技术等级	证书编号	劳动合同编号	进场时间	签字、手印	出场时间	签字、手印	备注

（2）制定劳务分包队伍相关管理制度

1) 考勤制度

劳务分包队伍进场后必须明确现场考勤办法：

考勤分为劳务队伍管理人员的考勤和劳务作业人员的考勤。对于劳务队伍管理人员的考勤建议与承包单位管理人员的考勤要求一致，由承包单位和劳务分包单位共同负责。需要强调的是劳务队伍管理人员请假必须经劳务分包项目经理和项目部劳务员的批准。与承包项目部管理人员一样，在去向板上填写去向。劳务作业人员的考勤主要由劳务分包队伍自己负责，项目部劳务员进行监管。应将劳务作业人员的考勤作为重点。

劳务作业人员的考勤方法应依据以下几个方面确定：

① 工程所在地主管部门的具体要求

目前各地区对劳务队伍的管理规定存在较大的差异，有些地方实施了实名制管理，有些地方还没有实施。就算实行实名制管理的地区，具体要求也有所不同。如北京地区要求人工登记，而南京地区要求"施工企业应当在施工现场配备市民卡读卡器，实施对施工作业人员的考勤"。

② 承包单位关于劳务作业人员的考勤方法的规定

对于工程所在地对劳务作业人员的考勤方法没有规定的，可实行总包单位关于劳务作业人员的考勤方法

③ 劳务分包单位关于劳务作业人员的考勤方法的规定

对于既没有工程所在地关于劳务作业人员考勤方法规定又没有承包单位关于劳务作业人员的考勤方法规定的，可采用劳务分包单位关于劳务作业人员的考勤方法的规定，但必须经承包单位认可。

2) 检查制度

检查制度包括安全、质量、职业健康、环境保护等方面检查的规定，这方面的内容在《建设工程劳务分包合同》的通用部分都有涉及。需要强调的是，项目技术负责人及专职安全人员会同劳务队伍管理人员对施工现场，要经常进行检查，发现问题要求及时整改。劳务分包队伍对检查出来的事故隐患，要定人、定时、定措施落实整改工作，不得以种种理由拖延整改或简单的应付。

3) 现场例会制度

应制定例会制度，保证项目部（含劳务队伍管理人员）每周不少于一次碰头会。会议内容主要是施工中发现的问题提交例会讨论，例会中做出的决定必须坚决执行，例会中必须及时传达有关作业要求及最新动态。

2. 劳务分包队伍出场管理

（1）劳务分包退场情形

劳务分包退场情况多样，按时间分有中途退场，工程完工退场等；按照分包方和承包方的意愿，基本可归纳为以下三种形式：

1) 正常终止合同。按正常程序，法律规定，合同履行完毕后，合同的效力已经终止，经双方协议，劳务分包队伍可以退场。如有其他协议或合同条款为履行完毕，经双方协商可暂时退场，劳务分包队伍在合同期限内仍有义务履行自身的义务。

2) 承包人要求终止合同。承包人因某种原因终止合同，劳务分包队伍中途退场。劳务分包队伍可按照合同条款进行申诉，承包人违规终止合同，可按合同约定（要求）承包人承担相应责任。但如劳务分包队伍有下列情形之一，劳务分包队伍要承担相应的违约责任：

① 发生事故隐瞒不报和漏报的；

② 连续检查出重大安全生产隐患并拒不整改的；

③ 发生重大质量问题和安全事故的；

④ 因劳资纠纷引发的群体性事件影响特别恶劣的；

⑤ 发生群体违法行为和刑事案件造成不良影响的；

⑥ 其他不良行为事件造成严重后果的。

3）劳务分包队伍申请提前退场，终止合同。施工过程中，劳务分包队伍因故主动向承包人提出终止合同，按合同约定承担因此而造成的一切损失。同时，应提前提出退场书面申请，并在施工阶段性完成后，与承包人办理交接，清算工作。

我们这里主要介绍工程完工出场即正常终止合同情形。需要说明的是工程完工不等于现场工程验收合格，完工后可能还有零星工作，因此可能还要留个别管理人员和一小部分的作业人员在现场。

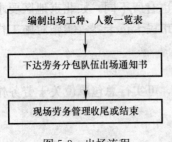

图 5-3 出场流程

（2）劳务分包队伍出场的流程
劳务分包队伍出场流程见图 5-3。
1）编制出场工种、人数一览表
劳务员根据劳务分包合同和工程完工情况，编制出场工种、人数一览表。表 5-4 为样表，各项目部可根据本项目的自身情况进行改动。

出场工种、人数一览表　　　　　　　　　　　　　　表 5-4

进场单位：_____劳务公司

序号	工种	人数	出场时间 月	出场时间 日	备注
	合计				

填表人：　　　　　　　　　　　　　　　　　　　日期：　　年　月　日

2）下达劳务分包队伍出场通知书

下达劳务分包队伍出场通知书的时间应在工程完工后（如劳务合同有具体约定，按合同约定）。劳务队伍出场通知书可按下列格式书写，但具体内容各项目部可根据本项目的自身情况进行改动，见图 5-4。

　　　　　　　　　　　劳务队伍出场通知书
　_____劳务公司：
　　根据建设工程分包合同和工程现场实际情况，现安排你公司劳务队伍退出_____项目具体详见《出场工种、人数一览表》，请做好具体安排。
　　项目地址：
　　项目联系人：

　　　　　　　　　　　　　　　　　　　　　　_____项目部
　　　　　　　　　　　　　　　　　　　　　　　　年　月　日

图 5-4 劳务队伍出场通知书

5.3.2 劳务分包作业过程管理

1. 劳务分包作业过程安全管理

建筑业在我国属于安全事故的多发行业，安全事故发生率仅次于交通和矿山业。由于劳务作业人员和现场管理人员的自身安全防护意识和自我保护意识淡薄、职业技能低下、行为不规范等，导致了人为发生的安全事故。劳务分包安全管理是指依据相关法律法规及规定、工程承包合同、工程劳务分包合同等进行劳务分包作业过程中的安全管理，以减少施工工地安全事故的发生。

（1）建立组织机构、落实安全责任

1）建立和完善以项目经理为首、所有项目管理人员（含劳务队伍管理人员，下同）参加的安全生产领导小组，组织领导开展安全管理活动，承担领导组织安全生产责任。

2）建立各级人员安全生产责任制度，明确各岗位安全责任。定期检查、落实责任、及时报告。

① 项目经理是施工项目安全管理的第一责任人。

② 各岗位人员，对相应岗位的安全生产负责。

③ 建立全员安全生产责任制，做到纵向到底、横向到边、各负其责。

3）帮助分包单位专职安全管理人员不断学习安全管理知识，鼓励其参加安全员资格考试。

4）建筑施工特种作业人员，须按规定参加专门的安全技术培训并考核合格，取得相应的操作证后，方可上岗。

5）项目部全体管理、作业人员均需与项目经理部签订安全协议，明确相应的责任和义务。

（2）安全教育与培训

对劳务分包队伍进行安全教育和培训，能够增强管理人员和作业人员的安全生产意识，增长安全生产知识，有效地防止人的不安全行为，杜绝或减少物的不安全状态，减少管理失误。

安全教育培训方式和内容：

安全教育采取公司、项目部、班组三级教育。

劳务队伍进场后，安全员和劳务员共同对劳务队伍管理人员和作业人员的公司级安全教育资料进行检查，重点检查是否由本人签字。

项目部安全教育由项目经理组织实施，安全员和劳务员协助，内容包括工程项目的概况，安全生产状况和规章制度，施工中可能遇到的主要危险因素及注意事项，工伤事故及职业病的预防措施及事故的应急处理办法。

班组安全教育是班组长对作业人员的安全教育，安全员和劳务员应参加。内容包括岗位安全作业规程，岗位间配合的安全注意事项，劳动保护用具的正确使用方法及发生事故后应采取的对策等。

安全教育培训包括知识、技能、意识三个阶段的教育。

① 安全知识教育，重在使管理人员和作业人员了解和掌握生产作业过程中潜在的危险因素及防范措施。

②安全技能教育，重在使作业人员掌握安全生产技能，获得良好的习惯行为方式，避免操作中的失误。

③安全意识教育，重在培养和增强管理人员和作业人员遵守安全规章、实行安全技能的自觉思想。

(3) 安全检查

1) 安全检查的内容和组织

安全检查的内容主要是查思想、查管理、查隐患、查整改、查事故处理。检查的重点是劳务条件、生产设备、现场管理、安全卫生设施以及生产人员的行为。

① 安全检查具体内容是：

查专职安全员是否在岗在位，相关部门人员是否落实安全生产责任制；

查安全教育、安全技术交底是否落实到位；

查安全作业标准化实施情况；

查安全隐患排查整改和预案措施情况；

② 安全检查组织：成立以项目经理为首，项目部所有管理人员参加的安全检查小组。

2) 安全检查方法和形式

① 安全检查方法有一般检查方法和安全检查表法。

一般检查方法，常采用看（现场、操作、资料）、听（记报、反映、机械响声）、嗅（挥发物、有毒气体）、问（影响安全问题原因）、查（追查问题责任）、测（测量、测试、检测）、验（必要的试验或化验）、析（分析事故原因）。

安全检查表法通常包括检查项目、内容问题、改进措施、检查措施和人。

② 安全检查形式分为定期安全检查、突击性安全检查和特殊安全检查。

特殊安全检查包括对有特殊安全要求的手持电动工具、电气、照明设备、通风设备、有毒有害物的储运设备进行的安全检查。

3) 安全检查的目的

安全检查的目的是发现、处理、消除危险因素，避免事故伤害，实现安全生产。

消除危险因素的关键环节，在于认真地整改、细致地分析，切实制定解决办法，尽快彻底消除安全事故隐患。

(4) 特种作业人员管理

建筑施工特种作业人员是指在房屋建筑和市政工程施工活动中，从事可能对本人、他人及周围设备设施的安全造成重大危害的人员。建筑施工特种作业人员包括：建筑电工、建筑架子工、建筑起重信号司索工、建筑起重机械司机、建筑起重机械安装拆卸工、高处作业吊篮安装拆卸工以及经省级以上人民政府建设主管部门认定的其他特种作业人员。

劳务员对特种作业人员的管理，主要是配合项目负责人和安全员开展：

1) 检查进入工地现场实施的特种作业人员是否持有省级建设主管部门颁发的建筑施工特种作业人员操作资格证书，杜绝无证操作。

2) 检查特种作业人员操作资格证书的合法性和有效性。

3) 督促、检查特种作业人员上岗前的安全教育。

4) 督促特种作业人员参加法定的安全生产继续教育。

5) 对资格证书有效期将满的特种作业人员，督促他们申请延期。

2. 劳务分包过程的质量管理

建筑工程质量的优劣取决于设计、材料、管理、机械、环境和操作等因素，其中劳务工人的职业知识、施工技术、工艺流程起到了非常关键的作用。劳务分包过程的质量管理指依据施工图纸、现行的技术标准及图集、工程量清单等对劳务分包单位的劳务队伍的施工质量的策划与控制，达到每道工序都能保证产出优良的品质。作为劳务员应该了解。

（1）劳务分包过程质量管理的内容

劳务分包过程质量管理内容涉及施工前质量管理、施工过程中的质量管理和工程完工后的质量管理。

1) 施工前的质量管理主要内容是：

① 对所有的合同和技术文件、报告，比如图纸等，进行详细的审阅，发现问题记录下来以书面的形式向总包方提出。

② 为加强施工过程中的自检环节，应配备必要的设备和仪器，按照分包合同中关于检验的方法、标准、次数和取样的规定进行自检。

③ 对照总包所提供的工程进度计划和施工方案进行层层分解。

④ 对施工中将要采用的新技术、新材料、新工艺，为进行审核程序提供素材。

⑤ 协助承包单位完善质量保证体系。

⑥ 做好设计技术交底，明确各个分部分项工程的质量要求。

⑦ 全面检查自身是否具备开工条件。

2) 施工过程中的质量管理

将承包单位所做的以下工作落实到位：

① 工序质量控制。

② 设置质量控制点。

③ 加强工程质量的预控。

④ 质量检查。

⑤ 成品保护。

⑥ 交工技术资料。

⑦ 质量事故处理。

3) 工程完成后按合同的要求进行竣工验收，在竣工验收前，首先必须进行自检，自检没问题交给总包单位检查，对总包单位检查出来的问题和缺陷，及时进行整改，合格后由总包单位进行竣工验收请求。

（2）劳务分包质量管理制度

劳务分包队伍（企业）应建立并实施劳务分包质量管理制度，明确分包质量管理中相关岗位及人员的职责和权限，加强施工过程管理。配合项目部完善工程项目质量管理体系。

1) 劳务分包队伍进场后，应组织劳务人员学习工程质量标准和规范，提高劳务人员质量意识和业务素质。

2) 在施工前，应对劳务队伍进行施工技术交底，并双方签字确认，形成书面交底资料。

3) 现场施工技术检查是现场施工管理工作的重要环节，劳务队伍技术人员应与总包项目部相关人员经常深入现场检查施工技术、工程质量、环境安全等措施执行情况，发现问题及时处理，确保工程质量和安全生产。

4) 落实隐蔽工程检查制度指为保证工程质量,隐蔽工程必须经过施工技术人员和质检人员检查,并经监理检查合格,签妥隐蔽工程检查证后,方可掩盖和继续施工。

5) 施工日志填写制度是指施工技术管理人员必须根据施工情况及时填写日期、施工部位、出勤人数、使用机械、检查内容等详尽的施工情况记录。施工日志必须如实放映施工情况,并具有连续性和完整性。

(3) 劳务分包质量管理策划

劳务分包企业应服从总包企业管理,提供满足质量管理需求的劳务人员。

劳务分包企业应按规定接收设计文件,参加图纸会审和设计交底,按规定的职责参与施工企业工程项目质量管理策划。

工程项目的质量管理策划在形成文件得到批准后,劳务分包企业应严格按策划内容进行施工,并实施动态管理。同时劳务分包企业有义务对策划提出建设性建议,及时调整相关文件并实施。

(4) 劳务分包过程质量控制

1) 施工准备

劳务分包队伍应根据工程项目质量管理策划书做好施工准备工作,按规定将质量管理策划的结果向劳务人员进行交底,保存好记录。

2) 施工过程

① 劳务分包队伍要积极配合项目部对施工过程质量进行控制,主要包括:

a. 按图施工,按标准施工,必要时对施工过程实施样板引路;

b. 安排符合规定的各工种作业人员;

c. 按规定配备、使用建筑材料、构配件和设备、机具、检测设备;

d. 在施工过程中,主要是在前后工序之间,做好相关检查和监测;

e. 根据现场管理要求对施工作业环境进行控制;

f. 根据图纸要求采用新材料、新工艺、新技术、新设备的,应按规定履行相应的审批程序;

g. 科学安排施工进度,解决好质量与进度的矛盾;

h. 对半成品、成品采取保护措施并有效监管或维护。

② 劳务分包队伍应配合承包单位项目部建立施工过程中的质量管理记录,按相关规定要求,主要内容包括:

a. 施工日记和专项施工记录;

b. 交底记录;

c. 上岗培训和岗位资格证书;

d. 施工机具和检验、测量及试验设备的管理记录;

e. 图纸的接收和发放、设计变更的相关记录;

f. 监督检查和整改、复查记录;

g. 质量管理相关文件;

h. 工程项目质量管理策划书中规定的其他记录。

(5) 劳务分包作业过程质量检查和验收

劳务分包队伍应建立并实施施工质量检查制度,检查和验收活动应由具备相应资格的人员实施。

1) 施工质量检查

① 劳务分包队伍应对施工质量检查进行策划，包括质量检查的依据、内容、人员、时间、方法和记录。

② 劳务分包队伍现场管理人员应根据检查策划安排和施工质量验收标准实施检查。

③ 劳务分包队伍质量检查活动应接受施工总包方的监管。

2) 施工质量验收

① 劳务分包队伍应按承包人的书面指示，参加与其劳务作业有关的分部分项工程的施工质量验收。

② 劳务分包队伍在完成全部劳务作业后，向承包人提交完工报告，通知承包人验收，并参加承包人组织的完工验收。

③ 参加建设单位组织的竣工验收。

④ 劳务分包队伍应按合同确定的责任和义务对其施工质量负责。

3. 劳务分包作业过程的进度管理

劳务分包作业过程的进度管理是指根据科学合理的进度计划进行施工，在实施过程中，通过经常性的检查，对实际进度不符合计划进度的情况及时分析原因，并采取必要调整和修改原进度计划再付诸实施的过程。

(1) 劳务分包进度管理体系

为了更好地使劳务分包进度管理在工程管理中实现规范化、标准化，确保工程施工进度满足相关要求，履行好合同规定的权利、义务，劳务分包队伍应建立劳务分包项目进度管理体系，见图5-5。

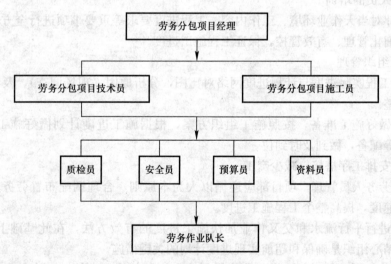

图5-5 劳务分包项目进度管理体系

(2) 进度过程控制

根据承包人编制的施工组织设计，劳务分包企业要有针对性地编制劳务作业方案，其中包括进度过程控制。

1) 进度计划的分解

一个科学合理的进度计划是工程进度目标按期实现的重要前提，劳务分包队伍要全面调查研究，预测、评估各种因素尤其是自身因素对工程进度产生的影响，对项目进度计划进行层层分解制定出自身的切实可行的进度计划。

① 施工进度计划编制包括月进度计划、季进度计划、总进度计划，必要时还可编制周/旬进度计划。

② 劳务项目部必须就确定进度计划中的关键工序和阶段验收的时间对劳务作业队进行详细的交底，确保劳务队针对进度计划合理安排劳务人员和物资。

③ 在确保工程质量和施工安全的原则下，进度应实施动态控制，应采取有效措施有效进行纠偏。

2) 劳务队伍管理

劳务队伍的管理是影响工程施工进度的关键因素，劳务员应加强现场劳务队伍的检查监管，项目部制订相应激励和奖罚措施，提高队伍管理水平，为保证施工进度计划的顺利完成创造条件。

① 劳务队伍人员管理

劳务队伍必须服从项目部管理，必须在规定时间内保质保量完成项目部下达的工作任务，确保工程进度目标。对无特殊原因不按时完成进度工作任务的，项目部有权另行安排其他劳务队伍施工，造成的损失由责任劳务队伍承担。

劳务队伍必须配备相应的施工管理人员，做到既能传达项目部的施工任务，又能监督、指导作业人员按照各方要求及时完成任务。

劳务队伍中特殊、关键岗位作业人员和主要技术工种人员必须持证上岗。

② 劳务人员的培训

项目部针对当天作业环境、工作内容、工程进度要求等重要事项进行全方位交底，促进劳务队伍细化管理、有效管控，保证工程施工进度。

3) 施工组织管理

① 建立工程实际进度与计划进度网络对比图，分析原因（现场调查），及时采取措施进行进度调整。

② 充分做好施工准备，按照施工组织方案，根据施工进度计划做好施工所需材料、劳动、机具等配备，做到及时到位。

③ 科学安排工序搭接，减少窝工。

④ 强化劳务人员管理。项目部应遵循以人为本原则，合理调配布置劳务人员，以提高施工作业速度，提高整个工程施工进度。

⑤ 分段进行平行流水和交叉作业加快施工进度的有效方法，在此基础上见缝插针、精心施工、精心组织是确保和超前实现进度计划的关键措施。

⑥ 劳务分包项目部要积极为劳务队伍创造良好条件施工环境，减少外界因素对工程进度的影响。

4) 施工技术管理

① 周密和针对性地编制进度控制方案和实施细则。

② 尽可能应用新技术、新工艺、新设备和新材料提高施工效率，确保施工工程进度。

③ 应用各种管理软件，对网络计划、计划统计和劳动力调配等进行全过程管理，提升管理水平、加强施工进度控制。

④ 劳务分包单位通过成立专门技术组，加强技术管理力度，加强与相关方沟通，建议优化设计，减少因设计而造成的返工，从而保证工程施工优质高速。

5）劳务分包进度款管理

① 建立健全劳务分包工程支付制度，保障工资及时足额发放，规避群体事件造成工程延期。

② 完善劳务人员工资发放的程序和监督。

③ 明确进度款拨付流程。

5.4 劳务费用的结算与支付

5.4.1 劳务人员工资的计算方式

劳务人员工资是指施工劳务企业依据有关法律法规的规定和劳动合同的约定，以货币形式支付给形成劳动关系或提供劳务的劳动者的劳动报酬。

1. 劳务人员工资的计算方式

根据有关法律法规的规定，劳务人员工资可以采用下列任何一种方式计算：

（1）固定劳务报酬（含管理费）

（2）非固定劳务报酬（含管理费）

1）约定不同工种劳务的计时单价（含管理费），按确认的工时计算；

2）约定不同工作成果的计件单价（含管理费），按确认的工程量计算。

采用固定劳务报酬方式计价的，确定劳务报酬的合计总额。

采用计时单价方式计价的，分别说明不同工种劳务的计时单价。

采用计件单价方式计价的，分别说明不同工作成果的计件单价。

2. 工时及工程量的确认

采用固定劳务报酬方式的，施工过程中不计算工时和工程量。按照劳动合同的约定，按时支付劳务工人工资。

采用按确定的工时计算劳务报酬的，由劳务作业承包人每日将提供劳务人数报劳务作业发包人，由劳务作业发包人与承包人双方进行确认。按照双方确定的人数，按照劳务分包合同约定的时间支付劳务工人工资。

采用按确认的工程量计算劳务报酬的，由劳务作业承包人按月（或旬、日）将完成的工程量报劳务作业发包人，由劳务作业发包人确认。对劳务作业承包人未经劳务作业发包人认可，超出设计图纸范围和因劳务作业承包人原因造成返工的工程量，劳务作业发包人不予计量。对于不可抗力造成的劳务作业人员的误工损失，由施工劳务企业承担。

3. 劳务人员工资的支付方式

采用固定劳务报酬方式支付劳务报酬款的，劳务作业承包人与劳务作业发包人可在劳务分包合同中约定。可按下列方法支付：

(1) 合同生效即支付预付款，这种付款方式劳务作业发包人承担的风险较大。
(2) 中间支付，这种付款方式劳务作业发包人和劳务作业承包人风险均摊。
采用非固定劳务报酬的，即计时单价或计件单价方式支付劳务报酬的，劳务作业承包人与劳务作业发包人双方可在劳务分包合同中约定支付方法。

4. 劳务人员工资的最终支付

全部分包工作完成，经劳务作业发包人认可后28天内，劳务作业承包人向劳务作业发包人递交已完工程的完整结算资料，双方按照劳务分包合同约定的计价方式，进行劳务报酬的最终支付。劳务作业发包人收到劳务作业承包人递交的结算资料后28天内进行核实，给予确认或者提出修改意见。劳务作业发包人在收到结算资料后28天内没有提出异议的，视为已对结算资料确认。劳务作业发包人确认结算资料后28天内向劳务作业承包人支付劳务报酬余款。劳务作业承包人和劳务作业发包人对劳务报酬结算价款发生争议时，按双方在劳务分包合同中约定的方式进行处理。

5.4.2 劳务费结算与支付管理的程序

1. 劳务费的结算

(1) 劳务分包合同是明确合同双方责任、权利和义务的法律文件，是劳务费结算的重要依据。项目部应及时签订劳务分包合同，必须本着先签订劳务分包合同后动工的原则。

(2) 劳务分包合同的签订要遵循"工料分开"的原则。劳务分包人没有采购主要材料和提供大型设备的义务，因此主材采购、大型设备租赁不得在劳务分包合同中约定；同时严格区分和界定劳务费与人工工资范围，并在合同中注明。

(3) 劳务费是劳务工人工资支付的来源，相关单位要按月结算。当月完成的工作量应在劳务分包合同专用条款约定的时间内完成结算；劳务分包作业完工并经承包人验收合格之日起28天内向承包人提交完工结算申请单和完整的结算资料，承包人在收到完工结算申请单之日28天内予以审核确认。承包人要加强劳务费结算管理工作，做到总分包双方底数清晰，避免发生争议和因此引发恶意讨要工资事件。

2. 劳务费支付管理程序

(1) 承包人项目部负责进场劳务人员实名制管理，负责现场劳务人员花名册与工资发放表的核对，依据实际情况填报《劳务费兑付单》，并附劳务分包企业劳务人员工资发放表上报审核。

(2) 承包人负责审核劳务分包企业分包合同签订、备案情况，审核劳务费结算情况；根据预留资金情况制定兑付方案，决定支付额度。

(3) 承包人负责审核《劳务兑付单》以及分包企业工资发放表，确定无误并签订后，按规定向分包企业支付劳务费。

(4) 当劳务费支付到劳务分包企业后，承包人项目部要监督分包企业将工资发放到劳务工人本人手中，限期回收有工人本人签字的工资发放表，报总承包企业存档备查。

(5) 承包人应对相关单位劳务费发放过程进行监督检查，及时纠正和处理劳务费发放中出现的违规问题，保证劳务工人工资支付到位。

5.4.3 劳务费结算与支付管理的要求

1. 劳务费结算的要求

(1) 劳务费的结算应当做到月清月结或按劳务分包合同约定执行。项目承包人对劳务费用的结算支付应高度重视,把它看作社会和谐稳定的一项工作来做,项目经理和劳务员应监督劳务分包队伍对劳务工人工资同样做到月清月结,也可按劳动合同约定执行,总之,必须确保劳务工资按时足额发放给劳务工人本人。

(2) 月清月结支付的劳务费应当保障劳务分包队伍每月支付劳务人员基本工资人均不低于工程所在地最低工资标准,合同另有约定的按合同约定。不管采用上述何种方式结算支付,每年年底前都要做到100%支付。

(3) 劳务员要检查劳务分包人拿到月清月结的劳务费后的二次分配,以保证每名出勤工作的劳务工人拿到应得的工资。

2. 劳务费支付管理的要求

(1) 劳务工程款及劳务民工工资支付的基本要求

1) 为进一步规范建筑企业工资支付行为,切实保障建设领域劳务民工合法报酬权益,相关企业必须严格按照《劳动法》、《工资支付暂行规定》和《最低工资规定》等有关法规文件支付劳务民工工资,不得拖欠或克扣。

2) 承包人应当做到对劳务施工队劳务费月结(月)季清,或按劳务分包合同约定执行;同时应负责监督劳务企业对劳务民工工资月清月结或按劳动合同约定执行,督促其依法支付劳务民工工资。

3) 相关建筑企业应当依据劳动合同约定的劳务民工工资标准等内容,按照依法签订的集体合同或劳动合同约定的日期按月支付工资,并不得低于当地最低工资标准。

4) 建筑业企业应将工资直接发给劳务民工本人,严禁发给"包工头"或其他不具备用工主体资格的组织和个人。企业可以在工程项目所在地银行开设专用账户,并在专用账户开户银行为每位劳务民工办理个人工资账户,与银行签订代发工资协议,委托银行代发工资。

5) 承包人要按规定建立劳务民工工资预留账户,在甲方支付工程款时按比例预留劳务费,由此统一管理并及时支付到劳务分包企业账户,相关部门监督劳务企业及时将工资支付到劳务民工手中。

6) 承包人与劳务分包人应当依法签订分包合同,必须明确约定支付劳务工程款的时间、结算方式以保证按期支付的措施。按规定只能向劳务分包企业支付劳务工程款,不得向无资质的个体承包人支付,不得以实物或有价证券等形式抵付。

(2) 劳务民工工资预留账户的设立和管理

① 预留账户的开设

a. 凡使用劳务民工进行劳务分包、专业分包的施工总承包企业,均应建立"劳务工资支付预留账户",归企业所有,按规定使用和分配资金,专款专用,不得挪用。

b. 企业人力资源部负责监督和考核各项目部劳务工程款和民工工资支付工作。"劳务工自支付预留账户"设在企业财务部,财务部要保障资金安全,根据用工企业结算凭证,按规定程序及时支付。

② 预留账户设立的目的

建筑施工企业设立劳务民工工资预留账户，是在出现因用人单位的原因发生欠薪的情况下，专项用于支付劳务民工工资的一种应急保障措施。

③ 预留账户建账标准

a. 可以按照劳务分包总价款的10%计存，也可按劳务人工费占施工企业的产值比例预留。

b. 凡工程款回收后，各公司财务部门应按规定比例提取（附劳务队支付明细凭证）并在预留户中存放劳务民工工资，同时及时完成劳务分包队伍的劳务工程款结算和支付工作。

④ 预留账户的监督与管理

预留账户的资金属于承包人应付劳务分包价款的一部分，资金所有权属于劳务分包企业。资金的使用必须是在企业发生欠款时，专项用于支付所欠劳务民工的工资，不得用于垫支工程款、材料费等其他用途。

预留户应在银行单独开户，每个劳务分包企业单独建账，由承包人与劳务分包企业共同管理。

预留户户名应与发包单位在本市的基本存款账户户名相同，承包人基本存款户在外地开设的，预留户户名与其在本市开设的临时存款户户名相同。

在一个工程项目建设工期内，建筑施工企业发生拖欠劳务工工资时，劳动保障部门责令其限期补发；逾期不能补发的，劳动保障部门按照国务院《劳动保障监察条例》的规定进行处罚。

⑤ 预留账户的启用条件

在一个工程项目建设工期内，有下列情形之一的，劳动保障行政部门和建设行政主管部门有权要求其用预留户资金支付劳务工工资：

a. 承包人未按合同约定支付工程款或劳务分包价款，造成劳务分包企业拖欠劳务工工资的；

b. 劳务分包企业未按照《工资支付暂行规定》或劳动合同约定支付工资，造成拖欠劳务工工资的；

c. 劳务分包企业因生产经营困难，暂时无法按时足额支付劳务工人工资的；

d. 其他可能造成一定规模劳务工工资拖欠的。

承包人或劳务分包企业发包或转包给不具备用工主体资格的组织或个人，该组织或个人拖欠劳务工工资时，承包单位或劳务分包企业应当直接向劳务工支付所拖欠的工资，不得启用预留户资金。

预留户资金的启用，应当接受劳动保障行政部门和建设行政部门的监督，确保将企业拖欠的工资直接支付给劳务工本人。

⑥ 预留户存款差额的补齐方法。工程项目未完工，劳务分包企业追加使用农民工或预留资金被启用的，承包人应当按照本账户标准的规定，在30日内补齐账户中的资金。

⑦ 预留户的撤销。工程项目竣工后，经承包人、劳务分包企业及工会组织（或劳务工代表）联合确认，没有拖欠劳务工工资情形的，可以办理撤销预留户的有关手续。账户中的存款余额，应转账到劳务分包企业。

⑧ 如何签订《设立劳务工人员资预留账户协议书》：

承包人与劳务分包企业就预留户设立等有关事项经协商达成一致意见后，应签订《设立劳务人员工资预留账户协议书》（以下简称《协议书》，样本见附件）。

《协议书》应当载明甲、乙双方单位的名称、地址、承建的工程项目名称、工程总造价、工程预计总工期、劳务分包价款金额、劳务分包合同的预计工期、使用劳务工工人数等基本情况，并按照有关规定约定以下条款：

  a. 预留户的设立方式及建账标准；
  b. 预留户的监督与管理；
  c. 预留户的启用条件；
  d. 预留户款差额的补齐办法；
  e. 预留户的销户条件及存款余额的处理；
  f. 违约责任及经济补偿；
  g. 发生争议的处理方式。

《协议书》应由甲、乙双方法定代表人或委托代理人签字，并加盖公章。《协议书》甲、乙双方各执一份，并抄报当地劳动和社会保障局和建设主管局备案。

双方签订协议以后，应认真遵守履行，任何一方违约，应承担违约给对方造成的全部损失。

在协议履行过程中，发生争议的，双方协商解决；协商不成，可以向法院提起诉讼。

附件：

设立劳务人员工资预留账户协议书
（样本）

甲方（承包人）：
地址：
承建的项目名称：
工程总造价：
预计日期：自　　年　　月　　日至　　年　　月　　日

乙方（劳务分包人）：（盖章）
地址：
分包的内容：
预计工期：自　　年　　月　　日至　　年　　月　　日
劳务分包价款：_____
使用的劳务人员人数：_____

  为按时足额支付劳务人员工资，依据《工资支付规定》和《建筑施工企业设立农民工工资预留账户的指导意见》的规定，甲乙双方经平等协商一致，自愿签订本协议，并共同遵守本协议所列条款。

一、甲方承诺按照承包合同支付乙方的劳务分包价款。

二、乙方承诺每月至少支付一次在本项目务工的农民工工资,且支付部门不低于当地最低标准,不拖欠在本项目务工的农民工工资。

三、农民工工资预留户的设立预管理:双方选择适用,在选定方式前括号内划"√"

(   )1、甲、乙双方在银行设立共管账户,甲方按照应付给乙方劳务分包价款的____%计提存入共管账户,作为支付农民工工资的专用资金,由双方共同管理。

(   )2、甲、乙双方在银行设立共管账户,甲方根据乙方的用工人数按照____个月的最低工资标准计提存入共管账户,作为支付农民工工资的专用资金,由双方共同管理。

四、预留户的资金专款专用,任何一方不得以人和理由挪作他用。

五、预留户资金的启用:

在一个工程项目建设工期内,有下列情况之一的,区县劳动保障行政部门和建设行政主管部门有权要求启用预留户资金支付农民工工资:

(一)甲方未按合同约定支付工程款或劳务分包价款,造成乙方拖欠农民工工资的;

(二)乙方不能按照《工资支付规定》或劳动合同约定支付工资,造成拖欠农民工工资的;

(三)因乙方生产经营困难,暂时无法按时足额支付农民工工资的;

(四)其他可能造成一定规模农民工工资拖欠的。

六、预留户的补齐

工程未完工,乙方追加使用农民工或预留户资金被启用的,甲方应在30日内按照本协议第三条的方式和标准补足预留户资金的差额。

七、预留户的撤销

乙方承包等项目完工,全部农民工工资足额发放后,双方协商取消该账户,账户内资金转账到乙方账户。

八、预留户的监督

甲乙双方设立、启用预留户资金时,应当征求企业工会或农民工代表的意见,并接收企业工会或农民工代表的监督。

甲乙双发有关预留户的启用、补齐及撤销应接受区、县劳动保障部门和建设行政主管部门的监督。

九、甲乙双方约定本协议增加以下内容:

_____

_____

十、违约责任及争议解决方式

本协议生效以后,双方应认真履行,如有违约,将承担因违约给对方造成的损失。

本协议履行过程中,如有争议,双方协商解决;协商不成通过法律途径解决。

十一、本协议附件:双方劳务分包合同书。

十二、本协议经甲、乙双方签字盖章生效,甲、乙双方各执一份,并分别抄报区、县劳务保障行政部门和建设行政主管部门备案。

甲方：（盖章）　　　　　　　　　乙方：（盖章）
法定代表人：　　　　　　　　　　法定代表人：
委托代理人：　　　　　　　　　　委托代理人：
联系电话：　　　　　　　　　　　联系电话：

5.4.4 劳务费结算支付报表制度

1. 对劳务费结算支付情况实行报表制度。

（1）劳务分包队伍每月向总包项目部报送劳务费及工资支付情况报表。每月编制劳务工人工资发放记录表，如实记录支付单位、支付时间、支付对象、支付数额等工资支付情况，并要求工人代表、分包企业负责人、项目经理三方签字后，报总包项目部和总包企业财务部备查，并作为支付劳务人工费的依据，同时分包方在发放工资时，项目部必须有人参加并监督。劳务工人工资发放记录表在工人生活区要公示3天以上。

（2）劳务分包队伍每季度向总包项目部报送劳务用工人数及劳动报酬支付情况统计表，项目部审核后，报公司劳务主管部门汇总并上报上级主管部门。

（3）总包企业每季度对所有分包队伍劳务工工资支付情况进行统计检查，并将检查情况在企业范围内进行通报。

（4）若劳务分包队伍违反国家工资支付规定拖欠克扣劳务工工资的，应记入分包考核档案，并通报批评。如因拖欠克扣工资引起上访，造成不良影响的，从合格分包商名录中剔除，不再使用。

2. 考勤与工资表管理

劳务员负责建立日常人员流动台账，及时掌握务工人员流动情况。劳务企业现场负责人每日向项目部上报现场施工实际人员数，每周上报施工现场人员考勤情况，劳务员通过对比施工现场人员流动情况，核对现场人员花名册，确定人员增减情况，若审查出未在花名册人员及时要求劳务企业现场负责人按规定办理相关手续或予以清退。

劳务工资一般按照当月完成工作量的情况，每月结算。结算劳务费时，项目劳务负责人应编制劳务人员工资表，表中人员必须与考勤相一致，由劳务员会同项目负责人和劳务负责人对本月应发劳务工资审核，由项目部足额发给劳务工人。劳务负责人在每月申领劳务工资时，必须提供上月已发的且有劳务人员本人签字以及劳务负责人签字、相关劳务企业盖章的工资单报给项目部劳务员备案，以鉴定劳务工资是否发给了员工本人。表5-5为劳务人员工资表的样表，供参考。

劳务人员工资表　　　　　　　　　　　　　　表5-5

项目名称：　　　　　　　　　　　　　　　　　年　月　日

序号	姓名	工种	出勤工日	日工资	工资总额	支出部分				本月实际支付	未支付额	领款人签字	备注
						预支费	生活费	罚款	其他				

续表

序号	姓名	工种	出勤工日	日工资	工资总额	支出部分					未支付额	领款人签字	备注
						预支费	生活费	罚款	其他	本月实际支付			

填报单位（章）：　　　　　劳务负责人签字：　　　　　劳务员
填报日期：　年　月　日　　　　　　　　　　签订日期：　年　月　日

5.5 评审劳务分包合同

劳务分包合同是明确项目承包人和劳务分包人双方责任、权利、义务主要内容的协议。劳务分包合同评审是指在签订劳务分包合同前，由合同双方当事人对合同文件的评估、审查和有行政主管部门在进行劳务合同备案过程中的合同文件审查这两种情形。合同当事人的评估、审查目的是为了尽量确保本劳务分包合同内容条款全面，表述清晰、准确，责任、权利和义务分配公平；行政主管部门审查的目的是为了保障劳务合同内容合法，最大限度地维护合同当事人的合法权益。

5.5.1 评审劳务分包合同的内容与条款

评审劳务分包合同的内容与条款的主要依据是2014版《建设工程施工劳务分包合同（示范文本）》。由于《建设工程施工劳务分包合同（示范文本）》是推荐性规范，而非强制性规范，因此我们在进行劳务分包合同的内容与条款的评审时，首先必须确定合同双方是否采用2014版《建设工程施工劳务分包合同（示范文本）》，如果采用该版本，就与该版本的内容和条款进行对照审查。如果采用旧的版本或没有采用示范文本，主要审查与2014版《建设工程施工劳务分包合同（示范文本）》表述不同的地方。分析其正确性，如有歧义按2014版《建设工程施工劳务分包合同（示范文本）》进行更正。

1. 2014版《建设工程施工劳务分包合同（示范文本）》的特点

（1）2014版劳务分包合同相对2003版劳务分包合同，在合同结构安排和合同要素的设置上更为科学合理。2003版劳务分包合同结构体系的设置相对繁多，且与2013版《建设工程施工合同（示范文本）》无法有效衔接。2014版劳务分包合同对合同体系进行了全面、系统的梳理，在合同要素上进行优化和补充，体例上充分适应2013版《建设工程施工合同（示范文本）》，由合同协议书、通用条款和专用条款三个部分组成，其中合同协议书 9 条，通用合同条款 19 条。

（2）强调了承包人的现场管理义务，由承包人编制施工组织设计，劳务分包人根据承包人的施工组织设计编制劳动力供应计划报承包人审批，承包人全面负责现场的安全生产、质量管理以及工期计划等，承包人有权随时检查劳务作业人员的持证上岗情况，同时明确劳务分包人不得对工程提出变更，通过合同引导承包人加强现场管理。

（3）强调了劳务分包人对劳务作业人员的管理义务，合同约定劳务分包人应当向承包人提交劳务作业人员花名册、与劳务作业人员签订的劳动合同、出勤情况、工资发放记录以及社会保险缴纳记录等，通过合同引导当事人合法履约，并有效缓解目前广泛存在的拖欠劳务人员工资以及不依法为劳务人员缴纳社会保险引发的社会稳定问题。

（4）明确约定了承包人不得要求劳务分包人提供或采购大型机械、主要材料，承包人不得要求劳务分包人提供或租赁周转性材料，完善了以劳务分包之名进行专业分包甚至转包的防范措施，以促进劳务市场的有序发展。

（5）从引导施工劳务企业提高劳务管理水平角度出发，同时也是为了与 2013 版《建设工程施工合同（示范文本）》有效衔接，2014 版劳务分包合同设置了逾期索赔失权条款，从而督促劳务分包人加强现场管理措施，及时申请索赔，避免由此给劳务分包人造成经济损失。

（6）劳务分包人应保证其劳务作业质量符合合同约定要求，在隐蔽工程验收、分部分项工程验收以及工程竣工验收结果表明劳务分包人劳务作业质量不合格时，劳务分包人应承担整改责任，强调劳务分包人的质量合格义务。

（7）2014 版劳务分包合同的价格形式包括单价合同、总价合同以及双方当事人在专用合同条款中约定的其他价格形式合同，其中单价合同又包括工程量清单劳务费综合单价合同、工种工日单价合同、综合工日单价合同以及建筑面积综合单价合同，并对不同价格形式分别约定了计量及支付方式，便于当事人选择适用。

2. 2014 版《建设工程施工劳务分包合同（示范文本）》介绍

2014 版《建设工程施工劳务分包合同（示范文本）》与 2013 版《建设工程施工合同（示范文本）》一样，由合同协议书、通用合同条款和专用合同条款三部分组成，最后有一个附件：机具、设备、材料供应计划表。其主要内容有：

<h3 style="text-align:center">第一部分 合同协议书</h3>

承　包　人：_____
劳务分包人：_____

根据《中华人民共和国合同法》、《中华人民共和国建筑法》及有关法律规定，遵循平等、自愿、公平和诚实信用的原则，双方就_____工程劳务作业承包事项协商一致，共同达成如下协议：

一、总包工程概况

1. 总包工程名称：_____
2. 总包工程地点：_____
3. 总包工程立项及批准文号：_____

二、劳务分包作业范围

劳务分包作业范围及内容：_____

三、劳务分包作业期限

计划开始日期：_____年____月____日

计划完工日期：_____年____月____日

作业总日历天数为：_____天。作业总日历天数与根据前述计划开始、完工日期计算的天数不一致的，以作业总日历天数为准。

四、劳务作业质量标准

劳务作业质量应符合_____标准，并符合承包合同有关质量的约定。

五、劳务分包合同价格

1. 签约合同价为：_____元（人民币），大写：_____元。

2. 合同价格形式：_____。

六、劳务分包人资质

资质证书编号：_____

资质专业及等级：_____

七、合同文件构成

本协议书与下列文件一起构成合同文件：

1. 中标通知书（如果有）；

2. 投标函及其附录（如果有）；

3. 专用合同条款及其附件；

4. 通用合同条款；

5. 技术标准和要求；

6. 图纸；

7. 已标价工作量清单或预算书（如果有）；

8. 其他合同文件。

在合同订立及履行过程中形成的与合同有关的文件均构成合同文件的组成部分。

上述各项合同文件中包括合同当事人就该项合同文件所做出的补充和修改，属于同一类型内容的文件应以最新签署的为准。

八、承诺

1. 承包人承诺按照劳务分包合同约定的期限和方式支付合同价款。

2. 劳务分包人承诺，按照法律规定及合同约定组织完成劳务分包工作，确保劳务作业质量和安全，不进行转包及再分包，并按时足额的向劳务作业人员发放工资。

3. 承包人和劳务分包人通过招标投标形式签订合同的，双方理解并承诺不再就同一工作另行签订与合同实质性内容相背离的协议。

九、附则

1. 合同订立时间：_____年____月____日

2. 合同订立地点：_____

3. 本合同自_____生效。

4. 本合同一式_____份，具有同等法律效力，承包人执_____份，劳务分包人执_____份。

承包人： （公章）	劳务分包人： （公章）
法定代表人或其委托代理人： （签字）	法定代表人或其委托代理人： （签字）
组织机构代码：_____	组织机构代码：_____
地　　址：_____	地　　址：_____
邮政编码：_____	邮政编码：_____
法定代表人：_____	法定代表人：_____
委托代理人：_____	委托代理人：_____
电　　话：_____	电　　话：_____
传　　真：_____	传　　真：_____
电子信箱：_____	电子信箱：_____
开户银行：_____	开户银行：_____
账　　号：_____	账　　号：_____

第二部分　部分通用合同条款的有关规定

通用合同条款是根据法律、行政法规规定及建设工程施工劳务分包的需要订立，通用于建设工程施工劳务分包的条款。2014版《建设工程施工劳务分包合同（示范文本）》通用合同条款共有19条，主要涉及以下几个方面：

二、合同双方一般义务

（一）承包人一般义务

1. 承包合同提供

承包人应提供承包合同供劳务分包人查阅。当劳务分包人要求时，承包人应向劳务分包人提供一份承包合同的副本或复印件，但有关承包合同的价格和涉及商业秘密的除外。

2. 劳务作业现场和工作条件

除专用合同条款另有约定外，承包人至迟不得晚于开始工作日期7天前向劳务分包人交付具备劳务作业条件的劳务作业现场。

除专用合同条款另有约定外，承包人负责提供劳务作业所需要的劳务作业条件，包括：

（1）将作业所需的用水、电力、通信线路等必需的条件接至劳务作业现场内；

（2）向劳务分包人提供劳务作业所需要的进入劳务作业现场的交通条件；

（3）向劳务分包人提供劳务作业所需的工程地质和地下管网线路资料；

（4）完成办理劳务作业所需的各种证件、批件等手续，但涉及劳务分包人需依法自行办理的手续除外；

（5）按照专用合同条款约定提供的劳务作业人员住宿等其他设施和条件。

3. 承包人项目经理

承包人应在专用合同条款中明确其派驻劳务作业现场的项目经理的姓名、职称、注册执业证书编号、联系方式及授权范围等事项，项目经理经承包人授权后代表承包人履行合同。

4. 作业安全与职业健康

承包人应认真执行安全技术规范，严格遵守安全制度，制定安全防护措施，提供安全防护设备，确保施工安全，不得要求劳务分包人违反安全管理的规定进行劳务作业。对于承包人违反工程建设安全生产有关管理规定的指示，劳务分包人有权拒绝。

除专用合同条款另有约定外，承包人至迟应于开始工作日期7天前为劳务分包人雇用的劳务作业人员提供必要的膳宿条件和生活环境；膳宿条件和生活环境应达到工程所在地行政管理机关的标准、要求。承包人应按工程所在地行政管理机关的标准和要求对劳务作业人员的宿舍和食堂进行管理。

5. 作业期限与进度

承包人负责编制施工组织设计，施工组织设计应当包括如下内容：施工方案、施工现场平面布置图、施工进度计划和保证措施、劳动力及材料供应计划、施工机械设备的选用、质量保证体系及措施、安全生产与文明施工措施、环境保护与成本控制措施等，在劳务作业过程中，施工组织设计修订的，承包人应及时通知劳务分包人。

承包人负责工程测量定位、沉降观测、技术交底，组织图纸会审。

承包人应在计划开始工作日期7天前向劳务分包人发出劳务作业通知，作业期限自劳务作业通知中载明的开始工作日期起算。

因承包人原因未按计划开始工作日期开始工作的，承包人应按实际开始工作日期顺延作业期限，确保实际作业期限不低于合同约定的作业总日历天数。除专用合同条款另有约定外，因承包人原因导致未能在计划开始工作日期之日开始工作的，劳务分包人有权提出价格调整要求，延误期限超过90天的，劳务分包人有权解除合同。承包人应当承担由此增加的费用和（或）延误的期限，并向劳务分包人支付合理利润。

劳务分包人按约定完成劳务作业，必须由承包人或劳务作业现场内的第三方进行配合时，承包人应配合劳务分包人工作或确保劳务分包人获得该第三方的配合。

6. 机具、设备及材料供应

承包人在收到劳务分包人提交的机具、设备和材料供应计划并确认后，应按供应计划要求的品种、规格、型号、质量、数量和供应时间等组织货源并及时运入场地。

承包人提供的机具、设备应在安装调试完毕，确认运行良好后交付劳务分包人使用。承包人提供的材料在进场时应由劳务分包人负责验收，如材料的品种、规格、型号、质量、数量不符合要求，劳务分包人应在验收时提出，由此增加的费用和（或）延误的期限均由承包人承担。

除专用合同条款另有约定外，劳务作业所需的低值易耗材料，应由承包人提供。

（二）劳务分包人一般义务

1. 劳务分包人在履行合同过程中应遵守法律和工程建设标准规范，并履行以下义务：

（1）按照合同、图纸、标准和规范、有关技术要求及劳务作业方案组织劳务作业人员进场作业，并负责成品保护工作；

（2）承担由于自身原因造成的质量缺陷、工作期限延误、安全事故等责任；

（3）履行承包合同中与劳务分包工作有关的劳务分包人的义务，但劳务分包合同明确约定应由承包人履行的义务除外；

(4) 其他专用合同条款约定的劳务分包人应当承担的义务。

2. 劳务分包方的项目负责人

劳务分包人应在专用合同条款中明确其派驻劳务作业现场的项目负责人的姓名、身份证号、联系方式及授权范围等事项，项目负责人经劳务分包人授权后代表劳务分包人履行合同。

项目负责人应是劳务分包人正式聘用的员工，劳务分包人应向承包人提交项目负责人与劳务分包人之间的劳动合同，以及劳务分包人为项目负责人缴纳社会保险的有效证明。

项目负责人应常驻劳务作业现场，每月在劳务作业现场时间不得少于专用合同条款约定的天数。

劳务分包人违反上述约定的，应按照专用合同条款的约定，承担违约责任。

3. 劳务作业管理人员

除专用合同条款另有约定外，劳务分包人应在接到劳务作业通知后7天内，向承包人提交劳务分包人现场劳务作业管理机构及劳务作业管理人员安排的报告，其内容应包括主要劳务作业管理人员名单及其岗位等，并同时提交主要劳务作业管理人员与劳务分包人之间的劳动关系证明和缴纳社会保险的有效证明。

劳务分包人派驻到劳务作业现场的主要劳务作业管理人员应相对稳定。劳务分包人更换主要劳务作业管理人员时，应提前7天书面通知承包人，并征得承包人书面同意。通知中应当载明继任人员的执业资格、管理经验等资料。

4. 作业安全、职业健康和环境保护

劳务分包人应遵守工程建设安全生产有关管理规定，严格按安全标准进行作业，并随时接受行业安全检查人员依法实施的监督检查，采取必要的安全防护措施，消除事故隐患。发生安全事故后，劳务分包人应立即通知承包人，并迅速采取有效措施，组织抢救，防止事故扩大，减少人员伤亡和财产损失。

劳务分包人应按承包人统一规划堆放材料、机具，按承包人标准化工地要求设置标牌，负责其生活区的管理工作。

劳务分包人应当服从承包人的现场安全管理，并根据承包人的指示及国家和地方有关劳动保护的规定，采取有效的劳动保护措施。劳务分包人应依法为其履行合同所雇用的人员办理必要的证件、许可、保险和注册等。劳务作业人员在作业中受到伤害的，劳务分包人应立即采取有效措施进行抢救和治疗。

劳务分包人应按法律规定安排劳务作业人员的劳动和休息时间，保证其雇佣人员享有休息和休假的权利。

在合同履行期间，劳务分包人应采取合理措施保护劳务作业现场环境。对劳务作业过程中可能引起的大气、水、噪声以及固体废物等污染采取具体可行的防范措施。劳务分包人应当遵守承包人关于劳务作业现场环境保护的要求。

劳务分包人应承担因其原因引起的环境污染侵权损害赔偿责任，因上述环境污染引起纠纷而导致劳务作业暂停的，由此增加的费用和（或）延误的期限由劳务分包人承担。

5. 作业期限与进度

劳务分包人应当根据承包人要求以及施工组织设计，按照合同专用条款中约定的提供作业方案的时间，编制及修订提交劳务作业方案，劳务作业方案应包括劳动力安排计划、机具、设备及材料供应计划等。

劳务分包人应根据施工组织设计及劳务作业方案，组织劳务作业人员。

因劳务分包人原因造成作业期限延误的，劳务分包人应承担由此给承包人造成的损失，当事人也可在专用合同条款中约定逾期完工违约金的计算方法和逾期完工违约金的上限。劳务分包人支付逾期完工违约金后，不免除劳务分包人继续完成劳务作业及整改的义务。

6. 机具设备及材料供应

劳务分包人没有提供或采购大型机械、主要材料，以及不提供或租赁周转性材料的义务。

除专用合同条款另有约定外，劳务分包人应在收到承包人提供的施工组织设计之日起14天内，向承包人提交机具、设备、材料供应计划。

劳务分包人自行提供部分低值易耗材料以及小型机具的，并应在专用合同条款中对上述材料的范围给予明确。

合同当事人应在专用合同条款中约定承包人所供应设备、材料的合理损耗率，劳务分包人在上述损耗率的范围内对设备、材料进行合理使用。超出约定损耗率范围之外的设备、材料用量，由劳务分包人自行承担。

三、关于劳务作业人员管理相关规定

2014版《建设工程施工劳务分包合同（示范文本）》强调了劳务分包人对劳务作业人员的管理义务，通过合同引导当事人合法履约，有效缓解目前存在的拖欠劳务人员工资以及不依法为劳务人员缴纳社会保险引发的社会稳定问题。

（一）签订书面劳动合同

新版劳务合同通用条款对劳务用工作了签订劳动合同的规定：劳务分包人应当与劳务作业人员签订书面劳动合同，并每月向承包人提供上月劳务分包人在本工程上所有劳务作业人员的劳动合同签署情况、出勤情况、工资核算支付情况及人员变动情况的书面记录。除上述书面记录的用工行为外，劳务分包人承诺在本工程不存在其他劳务用工行为。

（二）支付劳务作业人员工资的规定

劳务分包人应当每月按时足额支付劳务作业人员工资并支付法定社会保险，劳务作业人员工资不得低于工程所在地最低工资标准，并于每月25日之前将上月的工资发放及社会保险支付情况书面提交承包人。否则，承包人有权暂停支付最近一期及以后各期劳务分包合同价款。

劳务分包人未如期支付劳务作业人员工资及法定社会保险费用，导致劳务作业人员投诉或引发纠纷的，承包人有权书面通知劳务分包人从尚未支付的劳务分包合同价款中代劳务分包人支付上述费用，并扣除因此而产生的经济损失及违约金，剩余的劳务分包合同价款向劳务分包人支付。书面通知应载明代付的劳务作业人员名单、代付的金额，劳务分包人应当在收到书面通知之日起7天内确认或提出异议，逾期未确认且未提出异议的，视为同意承包人代付。

（三）对劳务作业人员的管理

劳务分包人应当根据承包人编制的施工组织设计，编制与施工组织设计相适应的劳动力安排计划，劳动力安排计划应当包括劳务作业人员数量、工种、进场时间、退场时间以

及劳务费支付计划等，劳动力安排计划应当经承包人批准后实施。

劳务分包人应当组织具有相应资格证书和符合本合同劳务作业要求的劳务作业人员投入工作。劳务分包人应当对劳务作业人员进行实名制管理，包括但不限于进出场管理、登记造册管理、工资支付管理以及各种证照的办理。

承包人有权随时检查劳务作业人员的有效证件及持证上岗情况。特种作业人员必须按照法律规定取得相应职业资格证书，否则承包人有权禁止未获得相应资格证书的特种作业人员进入劳务作业现场。

承包人要求撤换不能按照合同约定履行职责及义务的劳务作业人员，劳务分包人应当撤换。劳务分包人无正当理由拒绝撤换的，应按照专用合同条款的约定承担违约责任。

四、关于劳务作业变化及价格调整

2014版《建设工程施工劳务分包合同（示范文本）》对劳务作业的变化以及变化后引起的价格调整作了比较明确的条款规定。

（一）有关劳务作业变化

除专用合同条款另有约定外，合同履行过程中发生以下情形影响劳务作业的，应按照本款约定进行调整：

1. 增加或减少合同中任何工作，或追加额外的工作；
2. 取消合同中任何工作，但转由他人实施的工作除外；
3. 改变合同中任何工作的质量标准或其他特性；
4. 改变工程的基线、标高、位置和尺寸；
5. 改变劳务作业的时间安排或实施顺序。

劳务分包人不得擅自调整劳务作业范围。

合同履行过程中如需对原工作内容进行调整，承包人应提前7天以书面形式向劳务分包人发出劳务作业变化通知，并提供调整后的相应图纸和说明。

劳务作业变化估价原则：

除专用合同条款另有约定外，因合同履行过程中发生劳务作业变化导致价格调整的，劳务作业变化估价按照本款约定处理：

1. 已标价工作量清单或预算书有相同作业项目的，按照相同项目单价认定；
2. 已标价工作量清单或预算书中无相同项目，但有类似项目的，参照类似项目的工艺复杂程度、劳动力市场状况以及原单价的相应组价比例认定；
3. 已标价工作量清单或预算书中无相同项目及类似项目单价的，按照合理的成本与利润构成的原则，由合同当事人协商确定作业单价。

本项约定的项目单价是指按照合同协议书中所选定的合同价格形式确定的工作量清单劳务费综合单价、工种工日单价、综合工日单价、建筑面积综合单价、已标价工作量清单或预算书载明的项目单价或合同当事人另行约定的项目单价。

劳务作业变化估价程序：

劳务分包人应在收到劳务作业变化通知后7天内，先行向承包人提交劳务作业变化估价申请。承包人应在收到劳务作业变化估价申请后7天内审查完毕，承包人对劳务作业变化估价申请有异议，通知劳务分包人修改后重新提交。承包人逾期未完成审批或未提出异议的，视为认可劳务分包人提交的劳务作业变化估价申请。

因劳务作业变化引起的价格调整应计入最近一期的进度款中支付。

劳务作业变化引起的作业期限调整：

因劳务作业变化引起作业期限变化的，合同当事人均可要求调整作业期限。合同当事人应结合劳务作业特点及技术难度，并参考工程所在地定额标准确定增减作业期限天数。合同当事人也可在专用合同条款中约定增减作业期限天数的方法。

（二）劳务作业价格调整

市场价格波动引起的劳务作业价格调整。

除专用合同条款另有约定外，市场价格波动超过合同当事人约定的范围，合同价格应当调整。合同当事人可以在专用合同条款中约定选择以下一种方式对合同价格进行调整：

第一种方式：采用造价信息进行价格调整。

合同履行期间，因人工费价格波动影响合同价格时，人工费按照国家或省、自治区、直辖市建设行政管理部门、行业建设管理部门或其授权的工程造价管理机构发布的人工费系数进行调整。但劳务分包人对人工费的报价高于发布价格的除外。

因劳务分包人原因造成作业期限延误，在作业期限延误期间出现市场价格波动的，由此增加的费用和（或）延误的期限由劳务分包人承担。

第二种方式：专用合同条款约定的其他方式。

法律变化引起的劳务作业价格调整。

基准日期后，法律变化导致劳务分包人在合同履行过程中所需要的费用发生除通用条款 9.1 所述"市场价格波动引起的劳务作业价格调整"约定以外的增加时，由承包人承担由此增加的费用；减少时，应从合同价格中予以扣减。基准日期后，因法律变化造成作业期限延误时，作业期限应予以顺延。

因劳务分包人原因造成作业期限延误，在作业期限延误期间出现法律变化的，由此增加的费用和（或）延误的期限由劳务分包人承担。

五、关于劳务合同的解除

（一）劳务分包合同的解除：

1. 出现下列情形的，合同当事人均有权解除本合同：

（1）因不可抗力导致合同无法履行连续超过 84 天或累计超过 140 天，合同当事人均有权解除合同；

（2）承包人与发包人的承包合同解除的，合同当事人均有权解除合同；

（3）专用合同条款约定的其他情形。

2. 出现下列情形的，承包人有权解除本合同：

（1）劳务分包人将本合同项下的劳务作业转包或再分包给他人的；

（2）劳务分包人劳务作业质量不符合本合同约定的质量标准且无法整改的；

（3）劳务分包人不按照本合同的约定提供符合作业要求的作业人员或不履行本合同约定的其他义务，其违约行为足以影响本工作的质量、安全、作业期限，且经承包人书面催告后未在合理期限内改正的；

（4）因劳务分包人原因导致劳务作业暂停持续超过 56 天不复工的，或虽未超过 56 天但已经导致合同目的不能实现的；

（5）劳务分包人未按照合同约定向劳务作业人员支付报酬，导致引发 10 人以上的群体性事件的；

（6）专用合同条款约定的其他情形。

3. 出现下列情形的，劳务分包人有权解除本合同：

（1）承包人不按照本合同的约定支付劳务分包合同价款超过56天的；

（2）因承包人原因导致劳务作业暂停持续超过56天不复工的，或虽未超过56天但已经导致合同目的不能实现的；

（3）专用合同条款约定的其他情形。

4. 承包人和劳务分包人协商一致的，可以解除本合同。

（二）合同解除后的处理：

合同解除后，承包人应及时与劳务分包人办理合同结算支付手续。

合同解除后，劳务分包人应妥善做好已完工作和剩余材料、设备的保护和移交工作，按承包人要求撤出劳务作业现场。承包人应为劳务分包人撤出提供必要条件。

合同解除后，不影响双方在合同中约定的结算和违约条款的效力。有过错的一方应当承担违约责任，并赔偿因合同解除给对方造成的损失。

合同解除退场。

除专用合同条款另有约定外，承包人提前7天向劳务分包人发出撤场通知，劳务分包人应当在承包人要求的期限内撤离劳务作业人员并办理好相关手续。若劳务分包人逾期撤离劳务作业人员，则应按照专用合同条款约定向承包人支付违约金。

六、关于不可抗力与保险的规定

（一）关于不可抗力

1. 不可抗力的确认 不可抗力是指合同当事人在签订合同时不可预见，在合同履行过程中不可避免且不能克服的自然灾害和社会性突发事件，如地震、海啸、瘟疫、骚乱、戒严、暴动、战争和专用合同条款中约定的其他情形。

不可抗力发生后，承包人和劳务分包人应收集证明不可抗力发生及不可抗力造成损失的证据，并及时认真统计所造成的损失。

2. 不可抗力的通知

不可抗力事件发生后，受不可抗力事件影响的一方，有义务立即通知另一方，并在力所能及的条件下迅速采取措施，尽力减少损失，另一方全力协助并采取措施。

不可抗力事件结束后48小时内，劳务分包人应向承包人通报受损情况，及预计清理和修复的费用；不可抗力事件持续发生时，劳务分包人应每隔7天向承包人通报一次损失情况。

不可抗力事件结束后14天内，劳务分包人应向承包人提交清理和修复费用的正式报告及有关资料。

3. 不可抗力后果的承担

不可抗力导致的人员伤亡、财产损失、费用增加和（或）作业期限延误等后果，由合同当事人按以下原则承担：

（1）承包人和劳务分包人承担各自人员伤亡和财产的损失；

（2）因不可抗力影响劳务分包人履行合同约定的义务，已经引起或将引起作业期限延误的，应当顺延作业期限，由此导致劳务分包人停工的费用损失由承包人承担；

(3) 因不可抗力引起或将引起作业期限延误，承包人要求赶工的，由此增加的赶工费用由承包人承担；

(4) 劳务分包人在停作业期限间按照承包人要求照管、清理和修复工程的费用由承包人承担。

不可抗力发生后，合同当事人均应采取措施尽量避免和减少损失的扩大，任何一方当事人没有采取有效措施导致损失扩大的，应对扩大的损失承担责任。

因合同一方迟延履行合同义务，在迟延履行期间遭遇不可抗力的，不免除其违约责任。

(二) 关于保险

1. 承包人应获得或办理的保险

承包人应当为运至劳务作业现场用于劳务作业的材料和待安装设备办理或获得保险，并支付保险费用。

合同当事人可在专用合同条款中约定承包人办理保险的时间及承包人不履行上述义务应承担的违约责任。

2. 劳务分包人应办理的保险

除专用合同条款另有约定外，劳务分包人应当为其从事危险作业的职工办理意外伤害保险，并为劳务作业现场内自有人员、自有财产办理保险，支付保险费用。

合同当事人可在专用合同条款中约定劳务分包人办理保险的时间及劳务分包人不履行上述义务应承担的违约责任。

3. 保险事故的处理

保险事故发生时，承包人和劳务分包人有责任采取必要的措施，防止或减少损失。

第三部分　专用合同条款

专用合同条款是对通用合同条款原则性约定的细化、完善、修改、补充或另行约定。2014版《建设工程施工劳务分包合同（示范文本）》的专用条款与通用条款一样共有19条，并且每一条款与通用条款对应一致。根据合同文件解释顺序，专用条款效力高于通用条款，即专用条款与通用条款不一致时，按专用条款执行。

5.5.2　评审劳务分包合同的主体与形式

1. 劳务合同备案前的合同评审

(1) 评审合同文本的合法性。

合同是平等主体的自然人、法人、其他组织之间设立、变更、终止民事权利义务关系的协议。建设工程施工劳务分包合同是施工总承包人或专业工程承包人将承包合同范围内的劳务作业委托给劳务分包人，由施工总承包人或专业工程承包人与劳务分包人之间签订的协议，是规范总承包人或专业工程承包人与劳务分包人的行为准则的合同。

2014版《建设工程施工劳务分包合同（示范文本）》是在我国2013版《建设工程施工合同（示范文本）》的基础上，根据有关工程建设的法律、法规，同时借鉴国际上广泛使用的主流合同的优点，结合我国工程建设施工的实际情况而制定的。因此，劳务分包合同示范文本与上述文本一样具有公正性、规范性、完备性、准确性和适用性等特点。那么本合同在签订的过程或合同的条款都必须是符合法律法规，并且是合同双方自愿意思的表现。

(2) 评审劳务分包人主体资格。

签订分包合同前要强化对签约对象的合法性审查，了解其基本情况，以规避签约风险，同时完善以下资料的审核、收集工作。

1) 证照审查：区分营业执照，看其是持《企业法人营业执照》的独立法人，还是持《营业执照》分支机构或其他经济组织，其意义在于两者主体均可签订合同，但签订建筑施工合同、劳务分包等合同主体应当是持《企业法人营业执照》的法人单位，因建筑施工领域奉行"项目法人责任制"，企业法人部门单位，较为常见的是项目部未经授权无权签订分包合同。

2) 资质审查：《建筑业企业资质管理规定》明确了国家对从事土木工程、建筑工程、线路管道设备安装工程、装修工程活动的建筑业企业实行资质管理，应审查签订分包合同的主体是否具有相关资质。最高院《关于审理建设工程施工合同纠纷案件适用法律问题的解释》（法释［2007］14 号）规定，未取得资质、借用资质、超越资质签订的合同均属无效合同。

3) 经办人审查：经办人系法定代表人的，可直接签订分包合同，无需单位授权；之外的任何委托代理人，应持单位出具的《授权委托书》及其身份证复印件，明确其身份和授权范围后方可签约。建筑工程领域内的合同涉及标的大，影响面广，《合同法》第 270 条规定该领域所签合同应当采用书面形式，分包合同亦不例外。签订合同的同时应强化、完善证据意识，注意收集签约对方的《企业法人营业执照》和《组织代码证》、《建筑企业资质证书》、《企业法人授权委托书》及委托代理人身份证复印件等各项资料，上述资料均需加盖单位公章以便今后核对真假。实践中，就发现诉讼阶段，对方提供营业执照上的公章与签约阶段所留存的公章印模不同；其次，可通过当地工商红盾网等相关部门查询营业执照及资质证真伪，同时与其单位联系核查签约人有无授权。

(3) 评审劳务分包人的履约能力和信誉。

劳务分包人的履约能力关系到工程项目最终成果的体现，劳务分包人拥有符合本项目施工的劳务工人的数量，分别在施工的每个阶段可以在现场操作的高级、中级等技术工人的比例或姓名；劳务分包人有否成功承包类似工程的经历；劳务分包人在业内的评价和信誉等等。

(4) 评审合同执行的价格形式和价款条款。

评审合同的价格形式属于单价的哪一种或还是总价合同。价款有定额单价（工日单价）、按工种计算劳务分包工程造价和按分项工程建筑面积确定承包价等三种方式。合同价款是双方协商约定的条款，要求在合同中明确确定。任何暂定价、暂估价、概算价等都不能作为合同价款，约而不定的价格不能作为合同价。

(5) 评审合同价款和调整条款。

劳务报酬一般采用合约一次包死，不再调整的方式，但发生下列情况时，固定劳务报酬或单价可以调整：

1) 以本合同约定价格为基准，市场人工价格的变化幅度超过约定的百分比，按变化前后价格的差额予以调整；

2) 后续法律及政策变化，导致劳务价格变化的，按变化前后价格的差额予以调整；

3) 双方约定的其他情形。

(6) 评审违约条款。

合同法规定违约方须承担违约责任并赔偿损失，劳务分包合同中违约金与赔偿金约定具体数额和具体的计算方法，这个约定要有可操作性，防止事后产生争议。

(7) 评审争议解决条款。

争议的解决方式可以自行和解或通过有关主管部门调解达到和解，任何一方不愿和解、调解或和解、调解不成的可以选择仲裁或诉讼的一种方式来解决争议。因此，双方究竟是选择仲裁还是选择诉讼，必须达成一致的意见。如果选择仲裁方式，当事人可以自主选择仲裁机构，而且仲裁不受级别地域管辖限制。如果选择诉讼方式，应当约定有管辖权的人民法院。

(8) 评审补充协议。

合同文件中没有约定或约定不明确的事宜，双方当事人可以协议补充。与主合同一样补充协议的条款必须符合国家现行的法律、法规，并与主体合同的精神一致。

2. 劳务合同备案过程中的合同审查

劳务合同备案过程中的合同审查，是指建设行政主管部门对备案的劳务分包合同签订的合法性的认可和合同实施过程中进行监督、检查。

目前我国在建设工程劳务分包合同的备案方面还没有制定相应的法律和规范，但是，有些地方在建设工程施工合同备案的同时把建设工程劳务分包合同也纳入了备案的范围。通过建设行政主管部门对合同双方主体资格的审查，对合同履行过程中定期对用工数量、劳动力来源、相应工种的资格证书以及上岗培训记录等监督检查，大大减少合同履行中的纠纷，减少诸如拖欠务工人员工资而造成的社会问题。

建设行政主管部门对劳务合同审查的内容有：

(1) 履行劳务分包合同的合同主体是否合法；

(2) 合同双方是否在本合同以外另行订立背离本合同实质性内容的其他协议；

(3) 劳务分包合同履行过程中的补充协议；

(4) 劳务分包合同备案、网上数据申报以及劳务分包合同履约信息报送情况；

(5) 劳务分包合同价款支付情况；

(6) 合同中涉及大型机械设备、周转材料和主要材料的提供、租赁、采购的责任是否明确。

5.5.3 评价劳务分包方施工与资源保障能力

对劳务分包方施工与资源保障能力的评价，主要包括两个方面：一是对施工劳务企业的施工能力进行评价；二是对施工劳务企业的资源保障能力进行评价。对这两方面评价会涉及施工劳务企业的管理、财务能力状况和经营行为及社会信用等。

1. 对施工劳务企业的施工能力进行评价的内容

(1) 施工劳务企业重视管理工作，有较高的管理意识和完善的管理体系。

1) 有符合本行业和企业特点的较完善的管理制度。主要包括企业用工制度、劳动合同管理制度等。

2) 有完善的组织管理体系。不仅仅是企业层面的组织管理体系，更重要的是工程项目部层面的组织管理体系。

3）遵守国家法律法规，注重建筑业法律法规的宣传、教育和学习。重点评价企业员工的培训情况。

（2）企业依法经营，具备与资质等级相匹配的经营规模和能力。

1）按照资质和核定的业务范围承揽工程，并自行完成承揽的工程，不转包、不违法分包。

2）不转借企业资质证书和营业执照，不挂靠其他企业投标。

3）不以行贿、回扣、买标、卖标、窃取商业秘密等不正当手段谋取中标，不串通投标，不围标。

4）诚实守信，公平竞争。不高估冒算，严格执行各项造价管理规定及各项取费标准的计价原则。

5）净资产、经营规模和人力资源水平达到资质等级规定的标准要求。

（3）企业注重现场管理，有较高的管理和履约能力。

1）有健全的质量管理体系和责任制，按规定对工程项目部进行考核。

2）坚持百年大计，质量第一。严格执行国家和地方强制性技术标准和相关管理规范和规程，工程质量合格率达到百分之百。

3）坚持安全生产，落实安全责任制。贯彻执行安全生产法律、法规和各项安全生产的规章制度，规范"安全许可证"的管理，杜绝和控制各类重大事故的发生。

4）坚持文明施工，严格执行建设工程施工现场场容卫生、环境保护、生活区设置和管理等标准，做好防尘、防噪、防遗洒等环保工作，达到环境噪声污染防治相关的要求。

5）认真贯彻《工程建设项目管理规范》，落实项目经理责任制，对项目进行目标考核，使项目运行规范、有效。

6）严格合同履约，认真执行竣工验收制度和质量保修有关制度。配合发包方依法办理合同的登记和备案。

7）合同台账和档案管理严谨，能够及时准确提供统计数据和有关资料。

2. 对施工劳务企业的资源保障能力进行评价的内容

（1）企业财务状况良好。

1）财务制度健全，内控制度完善，照章纳税。

2）企业资产负债率、资产保值增值和效益指标达到规定水平。

（2）遵纪守法，社会信用良好。

1）遵守工商、税收、环保等法律法规。

2）企业主要负责人的个人信用良好。

3）尊重、保障劳务工人的各种权益，依法处理好相关投诉，未发生严重影响社会稳定的事件。

4）银行（金融）信用良好。

5）自觉执行人民法院、仲裁机构依法做出的判决和裁定。

6）健全对劳务队伍的管理，按照国家地方有关政策规定支付劳务人员工资。

（3）人力资源充足

1）企业层面，满足住房和城乡建设部2015年《建筑业企业资质管理规定》（住建部令第 22 号）对企业主要人员的要求即：

① 技术负责人具有工程序列中级以上职称或高级工以上资格。

② 持有岗位证书的施工现场管理人员不少于 5 人，且施工员、质量员、安全员、劳务员等人员齐全。

③ 经考核或培训合格的技术工人不少于 50 人。

2）项目部层面，施工现场管理人员应满足保证工程顺利进行的数量要求，如果在劳务分包合同中约定按约定。施工现场劳务人员应满足总包方施工组织设计中规定的数量要求。

（4）物力资源丰富

企业应按劳务分包合同提供必需的小型机械及劳务人员日常工作必需的劳动工具。对于一些低值易耗的材料，按劳务分包合同执行。

5.5.4 监督劳务分包合同的实施

1. 劳务分包合同履行的原则

任何合同的履行都有原则的约定，劳务分包合同的履行必须坚持以下四点原则：

（1）遵守约定原则。劳务合同双方当事人都应当自觉地按照合同约定全面履行自己的义务，不得以其他义务或以赔偿金、违约金进行替代。一方没有按合同要求进行履行时，除承担违约责任外，还负有依照对方要求进行履行的义务。因此，遵守约定原则是劳务分包合同最基本的原则。

（2）诚实信用原则。《合同法》第六条规定："当事人行使权利、履行义务应当遵循诚实信用原则"。这是在市场经济社会中，要求人们在交易活动中讲究信用，恪守诺言，诚实不欺。遵循诚实信用原则，除强调合同当事人按照规定或合同约定全面履行合同义务外，更加强调合同当事人应当根据劳务合同的性质、目的和交易习惯，履行依据诚实信用原则所产生的新的附属义务。

（3）自愿协作原则。劳务合同是有签约双方本着自愿平等的精神而签署的，因此，履行合同的权利和义务也必须是合同当事人在自愿的基础上，双方本着团结协作、相互帮助的精神，履行各自应尽的义务，共同完成项目施工任务。

（4）遵守法律和行政法规的原则。合同的履行应当遵守法律、行政法规，尊重社会公德和公序良俗，不得扰乱社会经济秩序，不得损害社会公共利益。

2. 劳务分包合同履行的规则

规则是指由群众共同制定、公认或由代表人统一制定并通过的，由群体里的所有成员一起遵守的条例和章程，他可以是不成文的规定。社会由种种规则维持着次序，不管这种规则是人为设定的还是客观存在的，只要是规则，便具有制约性。

劳务分包合同的内容条款应当具体、明确和完整，如果由于某些原因导致某些条或条款约定不明确，合同当事人可以按照以下基本规则处理。

（1）协议补充规则。劳务分包合同当事人享有订立合同的自由，也享有"修补"合同漏洞的自由。如果合同存在漏洞，合同当事人可以通过协议来补充原合同约定的不明条款。

当事人按照合同订立原则，协商的一致意见，形成原合同的补充协议，与原合同共同构成完整的合同,具有同等的法律效力。

(2) 解释补充规则。在履行劳务分包合同时,遇到合同尚不明确的情况下,合同双方以合同内容和条款为基础,根据诚实信用原则和交易习惯,对合同中不明确的漏洞进行补充,达到完善合同的目的。

解释补充规则具体可以分为按合同条款补充和按交易习惯补充两种。

(3) 法定补充规则。若根据协议补充规则和解释补充规则仍不能完全补充劳务分包合同漏洞,合同内容仍然不明确的,可以根据《合同法》《价格法》及其他相关法律规定,对合同履行条款进行补充。

(4) 合同履行涉及第三人规则。当事人约定由债务人向第三人履行债务的,债务人未向第三人履行债务或履行债务不符合约定,债务人应当向债权人承担违约责任。

当事人约定由第三人向债权人履行债务的,第三人不履行债务或履行债务不符合约定,债务人应当向债权人承担违约责任。

(5) 双务合同履行中的抗辩权规则。在双务合同中,双方都应当履行自己的债务。抗辩权是指一方不履行或者有可能不履行合同约定的债务时,另一方可以拒绝对方履行要求的权利。

(6) 当事人资格变更后的履行规则。债权人分立、合并或者变更住所没有通知债务人,致使履行债务发生困难的,债务人可以终止履行或者将标的物提存。

合同生效后,当事人均不得因为姓名、名称的变更或者法定代表人、负责人、承办人的变动而不履行义务,否则将承担法律责任。

(7) 提前履行的规则。除债务人提前履行债务不损害债权人利益外,债权人可以拒绝债务人提前履行债务。因债务人提前履行债务给债权人增加费用的,其费用由债务人负担。

(8) 部分履行的规则。除债务人部分履行债务不损害债权人利益外,债权人可以拒绝债务人部分履行债务。因债务人部分履行债务给债权人增加费用的,其费用由债务人负担。

3. 劳务分包合同的履约保证体系

(1) 建立劳务分包合同管理部门,落实劳务分包合同管理责任。劳务分包合同承包人应当在企业中设置劳务分包合同管理部门,负责劳务分包合同的管理工作。还要根据项目班子的分工,设置项目部劳务合同管理部门,负责该项目劳务分包合同的具体管理。

项目班子在学习理解劳务分包合同的基础上,将各项具体工作活动的责任落实到人,使具体实施人员对各自的任务和责任有详细的了解,并明确应承担的责任。

(2) 分析劳务分包合同履行条件。

1) 劳务分包合同总体分析。主要分析劳务分包合同协议书和与通用条款对应的专用条款,通过劳务分包合同总体分析,整体把握劳务分包合同的内容和合同履行责任。

劳务分包合同总体分析的重点包括:劳务分包人资质;劳务分包作业范围;劳务作业期限;劳务作业质量标准;合同价格形式;劳务作业计量与支付;承包人义务;劳务分包人义务;小型机具和低值易耗材料供应;验收与交付;完工结算与支付;安全生产、职业健康和环境保护；违约责任；索赔；争议；不可抗力；合同解除等。

劳务分包合同总体分析的结果，要简单直观地表达出来，由项目经理和项目部其他职能部门分析和掌握，作为履行劳务分包合同的参考。

2) 劳务分包合同详细分析。要细化合同标的价格条款，由于建筑业劳务工作内容的特殊性，其价格组成也比较多，不同工程、不同材料、不同的施工工艺对同样的工种来说其价格也是不一样的。这就要求在合同签订时，发包人和承包人要针对本工程的材料、施工工艺等方面的特点对每一项可以单独计量的工作内容列出单价。

合同当事人还要明确在结算时是按图纸面积还是按实际面积，若是砌筑工是以砌体的体积计量还是砖的数量计量等等，都要在劳务分包合同中写清楚。合同中的单价分析表做得越好，越方便在施工过程中进度款的计量和支付，有利于承发包双方进行成本控制和成本分析。

(3) 建立劳务分包合同管理工作程序。

1) 对经常性的劳务合同管理工作，建立明确严格的管理制度和程序。根据劳务分包合同条款建立相应的机具、设备和材料的供应程序、劳务作业变更程序、劳务作业计量与支付程序、验收与交付程序、违约与索赔程序等。通过明确的管理制度，使劳务分包合同的管理工作经常性地有条不紊地进行。

2) 对一些非经常性工作，应该具备应变管理办法。劳务分包合同在履行过程中时常会出现一些事先无法预料的事件。因此，应该早作准备考虑一些可能会发生的事件，制定若发生将采取的应变措施，避免劳务分包合同管理陷入混乱。

(4) 建立报告管理制度。在劳务分包合同履行过程中，双方当事人应建立严格的报告管理制度。当事人之间的联系，应以书面形式进行，建立规范的报告管理制度和签发制度。工程实施情况报告应制度化，工程报告的内容、流程以及格式也应该制度化。

记好施工日志，在工程实施时遇到的不利环境和气候变化等，都应有书面记载。对在劳务分包合同双方的任何协议、意见、请示、指令等都要采取书面形式。对所有工程活动交接手续，都应坚持相应的程序和书面报告签收。

(5) 建立文件档案的管理制度。在履行劳务分包合同中，应系统地收集、整理和保存劳务分包的各类文件档案资料，建立文件档案管理制度，包括标准化的文件、资料、数据等文件和表格。

4. 劳务分包合同的履约跟踪与监督

建设工程施工过程较长，参与施工的主体较复杂，时常会有一些施工计划的调整、施工图纸的变更以及某一参与方的违约等原因，导致合同预定目标的偏离。这就要求劳务分包合同当事人对劳务分包合同的履行进行全面的跟踪和监督，收集和整理工程现场劳务分包资料和信息，反映劳务合同的实际履行状态，通过对比劳务合同的约定条款，分析合同履约状况与合同约定条款的偏差。寻找产生偏差的原因，制定解决偏差的方法，防止偏差由小到大的积累，给合同履行造成严重的影响。

(1) 对劳务分包合同履行过程及结果进行跟踪与监督。对劳务分包合同履行过程的跟踪和监督是一项全方位的工作，涉及多个部门和单位。承担劳务分包合同备案的政府行政部门和劳动保障部门应当检查劳务分包人的资质，检查本工程的劳务工人是否都与所派出的劳务企业签订劳动用工合同，重点跟踪与监督合同履行过程中的安全与劳动保护和劳务报酬的支付情况等；工程发包（建设方）人除了应当履行按时支付工程款等建设工程合同约定的义务外，也应当跟踪与监督劳务分包合同履行过程中所完成工程的质量、完成工程的时间和工人工资发放等情况，确保支付的工程进度款和工程款能优先、足额发放工人工资，杜绝直接把工程款发放到"包工头"个人手中；工程承包人和劳务分包人在签订劳务分包合同时应当有明确的约定：若工程发包人不能按时支付工程款的，承包人不得以此为由拖延发放本项目实施中的工人工资，即不管发生任何情况，都应保证工人拿到工资。

（2）对项目部劳务管理部门的履约进行跟踪与监督。在施工过程中如果劳务工人的工作没能达到合同的约定，不能符合整个工程项目的施工要求，则可能会影响整体工作的进度，甚至会影响建设工程施工合同的履行结果，这种情况下，项目部内负责合同管理的部门和劳务员应当经常检查合同的执行情况，提出履行合同的意见和建议，提高劳务分包合同的履约率。

（3）对各种书面文件和劳务分包合同条款的跟踪与监督。在劳务分包合同履行管理阶段，涉及的任何指令、变更、请示等，都应当由相应的合同管理人员负责收集、记录、审查与合同的其他相关文件一并管理。

合同当事人之间的任何争议的协商和解决的措施，合同管理人员都必须参与，并对解决措施进行合同法律方面的审查、分析和监督。

（4）对合同当事人履行状态的跟踪与监督。承包人在选择劳务分包人的过程中，一定要选择具有相应资质的劳务分包企业进行发包。劳务分包人派遣到施工现场的每一位操作工人都应当与该劳务企业签订劳动合同，劳务企业还应当为这些工人缴纳劳动保险和参加社会保险。在劳务合同谈判时，要求劳务分包人为派遣到现场的工人缴纳意外保险。要跟踪和监督劳务分包人是否按照施工项目的规模，根据有关安全生产法规的要求，配备专职安全生产管理人员，劳务企业是否办理了支付工人工资的保证金等。

5. 加强劳务合同数字化和信息化管理

劳务分包合同管理要与飞速发展的信息化技术相结合，当事人可以利用工程项目管理软件和有关合同管理软件，进行劳务分包的动态管理。随着劳务管理工作不断向信息化、规范化、标准化发展，劳务管理信息化将为实现劳务的高效管理提供了方向。加速新知识在企业中的传播，实现原有知识的及时更新和应用，劳务人员的素质也得到了提高。用计算机取代繁杂、重复的人力劳动，提升脑力价值，进一步提升劳务管理的科技水平。

5.6 劳务分包队伍进行综合评价

5.6.1 劳务分包队伍综合评价的内容

对劳务分包队伍综合评价的依据是双方签订的劳务分包合同及相关的法律、法规和行业政策要求。

在建筑企业不同的层面上对劳务分包队伍的综合评价内容也有所不同。

1. 项目部层面上的综合评价内容

在项目经理部层面上，主要考核评价劳务分包队伍的整体素质、工程质量、工程进度、材料损耗、绿色施工和文明施工、安全生产、与劳务工人签订劳动合同、施工劳务企业对劳务工人工资支付、与项目部工程管理人员工作配合、遵纪守法、业主投诉等情况。具体内容包括：

（1）劳务管理：劳务队伍管理体系健全，劳务管理人员和有持证上岗要求的劳务作业人员持证上岗。办理合同备案和劳务人员备案及时，发生工程变更及劳务分包合同约定允许调整的内容及时进行洽商，合同履约情况良好，作业人员身份证复印件、岗位技能证书、劳动合同齐全且未过有效期，需要办理暂住证的及时办理，每月按考勤情况按时足额发放劳务作业人员工资，施工队伍人员稳定，在节假日和农忙季节，对作业人员进行合理调度，不影响工程的进度。根据项目经理部农民工夜校培训计划按时参加夜校培训，服从项目经理部日常管理，保证不出现各类群体性事件，保障企业和社会稳定。

（2）安全管理：安全管理体系健全，人员进场必须进行安全教育，考核合格率达到100%，并签订安全协议，留档备查。按规定比例配备专职安全员，安全员必须持证上岗。每天的班前会，必须强调当日施工中需要注意的安全事项。按规定配备和使用符合标准的劳保用品，特种作业人员必须持有效证件上岗，施工中服从管理，遵章守纪，严格按操作规程作业，避免伤亡事故。

（3）生产管理：施工组织紧凑，能够按时完成生产计划，施工现场内干净、整洁，无材料浪费，成品、半成品保护到位。

（4）技术质量管理：无质量事故发生，承接工程达到质量标准和合同约定工期要求，严格按照技术交底施工，质量体系健全，严格进行自检，无返工现象。

（5）行政、保卫管理：食堂必须办理卫生许可证，炊事员必须持有健康证且保持良好的个人卫生。炊事用具的设置符合工程所在地的卫生部门的相关规定。食堂食品卫生安全符合规定，无食物中毒情况。生活责任区干净、整洁。无浪费水电现象。落实职业病防护相关管理规定。

（6）综合素质：遵守合同，信誉良好，服从总承包方项目经理部的日常管理，积极配合项目经理部的相关工作。积极配合政府和项目经理部妥善处理各类突发事件，保证劳务人员的生命财产安全，保证公司和社会的稳定。

2. 公司层面上的综合评价内容

在项目经理部综合评价的基础上，公司重点评价施工劳务企业的资质资信、管理体系、施工能力、资源状况（人力、物力、财力）管理水平、劳动力的组织和管理能力、与总包方的协调配合情况、内业资料等内容。

5.6.2 劳务分包队伍综合评价的方法

1. 综合评价方式

对劳务分包队伍的综合评价，可以分为过程综合评价和全面综合评价。过程综合评价是在劳务分包作业过程中，由劳务队伍使用单位（项目经理部或分公司）每季度组织一次综合评价；全面综合评价是在劳务分包作业任务完成时，由劳务队伍使用单位（公司或集团公司）对劳务分包队伍进行的全面综合评定考核。

2. 评价方法及工具

一般而言，对劳务分包队伍综合评价可以采用多种方法和工具，常用的有专家意见法和数学模型法。专家意见法又可以分为专家主观判断法、打分法、德尔菲法等；数学模型法又可以分为层次分析法（AHP）、模糊综合评判法等。

对劳务分包队伍综合评价，首先应制定评价标准，评价内容的设置可根据：

（1）工程特点；
（2）施工图纸及技术规范；
（3）施工合同的约定；
（4）劳务分包合同的约定；
（5）公司与项目部签订的承包协议；
（6）建设单位对该项目的要求；
（7）工程所在地建设行政主管部门的要求；
（8）工程所在地建设行业协会的要求。

表 5-6 为某工程项目部制订的劳务队伍评价标准，供参考。

劳务队伍评价标准　　　　　　　　表 5-6

内容	评价	优	合格	不合格
组织管理	项目经理管理能力	主动与相关方配合，在技术交底后能自行组织施工活动	在相关方的具体指导下基本完成施工任务	不能按相关方要求开展工作，不能胜任本职工作
	其他管理人员能力	配备齐全，能够持证上岗，主动做好本岗工作	配备基本齐全，基本能做好本岗位工作	配备不齐全、不能按要求完成工作
	队伍管理	1. 队伍相对稳定变动小 2. 专业特点突出，技壮比例合理 3. 无私招乱雇和有关投诉	1. 队伍人员变动较大，但能及时调整、满足施工需要 2. 专业作业、技壮比例基本协调 3. 无私招乱雇等问题，被发现时及时纠正	均低于一般要求或其中某项给施工生产带来严重影响
进度管理		能够主动采取措施满足工期要求	在相关方督促下完成施工	施工组织混乱，不能按期要求施工
技术管理		能够按施工方案进行施工	基本按施工方案施工	不能按施工方案施工
相关工作任务完成情况		主动执行、落实	在相关方的督促下，基本保证需要	不能执行相关方指令，整改通知不能及时落实
劳务纠纷		无发生	发生过，但情节不严重，及时自行调解并能够较好解决，未造成恶劣影响	发生劳务纠纷事件，不能及时自行进行调解，造成恶劣影响或损失

5.6.3 实施劳务分包队伍综合评价

1. 评价周期

总承包企业范围劳务作业队伍的考评周期可以设一个月、一季度，针对不同工程、不同队伍的实际情况，各分公司可结合本单位情况制定相应考核评价周期。

2. 评价方式

由公司劳务主管部门统一部署评价工作，各分（子）公司劳务管理部门组织项目部在规定时间内对所使用作业队伍进行考核，公司劳务主管部门将对重点项目到现场进行配合监督。各分（子）公司须在项目部考评结束后一周内对各队伍考评表进行审核汇总，考评结果上报公司劳务主管部门，公司劳务主管部门将结合考评情况进行现场检查；二级管理的企业（不设分子公司），可根据本公司的具体情况进行分工。

3. 队伍评价实施

（1）总承包企业劳务管理部门负责组织实施劳务作业队伍评价工作，布置考评任务，凡在总承包企业内承接劳务分包工程施工的劳务分包施工作业队均须参加考评；

（2）总承包企业范围劳务作业队伍的评价周期为一季度，针对不同工程、不同队伍的实际情况，总承包企业所属二级公司可结合本单位情况制定相应考核评价周期；

（3）各二级公司应按照总承包企业年度队伍考评工作要求，建立考核评价体系，劳务管理部门组织项目经理部在规定时间内对所使用作业队伍进行考核评价，总承包劳务管理部门劳务管理、督察部门将对重点项目到现场配合监督考评工作；

（4）各二级公司需在项目经理部考评结束后一周内对各队伍考核评价情况进行审核汇总，将考评结果上报总承包劳务管理部门，总承包劳务管理部门将结合考评情况进行现场抽查，并开展综合考核评价申报工作。

4. 工程进度检查验收与协调反馈

项目部对劳务队伍的评价可以通过对某一目标的实施情况进行评价。例如某项目部在某月份就进度目标的实施情况可对劳务队伍的评价。

（1）劳务分包项目部在施工进度计划节点完成后，应组织自查自纠并申报劳务分包单位对项目部完成进度进行检查验收。对没有完成施工进度计划的要分析原因，开出整改，并按实际情况进行相应工期调整。

（2）劳务分包项目部履行完全部合同内容后，劳务分包单位按规定进行竣工验收。竣工验收通过后，各相关方及时办理移交手续，并进行工程结算。

（3）劳务分包各级组织应分别做好针对性的开工交底，并通过工程例会制度总结和布置每一天的施工进行计划，通过联席会议，加强劳务工种协调配合，设定交叉作业时间条件，安排各工序穿插进行，相互支撑，协调一致，避免窝工、返工，确保施工进度有序进行。

（4）劳务分包单位应定期对劳务分包项目部进行进度目标考核，劳务项目部定期对项目部管理人员进行综合考核，依据考核结果做出相应调整。考务分包单位建立评审制度，每年对劳务队伍进行年度评审，剔除不合格队伍，稳定、支持、激励优秀劳务队伍做大做强，不断发展。

5. 填报考核表

例如表5-7为某项目部在某月份就进度目标的实施情况，对某一劳务队伍的考核。

项目部每月对所使用的劳务队伍进行考核评价（见表5-7）。

劳务队伍月进度考核表 表 5-7

项目名称			考核时间	
劳务分包单位			法人或代表	
分包项目经理			施工范围或内容	
考核记录				
考核项目		情况简述	考评结果（优、合格、不合格）	
组织管理	项目经理管理能力			
	其他管理人员能力			
	队伍管理			
	进度管理			
	技术管理			
	执行相关方指令情况			
	劳务纠纷情况			

劳务分包项目负责人签字： 日期： 年 月 日

项目部对各个劳务队伍逐一进行评价后汇总，上报本单位劳务主管部门。汇总表格式可参照表5-8。

劳务队伍月进度考核汇总表 表 5-8

项目名称		考核时间						
劳务队伍名称	项目经理	考评结果						
		项目经理管理能力	其他管理人员能力	队伍管理	进度管理	技术管理	相关任务完成情况	劳务纠纷

劳务分包项目负责人签字： 日期： 年 月 日

5.6.4 反馈综合评价结果

1. 填报劳务队伍综合评价表

企业劳务主管部门对各项目部上报的劳务队伍考核表进行整理汇总，形成劳务队伍综合评价表（见表5-9）。评价实行百分制，考评结果95分（含95分）以上为优秀；85～94分为合格；85分以下（含85分）为不合格。各劳务作业队伍的考评结果经确认后，由企业劳务主管部门以书面形式予以公布，纳入本年度"施工作业队伍"考评体系，并作为公司评定优秀劳务作业队伍的重要依据（各项考核标准见附表）。（表5-9摘自《劳务员岗位知识与专业技能》尤完，刘哲生　主编）

劳务分包（施工作业队）考评表　　　　　　表 5-9

劳务作业队伍名称：　　　　　单位和项目部名称：

序号	考评项目		检查标准	分值	得分	存在问题
1	劳务管理	队伍管理体系	队伍管理班子健全，配备工程技术、安全、质量、财务、治安、劳务管理等人员，设专职劳务员，且持有住建委核发的劳务员上岗证	3		
2		劳务分包合同履约监管	作业队伍签订劳务分包合同并及时办理备案，分包合同未过期限，洽商变更复核签认手续，合同履约情况良好	5		
3		人员管理	按规定完成人员备案，身份证、上岗证、劳动合同与花名册所列人员一一对应且无过期，劳动合同有本人签字，人员稳定，增减台账实名记录	5		
4		工资支付	建立健全统一的考勤表、工资表和相关台账，保证农民工工作足额、实名制支付；月度工资发放不低于当地最低工资标准	5		
5		农民工夜校管理	夜校教育记录有本人签字，且每月每人不少于 2 次	2		
6	安全管理	安全管理体系	安全管理体系健全，按比例配备专职安全员	4		
7		入场教育	人员进场安全教育面达到 100%；考核合格率达到 100%	4		
8		劳保用品	按规定配备和使用符合标准的劳保用品	4		
9		特种作业	特种作业人员必须持有有效证件上岗	4		
10		事故预防	施工中服从管理，无违章现象、无伤亡事故	4		
11	生产管理	施工组织	施工组织紧凑，能够按时完成生产计划	5		
12		施工现场	施工现场内干净、整洁，无材料浪费	5		
13		产品保护	成品、半成品保护到位			
14	质量管理	质量体系	质量监管体系健全	4		
15		质量达标	承接工程达到质量保证和合同约定工期要求	4		
16		技术交底	严格按照技术交底施工	4		
17		质量检验	严格进行自检，无返工现象	4		
18		质量保证	无质量事故发生	4		
19	行政管理	食堂卫生	食堂必须办理卫生许可证，炊事员必持有健康证且保持良好的个人卫生。食堂食品卫生安全符合规定，无食物中毒	5		
20		生活区管理	生活区管理达到市住建委下发的"文明生活区标准"要求	5		
21		资源节约	无浪费水电等资源现象	5		
22		职业病防护	落实职业病防护相关管理规定	5		
23	综合素质	日常管理	积极配合项目部日常管理，与项目部配合融洽	2		
24		突发事件妥善处理	积极配合政府和项目部妥善处理突发事件，保证社会稳定	3		
25	否决项目	工人工资未及时、足额支付	未按要求及时、足额支付工人工资，引发纠纷或群体性事件	−10		
26		发生工伤事故	未按要求做好安全防护工作，发生伤亡事故	−10		
合计						

现场情况说明	受检队伍现场共计　　人，其中：				
	管理人员　　人；初级技工　　人，中级技工　　人，高级技工　　人，普工　　人				
	18~30 岁　　人，30~45 岁　　人，45~55 岁　　人，55 岁以上　　人				
	本省人员　　人，外省人员　　人，人员所占省和自治区　　个				
项目经理（签字）		检查人（签字）		检查日期　年　月　日	

2. 信息反馈

（1）凡在公司范围内承接劳务分包工程施工的劳务作业队伍，经考评不合格将限期整改，同时要求作业队长参加考核培训。连续两次考评均不合格队伍，公司劳务主管部门将按照不合格队伍予以公布；

（2）凡属公司当年新引进队伍，考评不合格，公司劳务主管部门将按照不合格队伍予以公布，同时建议分公司劳务管理部门签订合同变更或终止协议，降低合同履约风险，该队伍不得在公司范围内承揽新工程；

（3）凡不配合项目部进行考评工作或考评周期内发生严重影响社会稳定的违法行为、聚众围堵事件或恶性恶意讨要事件、责任安全事故和质量事故的劳务作业队伍，公司劳务主管部门将按照不合格队伍予以公布，该队伍不得在公司范围内承揽新工程。

3. 劳务分包队伍的分级管理

在对劳务分包队伍综合评价后，可以根据评价结果确定分级标准。通常把劳务分包队伍的等级划分为优秀、良好、合格、不合格。达到合格以上等级的劳务分包队伍可以继续留用；评定等级为不合格的，不得继续留用，应清退出场，并从建筑企业的"合格劳务分包队伍名录"中除名。同时，警示企业内部各相关单位，对不合格劳务分包队伍，两年内不予合作，再度合作前需重新进行评价。

5.7 实名制管理的作用、内容和重点

根据住房和城乡建设部《关于进一步加强建筑市场监管工作的意见》（建市[2011]86号）文意见，推行建筑劳务人员实名制管理。

实名制管理是指现场施工的劳务分包队伍的企业资质、安全生产许可证、企业营业执照等真实有效，劳务队伍进场人员的各种证件、劳动合同、工资表和考勤表等与实际作业人员对应相符，并以此按工时或工程量进行结算，及时支付劳务工资。

我们这里所讲的实名制包括两个方面即施工劳务企业的实名制和劳务队伍的管理、作业人员的实名制。需要说明的是不同地区对劳务用工实名制的管理范围是不同的，有些地区只对劳务队伍的人员进行实名制管理，例如南京。还有很多地区没有实行实名制管理。因此，我们应在投标前就应该弄清楚工程所在地关于劳务用工实名制管理的规定，做到心中有数。

5.7.1 实名制管理的作用

1. 规范用工行为，维护合法权益

通过实名制管理，能有效地减少和避免承包人与劳务分包人之间劳务纠纷的发生。规范施工劳务企业的用工行为，杜绝非法用工，维护劳务人员应有的地位和合法权益。创造一个公平、规范的用工环境。

2. 健全现场考勤，规避纠纷隐患

通过实名制数据公示、记录和公开全体劳务人员的出勤状况，减少或避免因工资和劳务费的支付而引发的纠纷隐患，从而避免恶意讨要事件的发生。

3. 细化劳务管理，提升保障能力

通过实名制管理下的数据采集，承包人和劳务分包人有效强化了劳务分包的管理，细化了劳动力统计和计划工作。通过实名制方式，为项目经理部施工现场提供第一手资料。提升了项目部在质量、技术、安全以及治安保卫管理方面的保障能力。

4. 发挥金融功能，简化工资发放程序

通过实名制管理卡的金融功能的使用，可以简化企业工资发放程序，避免劳务工人因携带现金而产生的不安全因素，为劳务工人提供了极大的便利。

5.7.2 实名制管理的内容和重点

1. 实名制管理的相关资料

（1）劳务分包队伍资料，包括：企业法人营业执照、企业资质证书、安全生产许可证、分包项目经理所属劳务企业法人授权委托书、《交易备案登记证书》（如果有）、劳务分包合同（加盖备案章）等。

（2）劳务人员资料，包括：劳动合同书原件、《人员备案通知书》、项目用工备案花名册、人员身份证复印件名册、岗位证书复印件、特种作业人员资格证书工人参保的相关保险凭证复印件。

（3）项目统计台账资料，包括：劳务施工人员进出场统计表、劳务队及班组负责人联系方式一览表、分包队伍使用情况登记台账、工程项目分包合同备案情况登记台账。

（4）工资、考勤资料，包括：月度考勤表、月度工资表。

（5）劳务费结算支付资料，包括：劳务费结算支付凭证复印件、劳务费结算支付台账。

（6）各类报表资料，包括：劳务管理工作相关报表以及需上报主管部门的报表。

（7）检查和考核资料，包括：日常检查记录、劳务队伍考核评估资料。

以上所有资料必须真实有效、及时更新，对于不同地区，要求的资料有所不同，应按照工程所在地建设行政主管部门的要求办理。劳务管理资料留存在项目竣工结算完成后3个月，有条件的应建立相应的电子文档。

2. 承包人管理内容和重点

（1）明确管理责任。按照"谁用工、谁管理"的原则，承包人应将其所使用的施工劳务单位的用工实名制与工资支付纳入本企业管理的范畴，实施有效管理，不得"以包代管"。

（2）建立健全劳务用工管理组织机构。承包人应设置劳务用工管理部门，制订管理方案，明确管理职责，负责用工管理业务，实施劳务用工规范化、动态化管理。

（3）落实用工实名制管理。总包企业应根据工程所在地的不同，调整和完善劳务分包管理办法，强化实名制管理的用工登记、日常考勤、工资支付与发放等措施，切实提高劳务用工管理水平。

（4）规范劳务分包合同管理。承包人发包劳务工程，签订劳务分包合同后按规定到地方建设主管部门备案。劳务分包合同应约定分包款支付时间、计价方式和标准、支付方式等内容，并按合同及时足额支付劳务人员工资。

（5）制定突发事件应急预案。总包企业应成立突发事件应急处置机构，制订相应的应急预案，及时处置拖欠民工工资事件，杜绝群体事件发生。

3. 项目部管理内容和重点

（1）项目部必须设置专职的劳务员，明确其工作职责，在职权范围内负责施工现场劳务人员管理。

（2）项目部劳务管理员每天如实审查劳务人员出勤情况，每月考勤表应在施工现场进行公示，并按规定向当地建设主管部门和承包人报备。

（3）项目部要及时掌握劳务施工班组现场人员的变动情况，督促劳务班组严格执行劳务人员身份管理的有关规定。

（4）项目部应按规定在施工现场醒目处设立农民工维权告示牌，公布相关劳务纠纷维权举报投诉电话，建立畅通的投诉举报渠道，明确受理人员，及时处理本项目部的各类投诉。

（5）工程竣工或分包合同终（中）止后，项目部要做好《分包人员花名册》《分包人员考勤及工资明细表》等相关资料的签收、整理、汇总和存档工作。

4. 施工劳务企业分包项目部（简称劳务分包项目部）管理内容和重点

（1）劳务分包项目部负责收集劳务民工身份复印件，服从和配合项目部做好本班组实名制管理与工资支付。

（2）劳务分包项目部应按照有关规定负责每天核对本班组务工出勤情况、记录人员变动情况，配合项目部进行在册人数的确认和检查工作，配合解决班组务工人员内部争议。

（3）劳务分包项目部应按照有关规定配合项目部统计、核实每月务工人员出勤记录。

（4）工程竣工或分包合同终止后，劳务分包项目经理应按分包合同约定与项目部结算劳务工程款，结清剩余劳务费，填写《分包人员撤场清算表》交项目部认可后，方可离场。

5.8 实名制管理的程序

5.8.1 实名制备案系统

"实名制"是指施工劳务企业进场人员的各种证件、现场各种管理表册与本人身份证及劳动合同书名称一致，真实有效，准确无误。涉及本人信息的各项基础资料不得弄虚作假。

建筑业劳务用工实名制管理是近年来建筑业的一项创新管理，是强化现场合法用工管理和保障劳务工人合法权益的一项重要措施。在实行实名制管理的过程中，应当结合本企业实际情况，尤其是结合每个工程项目的不同特点，制定相应的管理制度。在实行中应当注意以下几点：

（1）企业用工要通过签订劳动合同、持证上岗、造册和网上录入完成企业实名制管理的基础工作。施工现场是实名制管理的重点，工程项目部对进场劳务队伍和劳务人员数量必须做到人数清、情况明，重点做好日常管理工作。

（2）实行实名制管理必须做好现场封闭式管理，配备总承包单位、专业承包单位和施工劳务单位的劳务员，配备必要的人员进场识别设备。如探头、身份证识别仪等。

（3）企业要在搞好实名制管理的基础上及时办理人员备案手续。

各地区实名制备案管理的操作程序不同，企业应根据当地要求，办理好人员备案手续。图 5-6 为某地区的实名制备案管理的操作程序流程。

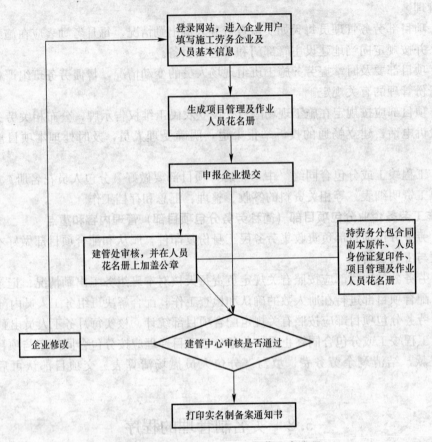

图 5-6　实名制备案管理的操作程序流程

5.8.2　实名制系统的管理

1. 现场封闭管理

施工现场的施工区和生活区应必须严格分开设置；若施工区与生活区在同一场地，要采用围挡分隔，使之做到相互独立封闭管理。工程项目大门设保安人员，检查进出场人员，并对外来人员进行登记管理，内容包括：姓名、身份证书、所属单位（队伍）等。本项目人员进场须佩戴胸卡，经确认后，方可入内，否则一律不得进入项目现场。项目劳务员根据登记情况每日核对人员花名册，及时对花名册进行人员增减并交给保安一份复印件。

2. 人员名册管理

实名制管理的基础是"劳务作业进场人员花名册"。项目部劳务员必须要求劳务项目负责人在工人进场后编制花名册交项目部劳务员审验（花名册格式见本章第一节"劳务作业进场人员花名册登记表"）。对新进场人员由劳务员根据进场人员花名册登记表核对，不符人员应要求劳务队伍负责人按实际进场人员调整花名册。

施工劳务单位应配备管理人员，配合总承包单位共同做好实名制管理工作。

3. 入场安全、教育培训

项目部要把进场劳务工人的安全教育作为十分重要工作来做，项目部对进场劳务人员进行入场教育培训，主要内容有：岗位技能培训、安全防护培训、管理制度培训，组织学习相关法律法规，并进行考核，考核合格人员有项目承包人发放入场考核合格证书。参加上述教育考核的劳务对象必须与花名册人员一致，未进行教育培训或考核不合格人员，不得上岗，必要时应予以清退。

4. 身份与暂住证件管理

（1）身份证：凡进入项目现场的劳务人员必须提供有效身份证（若身份证遗失的，提供户口所在地公安部门开具的证明其身份的证明），由项目部劳务员核验并将复印件留存。为保证社会治安的稳定和工程现场的安全，没有身份证明的一律不得进入项目现场。

（2）暂住证：在进行入场教育的同时，项目部劳务管理人员应按照核验留存的名单，督促、协助劳务企业及时到派出所为名单人员办理暂住证件。

5. 劳动合同管理

凡进入施工现场的劳务人员，其所在单位必须提供与务工人员签订的规范有效的劳动合同。项目劳务员必须督促、检查进场的施工劳务企业与务工人员签订劳动合同，并留存备案，与现场劳务人员花名册一致。核查发现未签劳动合同人员，劳务员通知施工劳务企业必须在规定时间内与务工人员签订劳动合同，否则该人员不得在该项目工作。

6. 岗位证书管理

劳务操作人员的岗位证书包括：技能证书、入场教育考核合格证书以及特种作业人员资格证书等。项目劳务员必须要求劳务分包项目负责人在人员进场后及时按规定将劳务作业人员上岗证书进行审验，掌握每支劳务队伍中高、中、初级技术工人的比例，在劳务分包合同签订后一周内办理人员注册备案手续。劳务员要按照现场花名册审核务工人员持证上岗情况，监督无入场教育考核合格证人员不得上岗作业，及时向项目部和有关部门上报人员上岗证书审验手续。特种作业人员必须按照法律规定取得建设行政主管部门考核所发的资格证书方可上岗，项目劳务员应该核对原证后将复印件留存。

7. 胸卡、床卡、登记卡管理

项目劳务员负责落实劳务人员登记卡、胸卡、床卡发放工作。项目劳务员根据进场花名册，为劳务人员办理登记卡、胸卡、床卡，并与实际进场人员进行核对。登记卡、胸卡、床卡根据人员流动情况随时办理和变更。全体劳务人员必须佩戴胸卡，由保安人员登记后方可进出项目工地大门。无胸卡人员不得进入，无卡出门必须持有施工劳务单位负责人和劳务员共同签认的出门凭证，并进行登记后方可离开。撤场人员经保安人员按规定办理登记手续，并及时上报项目部和通知项目劳务员核减现场人员花名册。

8. 考勤与工资表管理

（1）考勤管理。劳务员负责建立日常人员流动台账，及时掌握务工人员流动情况。劳务企业现场负责人每日向项目部上报现场施工实际人员数，每周上报施工现场人员考勤情况，劳务员通过对比施工现场人员流动情况，核对现场人员花名册，确定人员增减情况，若审查出未在花名册人员及时要求劳务企业现场负责人按规定办理相关手续或予以清退。

(2) 工资表管理。劳务工资一般按照当月完成工作量的情况，每月结算。结算劳务费时，项目劳务负责人应编制劳务人员工资表，表中人员必须与考勤相一致，由劳务员会同项目负责人和劳务负责人对本月应发劳务工资审核，由项目部足额发给劳务工人。劳务负责人在每月申领劳务工资时，必须提供上月已发的且有劳务人员本人签字以及劳务负责人签字、相关劳务企业盖章的工资单报给项目部劳务员备案，以鉴定劳务工资是否发给了员工本人。

9. 劳务分包工资支付管理

（1）项目部核算员与劳务分包班组负责人每月应根据出勤及完成的工作量，计算出每位劳务工实际应得工资额，劳务员编制工资支付表，经项目经理、劳务分包班组长、劳务工本人三方核实签字确认后，由项目部按工资支付表将工资以货币形式直接发放到本人，严禁发放给"包工头"或其他不具备用工主体资格的组织和个人。

（2）劳务工工资支付必须严格按照《劳动法》《工资支付暂行规定》和《最低工资规定》等有关规定，依法按月足额支付工资，并不得低于当地最低工资标准，不得截留、拖欠或克扣。

（3）工程承包人应对施工劳务企业工资支付进行监督，督促其依法支付民工工资。施工劳务企业应当在工程项目所在地银行开设用于支付劳务员工工资的专用账户，可以按规定（在项目开工后第一个月内按实际用工人数每人不低于本地区最低工资标准）将工资款项存入专用账户。并在专用账户开户银行办理务工人员个人工资账户，与银行签订代发工资协议，每月由银行代发工资，杜绝以工程款拖欠、结算纠纷、垫资施工等理由克扣或拖欠劳务员工工资。

第6章 劳务纠纷管理

6.1 劳务纠纷常见形式及解决方法

6.1.1 劳务纠纷的分类、形式

劳务纠纷也称劳动争议，是指劳动法律关系双方当事人即劳动者和用人单位，在执行劳动法律、法规或履行劳动合同过程中，就劳动权利和劳动义务或履行劳动合同、集体合同发生的争执。

6.1.1.1 劳务纠纷的分类

建筑业的劳务纠纷主要集中在建设工程施工合同及劳动合同的订立和履行过程中。常见的形式有：

1. 因资质问题而产生的纠纷

根据《建筑法》和住房和城乡建设部 2015 年《建筑业企业资质管理规定》（住建部令第 22 号）关于建筑施工企业从业资格的规定，从事建筑活动的建筑施工企业应具备相应的资质，在其资质等级许可的范围内从事建筑活动。如果建筑施工企业超越本企业的资质等级许可的业务范围承揽工程，或者施工企业向无资质或不具备相应质资的企业分包工程，则容易引起纠纷。

2. 因履约范围不清而产生的纠纷

在施工实践中，总包单位与分包商之间因履约范围不清而发生纠纷的现象屡见不鲜。例如：一个分包合同中约定，由总包单位提供垂直运输设备，但在具体施工时，总包单位只提供汽车吊而不提供塔吊。尤其是在基坑开挖过程中，垂直运输设备对工期的影响巨大，假如不利用塔吊，分包商很有可能无法完成工期目标，但汽车吊也属于垂直运输设备，因此，很难认定总包单位违约。造成履约范围不清的主要原因是分包合同条款内容不规范、不具体。分包合同订立的质量完全取决于承包人和分包商的合同水平和法律意识。若承包人、分包商的合同水平和法律意识都比较低或差异大时，则订出的合同内容不全，权利义务不均衡。所有这些都在以后施工过程中产生的纠纷埋下伏笔。因此，在订立分包合同时，应严格按照《分包合同示范文本》的条款进行订立。

3. 因转包而产生的纠纷

转包是指承包单位承包建设工程，不履行合同约定的责任和义务，将其承包的全部建设工程转给他人或将其承包的全部建设工程肢解后以分包的名义分别转给其他单位承包的行为。建设工程转包被法律所禁止，《合同法》第 272 条，《建筑法》第 28 条，《建设工程质量治理条例》25 条都规定禁止转包工程。

"分包"与"转包"是建设工程施工过程中普遍存在的现象，承包人将建设工程非法转包、

违法分包后，使得劳动关系趋于复杂化，由此引发拖欠劳动者工资进而引发劳务纠纷。

4. 因拖欠农民工工资引发的纠纷

农民工是一个特殊的群体，他们既不是真正的农民，也不是真正的工人，而是一个典型的由经济和社会双重因素造就的弱势群体。近些年来，侵害农民工权利现象频繁出现。在农民工权益受损问题中，"拖欠工资"问题是最引人注目也是最普遍的，也是引发劳务纠纷的重要原因之一。

6.1.1.2 劳务纠纷的形式

建筑业的劳务纠纷主要集中在建设工程施工合同及劳动合同的订立和履行过程中。常见的形式有：

1. 因合同当事人主观原因造成的合同订立时就存在的潜在纠纷

（1）选择订立合同的形式不当

建设工程施工合同有固定价格合同、可调价格合同和成本加酬金价格合同。在订立建设施工合同时，就要根据工程大小，工期长短，造价的高低，涉及其他因素多寡选择合同形式。选择不适当的合同形式，会导致合同争议的产生。

（2）合同主体不合法或与不具备相应资质的企业签订劳务分包合同或工程分包合同

1）《合同法》规定：合同当事人可以是公民（自然人），也可以是其他组织。也就是说作为建设工程承包合同当事人的发包方和承包人，都应当具有相应的民事权利能力和民事行为能力，这是订立合同最基本的主体资格。

2）总承包企业或专业施工企业与不具备相应资质的企业签订的劳务分包合同。这样的合同，根据《最高人民法院若干审理建设工程施工合同纠纷案件适用法律问题的解释》第1条和《合同法》等规定被认定为无效合同。合同无效后的处理：假如劳务分包企业提供劳务的工程合格，劳务分包企业依据《最高人民法院关于审理建设工程施工合同纠纷案件的适用法律问题的解释》第2条的规定请求劳务费的，应当得到法律支持；假如仅仅因劳务分包企业提供的劳务质量不合格引起的工程不合格，劳务分包企业请求劳务分包合同约定的劳务价款的，将得不到法律支持，并且还应承担相应的损失。

3）总承包企业或专业承包企业与劳务分包企业以劳务分包合同名义签订的实质上的工程分包合同。这种合同将依据合同的实际内容及建设施工中的客观事实，及双方结算的具体情况，来认定双方合同关系的本质。其中有的可能会被认定为工程分包合同，那么就要按照工程分包合同的权利义务，来重新确认双方的权利义务。

4）工程分包企业以劳务分包合同的名义与劳务分包企业签订的实质上的工程再分包合同。这种合同将被认定为无效。工程分包企业因此种行为取得的利润将被法院依据《最高人民法院关于审理建设工程施工合同纠纷案件的适用法律问题的解释》第4条的规定收缴，或者由建筑行政治理机关做出同样的收缴处罚。

（3）合同条款不全，约定不明确

在合同履行过程中，由于合同条款不全，约定不明确，引起纠纷是相当普遍的现象。当前，一些缺乏合同意识和不会用法律保护自己权益的发包人或承包人，在谈判或签订合同时，认为合同条款太多、烦琐，从而造成合同缺款少项；一些合同虽然条款比较齐全，但内容只作为原则约定，不具体、不明确，从而导致了合同履行过程中产生争议。

(4) 草率签订合同

建设工程承包合同一经签订，其当事人之间就产生了权利和义务关系。这种关系是法律关系，其权利受法律保护，义务受法律约束。但是目前一些合同当事人，法制观念淡薄，签订合同不认真，履行合同不严肃，导致合同纠纷不断发生。

(5) 缺乏具体违约责任

有些建设工程施工合同签订时，只强调合同的违约条件，但是没有要求对方承担违约责任，对违约责任也没有做出具体约定，导致双方在合同履行过程中争议的发生。

2. 合同履约过程中的承包人同发包人之间的经济利益纠纷

(1) 承包人提出索赔要求，发包人不予承认，或者发包人同意支付的额外付款与承包索赔的金额差距极大，双方不能达成一致意见。其中，可能包括：发包人认为承包人提出索赔的证据不足；承包人对于索赔的计算，发包人不予接受；某些索赔要求是承包人自己的过失造成的；发包人引用免责条款以解除自己的赔偿责任；发包人致使承包人得不到任何补偿。

(2) 承包人提出的工期索赔，发包人不予承认。承包人认为工期拖延是由于发包人拖延交付施工场地、延期交付设计图纸、拖延审批材料和样品、拖延现场的工序检验以及拖延工程付款造成的；而发包人则认为工期拖延是由于承包人开工延误、劳力不足、材料短缺造成的。

(3) 发包人提出对承包人进行违约罚款，扣除拖延工期的违约金外，要求对由于工期延误造成发包人利益的损害进行赔偿；承包人则提出反索赔，由此产生严重分歧。

(4) 发包人对承包人的严重施工缺陷或提供的设备性能不合格而要求赔偿、降价或更换；承包人则认为缺陷已改正，不属于承包方的责任或性能试验方法错误等，不能达成一致意见。

(5) 关于终止合同的争议。由终止合同造成的争议最多，因为无论任何一方终止合同都会给对方造成严重损害。

(6) 承包人与分包商的争议，其内容大致和发包人与承包人的争议内容相似。

(7) 承包人与材料设备供应商的争议，多数是货品质量、数量、交货期和付款方面的争议。

6.1.2 解决劳务纠纷的合同内方法

1. 承担继续履约责任

也称强制继续履行、依约履行、实际履行，是指在一方违反合同时另一方有权要求其依据合同约定继续履行。

2. 按合同赔偿损失

也称为违约赔偿损失，是指违约方因不履行或不完全履行合同义务而给对方造成损失，依照法律的规定或者按照当事人的约定应当承担赔偿损失的责任。

3. 支付违约金

是指由当事人通过协商预先确定的、在违约发生后做出的独立于履行行为以外的给付，违约金是当事人事先协商好，其数额是预先确定的。违约金的约定虽然属于当事人所享有的合同自由的范围，但这种自由不是绝对的，而是受限制的。《合同法》第一百一十四条规定："约定的违约金低于造成的损失的，当事人可以请求人民法院或者仲裁机构予以增加;约定的违约金过分高于造成的损失的,当事人可以请求人民法院或者仲裁机构予以适当减少。"

4. 执行定金罚则

《合同法》第一百一十五条规定:"当事人可以依照《中华人民共和国担保法》约定一方向对方给付定金作为债权的担保。债务人履行债务后,定金应当抵作价款或者收回。给付定金一方不履行约定的债务的,无权要求返还定金;收受定金方不履行约定的债务的,应当双倍返还定金。"因此,定金具有惩罚性,是对违约行为的惩罚。《担保法》规定定金的数额不得超过主合同标的额的20%这一比例为强制性规定,当事人不得违反;如果当事人约定的定金比例超过了20%,并非整个定金条款无效,而只是超出部分无效。

6.1.3 解决劳务纠纷的合同外方法

发生劳务纠纷,当事人不愿协商、协商不成或者达成和解协议后不履行的,可以向调解组织申请调解;不愿调解、调解不成或者达成调解协议后不履行的,可以向相关主管仲裁委员会申请仲裁;对仲裁裁决不服的,除本法另有规定以外,可以向人民法院提起诉讼。

为了尽可能减少建设工程承包合同争议,最重要的是合同双方要签好合同。在签订合同之前,承包人和发包人应当认真地进行磋商,切不可急于签约而草率从事。其次,在履约过程中双方应当及时交换意见,尽可能将执行中的问题加以妥当处理,不要将问题积累,尽量将合同争议解决在合同履约过程中。建设工程承包合同一旦发生争议,按照有关的法律法规,合同当事人可以通过以下方式解决合同争议:

1. 协商

(1) 协商的概念

协商是由合同当事人双方在自愿互谅的基础上,按照法律、法规的规定,通过摆事实讲道理就争议事项达成一致意见的一种纠纷解决方式。实际上,在众多的劳务纠纷中,最后以仲裁或诉讼方式解决的纠纷数量所占比例并不大,更多的劳务纠纷是通过纠纷各方协商一致解决的。另外,在一般情况下,协商也是劳务纠纷各方解决争议的首选方式;通常情况下,劳务纠纷各方只会在协商不成时才会选择采取其他方式解决纠纷。

当事人以协商方式解决合同纠纷时,应当坚持依法协商;尊重客观事实;采取主动、抓住时机;采用书面和解协议书的原则。

(2) 协商的特点

作为一种纠纷解决方式,协商具有以下特点:

1) 成本低。由于协商是纠纷各方自行进行的,没有第三方参与,协商方式、协商地点等均以纠纷各方的意愿为准,所以以协商方式解决纠纷成本非常低。

2) 效率高。由于协商没有第三方参与,程序上亦没有要求,以方便纠纷各方为原则;所以以协商方式解决纠纷的效率比较高。

3) 充分体现纠纷各方的意愿。以协商方式解决纠纷时,只要纠纷各方自愿同意并接受解决方案即可,不需要纠纷解决方案完全符合法律法规的规定;所以协商是纠纷各方的意志体现最全面最彻底的纠纷解决方式。

4) 最大限度的保护纠纷各方之间的感情和联系。在以协商方式解决纠纷时,协商一般是在友好的氛围下进行的,解决方案是纠纷各方自愿达成并接受的,纠纷各方在协商过程中一般会求同存异，避免伤害感情。

5）纠纷解决的不确定性。以协商方式解决劳务纠纷不一定能够使纠纷获得解决。在劳务纠纷各方的要求差异过大，或纠纷各方不能相互妥协的情况下，劳务纠纷无法通过协商方式解决。

2. 调解

（1）调解的概念

调解是指合同当事人对合同所约定的权利、义务发生争议，不能达成和解协议时，在劳动争议调解委员会的主持下，在双方当事人自愿的基础上，通过宣传法律、法规、规章和政策，劝导当事人化解矛盾，自愿就争议事项达成协议，使劳动争议及时得到解决的一种活动。调解是由当事人以外的调解组织或者个人主持，在查明事实和分清是非的基础上，通过说服引导，促进当事人互谅互让，友好的解决争议。

（2）调解的特点

通过调解解决争议，可以节省时间，节省仲裁或者诉讼费用，有利于日后继续交往合作，是当事人解决合同争议的首选方式。但这种调解不具有法律效力，调解要靠当事人的诚意，达成和解后要靠当事人自觉的履行。和解和调解是在当事人自愿的原则下进行的，一方当事人不能强迫对方当事人接受自己的意志，第三方也不能强迫和解。

3. 仲裁

仲裁是当发生合同纠纷而协商不成时，仲裁机构根据当事人的申请，对其相互之间的合同争议，按照仲裁法律规范的要求进行仲裁并作出裁决，从而解决合同纠纷的法律制度。

（1）仲裁的原则

1）自愿原则。解决合同争议是否选择仲裁方式以及选择仲裁机构本身并无强制力。当事人采用仲裁方式解决纠纷，应当贯彻双方自愿原则，达成仲裁协议。如有一方不同意进行仲裁的，仲裁机构即无权受理合同纠纷。

2）公平合理原则。仲裁员应依法公平合理的进行裁决。

3）依法独立进行原则。仲裁机构是独立的组织，不受行政机关、社会团体和个人的干涉。

4）一裁终局原则。裁决作出后，当事人就同一纠纷再申请仲裁或者向人民法院起诉的，仲裁委员会或者人民法院不予受理。

仲裁具有办案迅速、程序简便的特点和优点，而且进入仲裁程序以后，仍然采取仲裁与调解相结合的方法，先调节，后仲裁，首先着力于调解方式解决。经调解成功达成协议后，仲裁庭即制作调解书或根据协议的结果制作裁决书，调解书和裁决书都具有法律效力。

提请仲裁的前提是双方当事人已经订立了仲裁协议，没有订立仲裁协议，不能申请仲裁。仲裁协议包括合同订立的仲裁条款或者附属于合同的协议。仲裁协议应具有下列内容：请求仲裁的意思表示；仲裁事项；选定仲裁委员会。合同中的仲裁条款或者附属于合同的协议被视为与其他条款相分离而独立存在的一部分，合同的变更、解除、终止、失效或者被确认为无效，均不影响仲裁条款或者仲裁协议的效力。国内合同当事人可以在仲裁协议中约定发生争议后到国内任何一家仲裁机构仲裁，对仲裁机构的选定没有级别管辖和地域管辖。

（2）仲裁程序

1）仲裁申请和受理。当事人申请仲裁，应当向仲裁委员会递交仲裁协议或合同副本、仲裁申请书及副本。仲裁申请书应依据规范载明有关事项。当事人、法定代理人可以委托律师和其他代理人进行仲裁活动。

委托律师和其他代理人进行仲裁活动的，应当向仲裁委员会提交授权委托书。仲裁机构收到当事人的申请书，首先要进行审查，经审查符合申请条件的，应当在7天内立案，对不符合规定的，也应当在7天内书面通知申请人不予受理，并说明理由。申请人可以放弃或者变更仲裁请求。

被申请人可以承认或者反驳仲裁请求，有权提出反请求。

2）开庭和裁决。仲裁应当开庭进行。当事人协议不开庭的，仲裁庭可以根据仲裁申请书、答辩书以及其他材料作出裁决，仲裁不公开进行。当事人协议公开的，可以公开进行，但涉及国家机密的除外。申请人经书面通知，无正当理由不到庭或者未经仲裁庭许可中途退庭的，可以视为撤回仲裁申请。

被申请人经书面通知，无正当理由不到庭或者未经仲裁庭许可中途退庭的，可以缺席裁决。

裁决应当按照多数仲裁员的意见作出，少数仲裁员的不同意见可以记入笔录。仲裁庭不能形成多数意见时，裁决应当按照首席仲裁员的意见作出。仲裁的最终结果以仲裁决定书给出。

3）执行。仲裁委员会的裁决作出后，当事人应当履行。当一方当事人不履行仲裁裁决时，另一方当事人可以依照民事诉讼法的有关规定向人民法院申请执行，受申请人民法院应当执行。

4. 诉讼

诉讼是指合同当事人依法请求人民法院行使审判权，审理双方之间发生的合同争议，作出有国家强制保证实现其合法权益，从而解决纠纷的审判活动。合同双方当事人如果未约定仲裁协议，则只能以诉讼作为解决争议的最终方式。

经过诉讼程序或者仲裁程序产生的具有法律效力的判决、仲裁裁决书或者调解书，当事人应当履行。如果负有履行义务的当事人不履行判决、仲裁裁决或调解书，对方当事人可以请求人民法院予以执行。执行也就是强制执行，即由人民法院采取强迫措施，促进义务人履行法律文书确定的义务。

合同当事人在遇到合同争议时，究竟是通过协商，还是通过调解、仲裁、诉讼去解决，应当认真考虑对方当事人的态度、双方之间的合作关系、自身的财力和人力等实际情况，权衡出对自己最为有利的争议解决对策。

6.2 劳务纠纷调解程序

6.2.1 劳务纠纷调解的基本原则

1. 合法原则

合法原则是指劳务纠纷处理机构在处理劳务纠纷案件的过程中应当坚持以事实为根

据，以法律为准绳，依法处理劳务纠纷。

2. 公正原则

劳务纠纷处理机构必须保证双方当事人处于平等的法律地位，具有平等的权利义务，不得偏袒任何一方。

3. 及时处理原则

及时处理原则是指劳务纠纷案件处理中，当事人要及时申请调解或者仲裁，超过法定期限将不予受理。劳务纠纷处理机构要在规定的时间内完成劳务纠纷的处理，及时保护当事人合法权益，防止矛盾激化，否则要承担相应的责任。

4. 调解为主原则

调解是指在第三方的主持下，依法劝说争议双方当事人进行协商，在互谅互让的基础上达成协议，从而解决争议的一种方法。

6.2.2 劳务纠纷调解的一般程序

1. 申请和受理

劳务纠纷发生后，双方当事人都可以自知道或应当知道其权利被侵害之日起的30日内，以口头或者书面的形式向调解委员会提出申请，并填写《调解申请书》。如果是劳动者在3人以上并具有共同申请理由的劳务纠纷案件，劳动者当事人一方应当推举代表参加调解活动。调解委员会对此进行审查并做出是否受理的决定。

2. 调解

调解委员会主任或者调解员主持调解会议，在查明事实、分清是非的基础上，依照法律、法规及依法制定的企业规章制度和合同公正调解。在调查和调解时，应进行相应的笔录。

3. 制作调解协议书或调解意见书

调解达成协议，制作调解协议书，写明争议双方当事人的姓名、职务、争议事项、调解结果及其他应说明的事项。调解意见书是调解委员会单方的意思表示，仅是一种简易型的文书，对争议双方没有约束力。若遇到双方达不成协议、调解期限届满而不能结案或调解协议送达后当事人反悔三种情况，则制作调解意见书。

调解委员会调解争议的期限为30日，即调解委员会应当自当事人申请调解之日起的30日内结束，双方协商未果或者达成协议后不履行协议的，双方当事人在法定期限内，可以向仲裁委员会申请仲裁。

6.3 劳务工资纠纷应急预案

6.3.1 劳务工资纠纷应急预案的编制

1. 劳务人员工资纠纷的原因及主要表现形式

劳务纠纷大多表现为工资纠纷，调解和处理劳务纠纷，在很大程度上要编制和实施应急预案。

（1）劳务人员工资纠纷的主要原因。

1）建设单位和总承包单位拖欠工程款引发的工资纠纷；

2）劳务分包单位内部管理混乱，考勤不清和工资发放不及时引发的工资纠纷；
3）总承包单位和劳务分包单位由于劳务分包合同争议引发的工资纠纷；
4）违法分包引发的工资纠纷；
5）"恶意讨薪"引发的工资纠纷。
（2）劳务人员工资纠纷表现形式。
1）企业内部闹事；
2）围堵总承包企业和政府机关；
3）聚众上访、提出仲裁和司法诉讼。

2. 工资纠纷应急预案的主要内容

劳务纠纷应急预案的编制大致包括以下 7 项内容，各地区（企业）可结合实际情况灵活掌握。
（1）应急预案的目的；
（2）应急预案的编制依据；
（3）应急预案的使用范围；
（4）应急机构体系；
（5）工作职责；
（6）应急措施；
（7）责任处理和后期处理。

3. 工资纠纷应急处理的原则

根据《建设领域农民工工资支付管理暂行办法》，工资纠纷应急处理应遵循以下原则：
（1）先行垫付原则。

业主或工程总承包企业未按合同约定与建设工程承包企业结清工程款，致使建设工程承包企业拖欠农民工工资的，由业主或工程总承包企业先行垫付农民工被拖欠的工资，先行垫付的工资数额以未结清的工程额为限。

（2）优先支付原则。

企业因被拖欠工程款导致拖欠农民工工资的，企业追回的被拖欠工程款，应优先用于支付拖欠的农民工工资。

（3）违法分包承担连带责任原则。

工程总承包企业不得将工程违反规定发包、分包给不具备用工主体资格的组织或个人，否则应承担清偿拖欠工资连带责任。

（4）及时裁决和强制执行原则。

农民工与企业因工资支付发生争议的，按照国家劳动争议处理有关规定处理。对事实清楚、不及时裁决会导致农民工生活困难的工资争议案件以及涉及农民工工伤、患病期间工资待遇的争议案件，劳动争议仲裁委员会可部分裁决；企业不执行部分裁决的，当事人可依法向人民法院申请强制执行。

6.3.2 劳务工资纠纷应急预案的组织实施

1. 突发事件应急状态描述

突发事件应急状态，分为如下四个阶段：

（1）前兆阶段：劳务企业（作业队伍、作业班组）向项目部或有关部室索要劳务费、材料费、租赁费、机具费等，出现矛盾并煽动员工以非正常手段解决时；劳务作业人员出现明显不满情绪时；按施工进度劳务作业队伍应撤场但占据施工场地或生活区拒不撤场时；劳务作业人员聚集到建设单位、总承包单位办公地点或围堵建设单位、总承包单位管理人员时；劳务作业人员聚集到项目部干扰妨碍正常办公时。

（2）紧急阶段：劳务作业人员聚集到建设单位、总承包单位办公机关，干扰妨碍正常办公时；劳务作业人员聚集到建设单位、总承包单位以外政府部门群访、群诉时；劳务作业人员采取影响社会治安等非正常手段制造影响时。

（3）谈判阶段：聚众妨碍正常办公的劳务作业人员情绪得到控制，所属施工单位负责人能与劳务企业负责人或代表正式对话时。

（4）解决阶段：与劳务企业负责人或代表达成一致意见且聚集的劳务作业人员已经疏散或退出占据的施工现场时；正常生产、办公秩序得到恢复时。

2. 应急状态的报告程序

当发现出现应急状态的前兆阶段和紧急阶段所描述的情况时，相关工作人员必须向有关部门报告，报告顺序如下：

（1）应急状态前兆阶段：

（2）直接进入紧急阶段：

项目部有关人员──→项目经理──→上级经理办公室──→应急小组领导
　　　　　　　　　　　↓　　　　　　　　　　　　　　↓
　　　　　　　　　各工作组　　　　　　　　　　应急小组成员

接到报告的项目经理或各级群体性劳务费纠纷突发事件应急工作组应及时核实情况，并迅速向上一级报告，同时，尽可能控制事态发展。出现联络障碍不能按上述顺序报告时，可越级上报，直至报告给应急指挥领导小组。

3. 预案的启动和解除权限

各级突发事件应急领导小组组长接到报告后，应迅速组织应急领导小组成员核实情况，情况属实需要启动本预案时，应由组长宣布进入应急状态，并启动本预案。应急领导小组成员接到通知后组织工作组人员，履行应急职责，并由领导小组组长决定是否向上级主管部门汇报。

事态进入解决阶段后，应急小组组长视实际情况决定解除本预案。

4. 应急资金准备

各施工单位应筹措一定比例资金，作为专项用于协调解决重大群体性事件的应急资金。

6.3.3 编写工资纠纷应急预案的主要内容

1. 应急预案的目的、编写依据和适用范围

（1）应急预案的目的

应急预案的目的，是为了最大限度降低劳务纠纷突发事件造成的经济损失和社会影响，积极稳妥地处理因劳务纠纷等问题引发的各种群体性事件，有效地控制事态，将不良影响限制在最小范围，保证建安施工企业的正常生产和管理秩序。

（2）应急预案的编写依据

应急预案的编写，要本着确保社会稳定，建立和谐社会，预防为主，标本兼治的原则，按照住房和城乡建设部的相关要求编制。

（3）应急预案的适用范围

1）发生劳务纠纷突发事件，造成一定的经济损失和社会影响的；

2）因劳务纠纷引发的各种群体性事件，造成一定的经济损失和社会影响的。

2. 应急机构体系及职责

（1）应急机构体系

1）成立各级应急指挥领导小组，领导小组下设应急指挥领导小组办公室，各级领导小组包括集团公司、二（子）级公司和项目部；

2）成立行政保障和法律援助工作组、保稳定宣传工作组，确保应急预案的正常启动；

3）应急情况紧急联系电话应包括：领导小组办公室电话及联系人电话；火警电话：119，急救电话：120；当地派出所电话；当地建筑业主管部门电话。

（2）工作职责

1）各级领导小组工作职责

① 总承包单位领导小组职责：

领导小组办公室负责分包劳务费拖欠情况及劳务费结算、支付、农民工工资发放情况的摸底排查，纠纷协调、督办、紧急情况处理等指导工作，并与施工单位形成保稳定管理体系，与分包队伍上级单位保持联络。处理解决群体性突发事件。

公司法定代表人是群体性突发事件第一责任人，负责组织协调各方面工作，及时化解矛盾，防止发生群体性事件。领导本单位工作组处理群体性突发事件，确保应急资金的落实到位。

② 总承包单位的子公司领导小组职责：

了解各项目部劳务作业人员动态，掌握劳务分包合同履约及劳务费支付情况，督促、检查、排查、通报劳务费结算、兑付情况，加强实名制备案的监督管理工作，及时发现有矛盾激化趋势的事件，负责协助项目部协调纠纷、处理紧急情况；与分包队伍上级单位保持联络，出现应急前兆时应派人到现场与项目部配合随时控制事态发展，保持与领导小组的联系，促使问题及时解决。进入应急状态紧急阶段时，及时向上级报告，并保证有专人在现场，尽可能控制事态，必要时与分包队伍的上级单位、相关省市驻本地建设管理部门联系取得支持，并上报集团公司领导小组。

子、分公司领导小组应做好日常与劳务企业（队伍）人员维护稳定的宣传、教育、沟通、合作交流等工作，与本地区建设行政管理部门、人力资源和社会保障局、公安局、内保局、街道办事处、相关各省市驻本地区建设管理部门、集团公司等劳务企业保持日常联络，以备应急状态时及时发现、处理问题和便于求助。

③ 项目经理部职责

各项目部劳务管理人员应掌握分包合同履约情况、工程量、劳务工作量和劳务费结算、支付、农民工工资发放的具体情况，还应按照"实名制"管理工作要求，将本项目部所有劳务作业队伍的人员花名册、合同备案资料、上岗证、考勤表、工资发放表按规定要求认真收集，归档备案。要认真观察本项目作业人员的思想动态和异常动态，认真做好思想政治工作，对有矛盾激化趋势的事件，应按组织体系及时汇报，及时化解矛盾，防止矛盾升级，不得忽视、隐瞒有矛盾激化趋势的事件发生。出现应急前兆时，原则上由发生群体性事件的项目部组织本项目部人员出面调解处理，并保持与本单位应急小组的联系，随时汇报事态进展。进入应急状态紧急阶段时，项目经理必须到现场，组织本项目部应急小组与劳务企业（作业队伍、作业班组）进行沟通，负责通过各种方式解决纠纷，确保稳定。

2）行政保障和法律援助工作组职责

保证应急领导小组成员通讯畅通，准备应急车辆，配合项目部工作，提供法律方面的支持。出现应急前兆时应随时关注并与项目部保持联系，进入应急状态紧急阶段时，应保证备勤车辆、急救器材和药品，上级或地方政府领导到场时，负责相应的接待工作，并为项目部解决纠纷提供法律方面的支持。

3）保稳定宣传工作组职责

调查劳务企业人员的思想动态，负责协助及时调解矛盾，做好联系媒体宣传工作。出现应急前兆做好相关人员的思想工作，维护稳定，负责接待新闻媒体和协调处理与新闻媒体的关系，负责对新闻媒体发布消息。

3. 应急措施

（1）在施工单位机关或总承包单位机关办公楼出现紧急情况阶段时，由应急指挥领导小组成员及工作组各司其职，维护现场秩序，进行劝阻和力争谈判解决矛盾。

（2）机关各部门人员在出现紧急情况阶段时，部门内应当至少留一名员工负责保护部门内部的财物、资料。

（3）局势得到控制后，由群体性突发事件工作组和项目部有关人员出面与劳务企业对话，要求对方派代表与总包单位就具体问题进行谈判，除代表外的其他人员应遣散或集中到会议室。

（4）如果对方不能够按总包单位要求进行谈判，并且继续冲击总包单位机关、扰乱总包单位办公秩序，由现场总指挥决定报警，由行保、安全监管部门内勤进行报警。

4. 责任处理和后期处置

（1）突发事件的处理

1）突发劳务纠纷事件，要立即上报加强农民工及劳务管理工作领导小组，相关人员按预案要求在第一时间赶到事件发生现场。加强农民工及劳务管理工作领导小组当即启动应急程序、开展工作。

2）发生纠纷事件的项目经理要协助公司处理突发纠纷事件，相关部门应积极配合。

3）对突发劳务纠纷事件，要严格控制事态，剪除就地解决的原则。

4）事件得到控制、平息后，要立即组织恢复生产秩序，采取一切措施消除负面影响。

（2）责任处理

1）对违反各项规章制度，侵犯工人权益的劳务队伍视情节给予警告直至清理出场。

2）按相关责任要求，对发生纠纷事件的总承包企业、总承包二级公司和项目相关责任人，追究责任。

3) 对纠纷事件不上报或瞒报，报告不及时的单位，视情节处以一定数额的罚款、通报批评并追究行政责任。

4) 对措施不得力，贻误时机，造成重大损失或影响的单位和项目经理，除通报批评、处以罚款外，要追究行政责任。

6.3.4 建立工资纠纷应急处理的组织管理系统

为最大限度降低劳务工资纠纷突发事件造成的经济损失和社会影响，正常的生产和管理秩序同时本着确保社会稳定，建立和谐社会，预防为主，标本兼治的原则，总承包企业应建立劳务人员工资纠纷应急处理的组织管理系统。

1. 劳务纠纷及突发事件管理机构

成立总承包企业"一把手"为组长的工作领导小组，由最高领导管理劳务纠纷突发事件的最高领导机构，人员组成模式：

组　　长：企业董事长（总经理）
副组长：企业主管劳务的副总经理
组　　员：与劳务相关部门管理人员

2. 职责分类及责任落实到人

(1) 现场协调，解决方案的落实：×××
(2) 政策、法制宣传：×××
(3) 治安保卫现场监督管理：×××
(4) 劳务资料收集督促：×××
(5) 情况汇总上报：×××
(6) 应急情况报警：×××

3. 应急情况报警电话

(1) 火警电话：119　急救电话：120
(2) 项目所在派出所电话：××××××
(3) 项目所在地建筑业主管部门电话：××××××

4. 领导小组下设办公室

电话××××××××　联系人：×××

6.3.5 实施劳务人员工资纠纷应急预案

1. 解决劳务人员工资纠纷的主要措施

(1) 建立工伤支付农民工工资的约束和保障机制，从根本上解决农民工工资拖欠问题。

一是按照工程合同价款的一定比例向主管部门缴纳农民工工资保障金，工资保障金在工程合同价款中列支，专款专用。二是公司应及时将工资保障金存入指定银行、专户存储、专款专用。三是公司招收农民工，必须与农民工签订劳动合同，农民工依法享有劳动报酬、休息休假、劳动安全卫生以及保险福利的权利，并在规定期限内持农民工名册到当地人力资源和社会保障行政主管部门备案。四是公司应当以货币形式按月足额支付农民工工资，施工工程期限小于一个月的或者双方约定支付工资期限低于一个月的，另外约定。

五是在工程建设期间内及工程竣工后,有拖欠农民工工资行为的,由人力资源和社会保障行政主管部门启动工资保障金,及时发放拖欠的农民工工资。

(2) 建立企业信用档案制度。

对存在拖欠农民工工资问题的劳务公司不予使用,挑选工资发放执行有信用的劳务公司。

(3) 建立日常工作机制和监督机制。

通过设立拖欠举报投诉电话,加强对各项目的监管,促使每个项目部依法支付农民工工资,落实清欠责任,及时兑现农民工工资。

(4) 建立欠薪应急周转金制度。

其主要由公司一部分资金,组成欠薪保障应急基金,专门用于应付突发性、群体性的欠薪纠纷。

(5) 提高农民工的法律维权意识。

加强对国家有关法律法规的宣传力度,进一步提高广大农民工的法律法规保护意识,公司应设立农民工工资清欠举报电话,一旦发现有工程款拖欠的,农民工能及时向公司反映,启动应急预案,及时解决。

(6) 严格做好公司及各项目部劳务队伍管理和用工管理,从源头上杜绝发生农民工工资纠纷事件。

(7) 完善法律法规,加大执法力度,用法律手段解决工资拖欠问题。

一是工资保障金制度。建设项目部开工前,公司要按照各省市规定按比例足额将工资保障金存入建设部门指定的账户。工程竣工验收合格后如果没有拖欠工资的投诉,公司可以将本息一并支取。如有拖欠工资投诉,建设主管部门从保障基金中划支所欠款项。二是合同管理制度。公司实行分包时,要与分包企业签订合同,承担项目建设中发生的工资发放义务与责任。三是用工签发工票制度。企业如遇特殊情况不能按月发放工资时,向农民工签发工票,作为领取工资的依据,也可以作为农民工讨要被拖欠工资的凭证。四是按月发放工资制度。总承包企业按月凭工票向农民工足额发放工资。五是建立支付农民工工资公告制度。在施工现场设立公告牌、公示投诉电话、地址等相关信息。六是建立企业信用档案制度。对发生拖欠的项目部,公司将给予经济处罚。

2. 解决劳务人员工资纠纷的主要途径

(1) 由建设单位或总承包单位先行支付;

(2) 责令用人单位按期支付工资和赔偿金;

(3) 通过法律途径解决。

根据《劳动法》和国务院《劳动保障监察条例》等规定,用人单位不得克扣或无故拖欠劳动者工资。用人单位克扣或无故拖欠劳动者工资的,由劳动保障行政部门责令支付劳动者的工资报酬,逾期不支付的,责令用人单位按应付金额50%以上1倍以下的标准计算,向劳动者加付赔偿金。

如果务工人员遭遇用人单位的欠薪,应通过合法手段来讨要欠薪,不要采取过激行为威胁用人单位;在用人单位拖欠工资的情况下,可以先与用人单位协商,如果协商解决无效,则可以通过以下法律途径来解决。

1) 向当地劳动保障监察机构举报投诉。

2) 向当地劳动争议仲裁委员会申请仲裁,需要注意的是,要在劳动争议发生之日起

60日内向劳动争议仲裁委员会提出书面申请。

3）通过法律诉讼途径解决。具体分为三种情况：一是劳动纠纷案件仲裁后一方不服的，可以向法院提出诉讼；二是经仲裁后不服从，劳动仲裁裁决生效后，用人单位不执行的，可申请法院强制执行；三是属于劳务欠款类的可直接向法院提起民事诉讼。

6.4 调解和处理劳务纠纷

6.4.1 判断劳务纠纷特点及其原因

1. 劳务纠纷的特点

（1）劳务纠纷多发性。

劳务纠纷案件在数量上居高不下，每年皆有上升趋势。集体劳动争议上升幅度较大。集体争议呈现突发性强、人数多、处理难度大的特点。

（2）经济利益主导性。

绝大多数劳资纠纷是由于劳动者的基本劳动经济权益被侵害，而又长期得不到解决所致。通常，劳动关系双方对经济利益的重视程度高于对其他权利的重视程度，由于劳动者处于劳动关系的弱势地位，个人很难为维护权利与用人单位抗衡，因此多从经济利益方面找回损失，而用人单位对违约出走的劳动者，也大多以经济赔偿为由提出申诉。据统计，劳动报酬是引发劳动争议的第一原因，其次是解除或终止劳动合同，再次是自动离职或辞职。

（3）劳务纠纷地域集中性。

大量的劳动争议案件集中在大中城市、沿海县（市、区），山区县劳动争议数量较少。

（4）矛盾激化性。

弱势一方的劳动者往往不自愿通过正当的法律途径解决纠纷，而是采取集体上访、封堵政府机关，甚至有集体堵塞道路交通的行为发生。

（5）无照经营性。

无证无照的家庭作坊与劳动者之间发生的劳资纠纷不断增多。大量无证无照的家庭作坊，雇工人数少则几人，多则几十人，用工不规范，劳务管理混乱，是劳务争议产生和矛盾激化的多发地。

2. 劳务纠纷产生的原因

劳务纠纷产生的原因很复杂，就建筑业来说，施工企业对签订劳务分包合同管理不够重视，合同条款不够完善；劳务分包企业在施工现场没有选派合格的管理人员，对劳务工人的管理不到位，造成进度拖延及质量、安全事故；劳务分包企业雇佣的工人未签订劳动合同并未办理工伤、医疗或综合保险等社会保险；无照家庭作坊雇佣劳务工人，承揽劳务分包，发生问题时处理不到位；劳务者的权益受侵害又不能适时合理解决；施工企业片面追逐利润，损害劳务者的合法权益；劳务者的弱势地位是其合法权益受侵害的主要原因；施工企业和劳务分包企业双方法律意识淡薄引发劳动争议；劳动关系的日趋多样化、复杂化；政府建设行政主管部门对建筑劳务的动态监管不到位等都是导致劳务纠纷的原因，归类来讲，劳务纠纷产生的原因主要有以下几类：

（1）由于未签订劳动合同引发的劳务纠纷

内部施工劳务作业队劳务承包纠纷发生的原因主要是劳动关系和工伤事故。从目前来看，施工劳务作业队所配属的都是农民工，往往都不签订劳动合同。

（2）由于违法分包引发的劳务纠纷

"包工头"的劳务分包纠纷发生的原因主要是劳动报酬和劳动关系。施工企业将工程部分项目发包给"包工头"，劳务作业完成后结算也与"包工头"结算，而且农民工工资一般由"包工头"发放。一旦结算完毕，"包工头"人走了而农民工工资没有支付，农民工就会向施工企业追讨而发生纠纷。

（3）由于未签或分包合同约定不明确引发的劳务纠纷

成建制的劳务分包纠纷发生的原因主要有以下几种情形。未签订劳务分包合同或虽然签订劳务分包合同但约定不明确。从严格意义来讲，成建制的劳务分包是两个独立法人发生的经济契约关系，通过合同来确定双方的权利和义务。因此，一旦发生工期、质量问题，由于未签订劳务分包合同或虽然签订劳务分包合同但合同约定不明确，施工企业就很难维护自己的权益。

（4）由于"包工头"挂靠成建制企业引起的劳务纠纷。

由于项目部在劳务分包过程中，没有认真审查对方当事人授权权限、授权资格及授权人的身份，虽然与成建制企业签订劳务分包合同，实质是与"包工头"发生经济关系，造成与第三方发生纠纷。如果项目部没严格审查或疏忽审查或明知劳务分包企业无相应的资质或超过其相应资质应当承担的劳务作业的工程量而签订劳务分包合同，都将被判定为无效的劳务分包合同。如果由于劳务分包企业的资质原因，造成完成的工程量不合格的，项目部所在的施工企业将独立地向工程发包人承担责任。如果在项目部和劳务分包企业签订劳务分包合同时，对资质问题或超资质范围问题都是明知的，那么根据《合同法》58条规定："双方都有过错的，应当各自承担相应的责任"，项目部所在的施工企业和劳务分包企业都要承担损失。

（5）名为劳务分包实为工程分包引起的劳务纠纷。

合同名称为劳务分包合同，但是合同内容却是工程分包，目的是为了规避检查。这种合同将依据合同的实际内容和建设施工中的客观事实以及双方结算的具体情况来认定双方合同关系的本质。被认定为工程分包合同，那么就要按照工程分包合同的权利义务，来重新确认双方的权利义务。如果劳务分包企业未取得建筑施工企业资质或者超越资质等级的，双方签订的合同为无效合同。《最高人民法院关于审理建设工程施工合同纠纷案件的适用法律问题的解释》第1条规定："建设工程施工合同具有下列情形之一的，应当根据《合同法》第52条第（5）项的规定，认定无效：承包人未取得建筑施工企业资质或者超越资质等级的；没有资质的实际施工人借用有资质的建筑施工企业名义的；建设工程必须进行招标而未招标或者中标无效的"。第4条规定："承包人非法转包、违法分包建设工程或者没有资质的实际施工人借用有资质的建筑施工企业名义与他人签订建设工程施工合同的行为无效。人民法院可以根据《民法通则》第134条规定，收缴当事人已经取得的非法所得"。由此可见，要想从合同名称来规避法律是行不通的，而且可能会带来严重的法律后果。

6.4.2 调解并协商处理劳务纠纷

1. 劳务纠纷调解的主要方式

调解方式是指调解人员在调解纠纷的过程中所采用的具体方式。常用的调解方式有：单独调解、共同调解、直接调解、间接调解、公开调解、非公开调解、联合调解等。

单独调解是指由纠纷当事人所在地或纠纷发生地的调解员单独进行的调解。这是调解员最常用的调解方式之一。单独调解适用于调解员独任管辖的纠纷。这类纠纷不涉及其他地区、其他单位的关系人。

共同调解是数个调解组织共同调解一起纠纷，在受理后，必须分清主次，以一个调解组织为主，其他调解组织协助。

直接调解是指调解人员将纠纷双方当事人召集在一起，主持调解他们之间的纠纷。直接调解可以单独调解，也可共同调解。在实行这种调解之前，调解人员一般都事先分别对当事人进行谈话，掌握处理这起纠纷的底数。

间接调解是指调解人员动员、借助纠纷当事人以外的第三者的力量进行调解。

公开调解是指调解员在调解纠纷时，向大家公布调解时间、调解场所，邀请当事人亲属或朋友参加，允许群众旁听的调解方式。这种调解形式主要适用于那些涉及广、影响大、当事人一方或双方有严重过错，并对群众有教育示范作用的纠纷，以起到调解一件、教育一片的作用。

非公开调解是指调解员只有当事人在场无其他人参加的情况下进行的调解。非公开调解是与公开调解相对而言的。非公开调解适用于涉及纠纷当事人隐私权的纠纷。

联合调解是指调解员会同其他地区或部门的调解组织、群众团体、政府有关部门，甚至司法机关，相互配合，协同作战，共同综合治理纠纷的一种方式。

2. 劳务纠纷调解的方法

(1) 积极磋商，争取协商解决。

建筑市场发展越来越成熟，与此同时，建筑施工过程中的争议也越来越多。为了保护自己的合法权益，不少建筑施工企业都参照国际惯例，设置并逐步完善了自己的内部法律机构或部门，专职实施对争议的管理，这已经成为建筑施工企业在市场中良性运转的一个重要保障。但是，要防止解决争议去找法院打官司的单一思维，有时通过诉讼解决未必是最经济有效的方法，在解决争议过程中要考虑诉讼成本和效果的问题。由于工程施工合同争议情况复杂，专业问题多，有许多争议法律无法明确规定，往往造成评审法官难以判断、无所适从。在通常情况下，工程合同纠纷案件经法院几个月的审理，由于解决困难，法官也只能采取反复调解的方式，以求调解结案。因此，施工企业也要深入研究案情和对策，争取协商、调解方式解决争议，尽量通过协商谈判的方式解决，以提高争议解决效率。在协商解决中，一个很重要的谈判技巧是：站在对方角度思考问题，这有时往往能决定协商谈判的成败。

(2) 通过仲裁、诉讼的方式解决纠纷，重视时效，及时主张权利。

当事人请求仲裁机构或人民法院保护民事权利，应当在法定的时效期间内，一旦超过时效，当事人的民事实体权力就丧失了法律的保护。因此，建筑施工企业要通过仲裁、诉讼的方式解决建设合同纠纷时，应当特别重视有关仲裁时效与诉讼时效的法律规定，在法定诉讼时效或仲裁时效内主张权利。

1) 仲裁时效，是指当事人在法定申请仲裁的期限内没有将纠纷提交仲裁机关进行仲裁的，即丧失请求仲裁机关保护其权利的权利。在明文约定合同纠纷由仲裁机关仲裁的情况下，若合同当事人在法定提出仲裁申请的期限内没有依法申请仲裁的，则该权利人的民事权利不受法律保护，债务人可依法免于履行债务。

2) 诉讼时效，是指权利人在法定提起诉讼的期限内如不主张其权利，即丧失请求法院依诉讼程序强制债务人履行债务的权利。诉讼时效实质上就是消灭时效，诉讼期间届满后，债务人依法可免除其应负之义务。若权利人在诉讼时效期间届满后才主张权利的，丧失了胜诉权，其权利不受司法保护。

法律确定时效制度的意义在于，防止债权债务关系长期处于不稳定状态，催促债权人尽快实现债权，从而避免债权债务纠纷因年长日久难以举证，不便于解决纠纷。

3) 诉讼时效期间的起算和延长：

诉讼时效期间的起算，是指诉讼时效期间从何时开始。根据《民法通则》的规定，向人民法院请求保护民事权利的诉讼时效期间为2年，法律另有规定的除外，诉讼时效期间从权利人知道或者应当知道其权利被侵害时起计算。

诉讼时效期间的延长，是指人民法院对于诉讼时效的期限给予适当的延长。根据《民法通则》第137条规定："诉讼时效期间从知道或者应当知道权利被侵害时起计算。但是，从权利被侵害之日起超过20年的，人民法院不予保护，有特殊情况的人民法院可以延长诉讼时效期间。"

3. 解决劳务纠纷的对策

解决建筑施工劳务纠纷的对策主要有：

（1）推行建筑业劳务基地化管理。

建筑劳务基地化管理，是指建设行政部门对建筑劳务输出、输入双方的共同管理，是建筑劳务实行统一组织培训、输出、使用、回归、分配等全过程的系统管理。建筑劳务供需双方逐步建立定点定向、专业配套、双向选择、长期合作的新型劳务关系，发挥建筑劳务基地在提供建筑劳务方面的主渠道作用。

（2）施工总企业承包要优选劳务队伍，并实施招标投标管理。

项目部提出专业队伍使用申请表，公司根据申请表，一方面起草招标文件，一方面从合格分包商名录中列取拟选投标队伍名单，并填报拟选投标队伍审批表上报主管领导审批。公司根据拟选投标队伍审批结果，组织考察小组进行调查和考察，并填写队伍考察评价记录，负责招标工作。

（3）加强和落实劳务分包合同管理。

施工企业要切实加强劳务合同管理。企业要把签订劳务合同作为管理的重点，一定要先签订合同后施工，劳务合同条款要具体和完善，不可完全照搬范本，其合同条款要根据工程的实际情况，明确双方各自的权利和义务，用合同条款的形式监督约束双方。签订合同前组织相关人员进行合同评审，重点评审分包方能力、以往类似工程业绩、分项工程劳务价格和条款的严密性。这样有利于合同双方认真履行合同，减少不必要的纠纷。要求企业将合同送到劳动保障部门鉴定，以便纠正劳务合同中存在的问题，指导企业按照法律法规的规定签订劳务合同。企业要注重分包合同资料的收集，如协议书、图纸、变更设计、验收记录、隐蔽记录、结算单、往来的信件、交底资料、索赔资料等，这些资料均是劳务合同的组成部分。这样可以有效地应付分包方的索赔，对保证分包合同的顺利履行及减少合同纠纷和维护企业利益均具有重要作用。

（4）实施规范化劳务管理，推广建筑业务工人员实名制。

劳务企业施工作业人员进入现场后，由项目部统一管理，必须遵循"三证八统一"的管理制度即：身份证、暂住证、上岗证、劳动合同、人员备案证书、工资表、考勤表、花名册、床头卡、工作出入证，项目部建立劳务人员管理档案，分类存放，以备查。

（5）施工企业要切实加强建筑劳务合同实施过程管理。

1）成立劳务分包管理组织机构。

鉴于劳务分包管理工作的重要性，实际施工中应成立相应的管理组织机构，明确职责和分工，以对劳务分包工作进行全方位、全过程的管理和监督。

2）选择劳务协作队伍。

选择有实力、信誉好、能长期合作的劳务分包队伍，首先要严格审查其营业执照、资质等级证书、安全生产许可证、建筑安全生产特殊岗位操作人员持有的有效证件等。同时，根据以往类似完成工程情况考察其施工能力和信誉情况。

3）实行劳务工长负责制。

企业要求劳务分包企业建立以劳务工长为首的施工现场生产管理系统，实行劳务工长负责制。明确施工现场劳务企业的主要职能就是在现场管理调配工人以及核定分配工资，劳务企业并不参与施工现场的生产管理。

4）确定工程劳务分包单价。

单价的确定是劳务分包管理工作的关键，在项目分包管理中，每项工程的劳务分包单价的确定必须根据劳务市场行情结合投标报价综合确定。

5）加强对劳务分包队伍的施工过程控制。

工程施工劳务分包过程涉及方方面面，在做好技术、安全交底的同时，应对所施工的工程数量、部位、质量、材料耗用量、进度计划等指标进行细化、分解和明确。其中材料消耗、机具设备管理和施工质量控制应作为管理控制的重点。

6）注重完工总结。

分包工程完工后，及时总结分析，通过对管理中的得失检查，为分包工作提供借鉴。年底进行考核评定，评出优秀，列入合格劳务分承包名册，淘汰落后队伍。

（6）施工企业要切实加强劳务分包作业人员的考勤管理。

项目部严格执行现场考勤管理制度，准确核实劳务队伍的备案人员花名册人员是否与现场实际人员考勤相吻合，如果实际人员考勤比备案花名册人员多出或减少时应积极督促劳务队长办理人员增减备案手续，如果来不及办理备案手续时，必须登记好人员的进出场台账及考勤记录，留存身份证复印件，并要求其队长在7天内补办手续或做清场处理。现场施工人员所有考勤记录，（考勤表经项目经理、劳务队长签字，劳务公司盖章）每月由项目行管员统一收集、整理并按政府要求上传、上报、留存。

（7）施工企业要切实加强劳务分包作业人员的工资发放管理。

劳务分包队伍中的劳务人员工资，每月由劳务分包队伍在规定日期做好上月劳务人员的工资清单，在现场公示3天无误后，由劳务队长带上所公示的工资清单、考勤记录、工资发放承诺书（加盖单位公章、施工队长签字）报项目经理部审核、签字、确认，然后报公司审核、签字确认后，方可去财务部领取支票。发放工资时由项目部统一组织实施监督发放，督促劳务公司派人进行现场跟踪、监督发放，保证把工资足额发放到农民工手中。工资必须执行月结月清制度，明确作业人员当月应发工资额和实发工资额，领取人必须有本人签字，不得代签（特殊情况除外）。

（8）施工企业要切实加强公司对劳务分包作业人员的档案管理。

公司施工管理部要对劳务用工实行动态管理、规范管理、程序管理，要建立劳务用工合同管理台账或数据信息库，及时协调、处理好劳务分包队伍与劳务人员之间的争议。

6.5 工伤事故处理程序

6.5.1 工伤与工伤事故的分类、认定及工伤保险

1. 工伤及工伤事故的认定

（1）工伤

关于"工伤"的概念，1921年国际劳工大会通过的公约中对"工伤"的定义是："由于工作直接或间接引起的事故为工伤。"1964年第48届国际劳工大会也规定了工伤补偿应将职业病和上下班交通事故包括在内。因此，当前国际上比较规范的"工伤"定义包括两个方面的内容，即由工作引起并在工作过程中发生的事故伤害和职业病伤害。职业病，是指企业、事业单位和个体经济组织的劳动者在职业活动中，因接触粉尘、放射性物质和其他有毒、有害物质等因素而引起的疾病。

（2）工伤认定

根据《工伤保险条例》第十四、十五条的规定，职工有下列情形之一的，应当认定为工伤：

1）在工作时间和工作场所内，因工作原因受到事故伤害的；

2）工作时间前后在工作场所内，从事与工作有关的预备性或者收尾性工作受到事故伤害的；

3）在工作时间和工作场所内，因履行工作职责受到暴力等意外伤害的；

4）患职业病的；

5）因工外出期间，由于工作原因受到伤害或者发生事故下落不明的；

6）在上下班途中，受到非本人主要责任的交通事故或者城市轨道交通、客运轮渡、火车事故伤害的；

7）法律、行政法规规定应当认定为工伤的其他情形。

职工有下列情形之一的，视同工伤：

1）在工作时间和工作岗位，突发疾病死亡或者在48小时之内经抢救无效死亡的；

2）在抢险救灾等维护国家利益、公共利益活动中受到伤害的；

3）职工原在军队服役，因战、因公负伤致残，已取得革命伤残军人证，到用人单位后旧伤复发的。

职工有前款第1项、第2项情形的，按照本条例的有关规定享受工伤保险待遇；职工有前款第3项情形的，按照本条例的有关规定享受除一次性伤残补助金以外的工伤保险待遇。

2. 工伤保险

工伤保险是社会保险制度的重要组成部分。是指国家和社会为在生产、工作中遭受事故伤害和患职业性疾病的劳动者及亲属提供医疗救治、生活保障、经济补偿、医疗和职业康复等物质帮助的一种社会保障制度。2003年4月16日国务院第5次常务会议讨论通过《工伤保险条例》，同年4月27日中华人民共和国国务院令第375号公布，自2004年1月1日起施行。2010年12月8日国务院第136次常务会议通过《国务院关于修改〈工伤保险条例〉的决定》，同年12月20日中华人民共和国国务院令第586号公布，自2011年1月1日起施行。《工伤保险条例》第二条规定：中华人民共和国境内的企业、事业单位、社会团体、民办非企业单位、基金会、律师事务所、会计师事务所等组织和有雇工的个体工商户应当依照本条例规定参加工伤保险，为本单位全部职工或者雇工缴纳工伤保险费。中华人民共和国境内的企业、事业单位、社会团体、民办非企业单位、基金会、律师事务所、会计师事务所等组织的职工和个体工商户的雇工均有依照本条例的规定享受工伤保险待遇的权利。该条例第三条规定，工伤保险费的征缴按照《社会保险费征缴暂行条例》关于基本养老保险费、基本医疗保险费、失业保险费的征缴规定执行。

《中华人民共和国安全生产法》第四十三条规定：生产经营单位必须依法参加工伤社会保险，为从业人员缴纳保险费。因此，生产经营单位与从业人员订立的劳动合同，应当载明有关保障从业人员劳动安全、防止职业危害的事项，以及依法为从业人员办理工伤社会保险的事项。

《中华人民共和国社会保险法》对工伤保险设专门章节进行规范，规定职工应当参加工伤保险，由用人单位缴纳工伤保险费，职工不缴纳工伤保险费。《建筑施工企业安全生产许可证管理规定》要求：企业应依法参加工伤保险，依法为施工现场从事危险作业的人员办理意外伤害保险，为从业人员交纳保险费。此项要求被列为12项建筑施工企业安全生产条件之一。

《中华人民共和国建筑法》第四十八条规定：建筑施工企业应当依法为职工参加工伤保险，缴纳工伤保险费。鼓励企业为从事危险作业的职工办理意外伤害保险，支付保险费。此条规定是2011年4月22日经第十一届全国人大第20次会议修订，从2011年7月1日起施行。

6.5.2 抢救伤员与保护现场

1. 抢救伤员

事故发生后，有关单位和人员应按照应急救援预案，立即向本单位负责人报告，并拨打120请求紧急救护。在120救护车赶到之前应展开自救。

（1）触电事故现场急救

发生触电事故后，切不可惊慌失措，束手无策。要立即切断电源，使伤员脱离继续受电流损害的状态，减少损伤的程度。同时向医疗部门呼救，这是能否抢救成功的首要因素。在切断电源前应注意伤员身上因有电流通过，已成带电体，任何人不应触碰伤员，以免自己也遭电击。

（2）烧伤救护

烧伤包括热烧伤、化学烧伤和电烧伤等。

热烧伤现场救护的主要措施是尽快使伤员脱离致伤因素,以免继续损害深层组织,为下一步的救治创造条件。

电烧伤因电流的特殊作用,所造成的软组织损伤是不规则的立体烧伤。电烧伤往往伤口小,基底大而深,所以不能单纯看烧伤部位的面积来衡量烧伤的程度,而应同时注意致伤的深度和全身情况。

(3) 出血救护

建筑施工现场的伤亡事故多发生在高处坠落、物体打击、机械伤害、触电和物体坍塌等方面。而这些事故都会造成出血征象,且常伴随软组织割裂伤、挫伤、刺伤、骨折等原发创伤。

发生创伤性出血时,应根据现场条件,及时、正确地采取压迫止血法、指压止血法、弹性止血带止血等暂时性的止血方法止血。伤员经现场止血、包扎、固定后,应尽快正确地运送到医院抢救。正确地运送,能够避免不正确的运送方法导致继发性创伤。

2. 保护现场

(1) 事故发生后,有关单位和人员应当妥善保护事故现场以及相关证据,任何单位和个人不得破坏事故现场、毁灭相关证据;

(2) 因抢救人员、防止事故扩大以及疏通交通等原因,需要移动事故现场物件的,应当做出标志,绘制现场简图并做出书面记录,妥善保存现场重要痕迹、物证。

6.5.3 工伤事故的报告、调查与处理

1. 工伤事故报告与处理制度管理要求

(1) 工伤事故报告与处理制度必须以文件的形式确立;

(2) 工伤事故报告与处理制度必须符合有关法律法规的要求,不得有隐瞒或迟报、缓报等现象的发生;

(3) 应明确工伤事故报告制度的责任部门或责任人;

(4) 应制定应急救援预案;

(5) 其他管理要求。

2. 工伤事故报告与处理制度管理内容

(1) 工伤事故报告与调查管理规定

参照国务院令第493号《生产安全事故报告和调查处理条例》规定,制定工伤事故报告和调查规定:

1) 事故报告应当及时、准确、完整,任何单位和个人对事故不得迟报、漏报、谎报或者瞒报。

2) 事故发生后,事故现场有关人员应当立即向本单位负责人报告;单位负责人接到报告后,应当于1小时内向事故发生地县级以上人民政府安全生产监督管理部门和负有安全生产监督管理职责的有关部门报告。

3) 情况紧急时,事故现场有关人员可以直接向事故发生地县级以上人民政府安全生产监督管理部门和负有安全生产监督管理职责的有关部门报告。

4) 自事故发生之日起30日内,事故造成的伤亡人数发生变化的,应当及时补报。道路交通事故、火灾事故自发生之日起7日内,事故造成的伤亡人数发生变化的,应当及时

补报。

5）按照生产安全事故等级分别由各级政府和部门进行事故调查。未造成人员伤亡的一般事故，县级人民政府也可以委托事故发生单位组织事故调查组进行调查。

企业应根据以上规定制订等级事故报告管理规定以及重大生产安全隐患的月报告和零报告的具体管理规定。

（2）事故处理

企业和施工现场的事故处理应按等级事故和未造成人员伤亡的一般事故包括生产安全事故隐患等两部分内容进行处置。

1）事故发生单位负责人接到事故报告后，应当立即启动事故应急救援预案，或者采取有效措施，组织抢救，防止事故扩大，减少人员伤亡和财产损失；

2）事故发生后，有关单位和人员应当妥善保护事故现场以及相关证据，任何单位和个人不得破坏事故现场、毁灭相关证据；

3）因抢救人员、防止事故扩大以及疏通交通等原因，需要移动事故现场物件的，应当做出标志，绘制现场简图并做出书面记录，妥善保存现场重要痕迹、物证；

4）事故调查处理应当坚持实事求是、尊重科学的原则，及时、准确地查清事故经过、事故原因和事故损失，查明事故性质，认定事故责任，总结事故教训，提出整改措施，并对事故责任者追究责任；

5）事故调查处理的最终目的是举一反三，防止同类事故重复发生。

6.6　参与工伤事故的善后处理

6.6.1　协助办理工伤及工伤事故的认定

1. 工伤认定申请主体

（1）用人单位申请工伤认定：当职工发生事故伤害或者按照《中华人民共和国职业病防治法》规定被诊断、鉴定为职业病的，用人单位应当依法申请工伤认定，此系其法定义务。

（2）受伤害职工或者其直系亲属、工会组织申请工伤认定：在用人单位未在规定的期限内提出工伤认定申请的，受伤害职工或者其直系亲属、工会组织可直接依法申请工伤认定。此种申请必须满足一个前提条件，即用人单位未在规定的期限内提出工伤认定申请。而非职工一发生事故伤害或者一按职业病防治法规定被诊断、鉴定为职业病时就可以由受伤害职工或者其直系亲属、工会组织直接申请工伤认定。此种申请工伤认定就受伤害职工或者去直系亲属来说，是其民事权利而非义务。同时，法律授权工会组织也享有工伤认定申请权，以维护受伤害职工的合法权益。

2. 工伤认定管辖

（1）社会保险行政部门。具体来说，应当向统筹地区社会保险行政部门提出工伤认定申请。

（2）依规定应向省级社会保险行政部门提出工伤认定申请的，根据属地原则应向用人单位所在地设区的市级社会保险行政部门提出。

3. 工伤认定申请时限

职工发生事故伤害或者按照职业病防治法规定被诊断、鉴定为职业病，所在单位应当自事故伤害发生之日或者被诊断、鉴定为职业病之日起 30 日内，向统筹地区社会保险行政部门提出工伤认定申请。遇有特殊情况，经报社会保险行政部门同意，申请时限可以适当延长。

用人单位未按上述期限提出工伤认定申请的，工伤职工或者其近亲属、工会组织在事故伤害发生之日或者被诊断、鉴定为职业病之日起 1 年内，可以直接向用人单位所在地统筹地区社会保险行政部门提出工伤认定申请。

4. 工伤认定申请材料提交

（1）工伤认定申请表；

（2）与用人单位存在劳动关系（包括实施劳动关系）的证明材料；

（3）医疗机构出具的受伤后诊断证明书或者职业病诊断证明书（或者职业病诊断鉴定书）。

工伤认定申请表应当包括事故发生的时间、地点、原因以及职工伤害程度等基本情况。

工伤认定申请人提供材料不完整的，社会保险行政部门应当一次性书面告知工伤认定申请人需要补正的全部材料。申请人按照书面告知要求补正材料后，社会保险行政部门应当受理。

5. 证据的调查核实

区、县社会保险行政部门受理工伤认定申请后，根据需要可以采取下列措施进行调查核实：

（1）进入有关单位和事故现场；

（2）查阅与工伤认定有关的资料，询问有关人员并制作笔录；

（3）采用记录、复印、录音、录像等方式复制与工伤认定有关的资料。

社会保险行政部门进行调查核实，执法人员不得少于两人，并应当出示执法证件。

社会保险行政部门进行调查核实，用人单位、职工、工会组织、医疗机构以及有关部门应当予以协助，如实提供相关情况和证明材料。

6. 举证责任

（1）原则上，适用谁主张谁举证。否则，承担举证不能的法律责任。

（2）职工或者其近亲属认为是工伤，用人单位不认为是工伤的，由用人单位承担举证责任。该用人单位不承担举证责任的，区、县社会保险行政部门可以根据职工或其近亲属提供的证据，或者自行调查取得的证据，依法作出决定。

7. 工伤认定决定

（1）认定决定包括工伤或视同工伤的认定决定和不属于工伤或不视同工伤的认定决定。

（2）社会保险行政部门应当自受理工伤认定申请之日起 60 日内作出工伤认定的决定，并书面通知申请工伤认定的职工或者其近亲属和该职工所在单位。

（3）社会保险行政部门对受理的实施清楚、权利义务明确的工伤认定申请，应当在 15 日内作出工伤认定的决定。

（4）作出工伤认定决定需要以司法机关或者有关行政主管部门的结论为依据的，在司法机关或者有关行政主管部门尚未作出结论期间，作出工伤认定决定的时限中止。

8. 复议或诉讼

社会保险行政部门作出认定为工伤的决定后发生行政复议、行政诉讼的,行政复议和行政诉讼期间不停止支付工伤职工治疗工伤的医疗费用。

在下列情形之一的,有关单位或者个人可以依法申请行政复议,也可以依法向人民法院提起行政诉讼:

(1) 申请工伤认定的职工或者其近亲属、该职工所在单位对工伤认定申请不予受理的决定不服的;

(2) 申请工伤认定的职工或者其近亲属、该职工所在单位对工伤认定结论不服的;

(3) 用人单位对经办机构确定的单位缴费费率不服的;

(4) 签订服务协议的医疗机构、辅助器具配置机构认为经办机构未履行有关协议或者规定的;

(5) 工伤职工或者其近亲属对经办机构核定的工伤保险待遇有异议的。

6.6.2 协助办理工伤或伤亡职工的治疗与抚恤手续

1. 医疗费

(1) 职工治疗工伤应当在签订服务协议的医疗机构就医,情况紧急时可以先到就近的医疗机构急救。

(2) 治疗工伤所需费用符合工伤保险诊疗项目目录、工伤保险药品目录、工伤保险住院服务标准的,从工伤保险基金支付。

(3) 工伤职工治疗非工伤引发的疾病,不享受工伤医疗待遇,按照基本医疗保险办法处理。

(4) 职工住院治疗工伤的伙食补助费标准暂定为每人每天 30 元。参加工伤保险的用人单位,其职工住院治疗工伤的,社会保险经办机构根据工伤职工住院天数核定住院伙食补助费金额,并从工伤保险基金支付给工伤职工。

(5) 经医疗机构出具证明,报经办机构同意,工伤职工到统筹地区以外就医所需的交通、食宿费用中的"住宿费"开支标准上限暂定为每人每天 150 元,在开支标准上限以内的凭据报销,"伙食费"实行定额包干,暂定为每人每天 50 元。赴统筹地区外就医的工伤职工,因行动不便,其所发生的交通费用由工伤职工根据自身情况选择适合的交通工具,凭据报销。参加工伤保险的用人单位,其工伤职工经工伤医疗机构出具证明,报区、县医疗保险经办机构同意,到统筹地区以外就医的,社会保险经办机构根据上述标准凭据核定并从工伤保险基金支付给工伤职工。

2. 误工费(停工留薪期待遇)

(1) 职工因工作遭受事故伤害或者患职业病需要暂停工作接受工伤医疗的,停工留薪期内,原工资福利待遇不变,由原单位按月支付。

(2) 停工留薪期一般不超过 12 个月。伤情严重或者特殊,经设区的市级劳动能力鉴定委员会确认,可以适当延长,但延长不得超过 12 个月。

(3) 工伤职工在停工留薪期满后仍需治疗的,继续享受工伤医疗待遇。

3. 护理费

(1) 生活不能自理的工伤职工在停工留薪期需要护理的,由所在单位负责。

（2）工伤职工已经评定伤残等级并经劳动能力鉴定委员会确认需要生活护理的，从工伤保险基金按月支付生活护理费。生活护理费按照生活完全不能自理、生活大部分不能自理或者生活部分不能自理3个不同等级支付，其标准分别为统筹地区上年度职工月平均工资的50％、40％或者30％。

4. 职工因工致残享受的待遇

第一种情况职工因工致残被鉴定为一级至四级伤残的，保留劳动关系，退出工作岗位，享受以下待遇：

（1）从工伤保险基金按伤残等级支付一次性伤残补助金，标准为：一级伤残为24个月的本人工资，二级伤残为22个月的本人工资，三级伤残为20个月的本人工资，四级伤残为18个月的本人工资。

（2）从工伤保险基金按月支付伤残津贴，标准为：一级伤残为本人工资的90％，二级伤残为本人工资的85％，三级伤残为本人工资的80％，四级伤残为本人工资的75％。伤残津贴实际金额低于当地最低工资标准的，由工伤保险基金补足差额。

（3）工伤职工达到退休年龄并办理退休手续后，停发伤残津贴，享受基本养老保险待遇。基本养老保险待遇低于伤残津贴的，由工伤保险基金补足差额。

职工因工致残被鉴定为一级至四级伤残的，由用人单位和职工个人以伤残津贴为基数，缴纳基本医疗保险费。

第二种情况职工因工致残被鉴定为五级、六级伤残的，享受以下待遇：

（1）从工伤保险基金按伤残等级支付一次性伤残补助金，标准为：五级伤残为16个月的本人工资，六级伤残为14个月的本人工资。

（2）保留与用人单位的劳动关系，由用人单位安排适当工作。难以安排工作的，由用人单位按月发给伤残津贴，标准为：五级伤残为本人工资的70％，六级伤残为本人工资的60％，并由用人单位按照规定为其缴纳应缴纳的各项社会保险费。伤残津贴实际金额低于当地最低工资标准的，由用人单位补足差额。

经工伤职工本人提出，该职工可以与用人单位解除或终止劳动关系，终止或解除劳动关系时的一次性医疗补助金标准为：五级18个月，六级15个月的本市上年度职工月平均工资。参加工伤保险的用人单位，与工伤职工终止或解除劳动关系的，社会保险经办机构根据上述标准进行核定并从工伤保险基金支付给工伤职工。

第三种情况职工因工致残被鉴定为七级至十级伤残的，享受以下待遇：

（1）从工伤保险基金按伤残等级支付一次性伤残补助金，标准为：七级伤残为12个月的本人工资，八级伤残为10个月的本人工资，九级伤残为8个月的本人工资，十级伤残为6个月的本人工资。

（2）劳动合同期满终止，或者职工本人提出解除劳动合同的，终止或解除劳动关系时的一次性医疗补助金标准为：七级12个月，八级9个月，九级6个月，十级3个月的本市上年度职工月平均工资。参加工伤保险的用人单位，与工伤职工终止或解除劳动关系的，社会保险经办机构根据上述标准进行核定并从工伤保险基金支付给工伤职工。

5. 因工死亡赔偿

职工因工死亡，其直系亲属按照下列规定从工伤保险基金领取丧葬补助金、供养亲属抚恤金和一次性工亡补助金。

（1）丧葬补助金为6个月的统筹地区上年度职工月平均工资。

（2）供养亲属抚恤金按照职工本人工资的一定比例发给由因工死亡职工生前提供主要生活来源、无劳动能力的亲属。标准为：配偶每月40%，其他亲属每人每月30%，孤寡老人或者孤儿每人每月在上述标准的基础上增加10%。核定的各供养亲属的抚恤金之和不应高于因工死亡职工生前的工资。供养亲属的具体范围由国务院社会保险行政部门规定。

（3）一次性工亡补助金标准为上一年度全国城镇居民人均可支配收入的20倍。

伤残职工在停工留薪期内因工伤导致死亡的，其近亲属享受（1）规定的待遇。

一级至四级伤残职工在停工留薪期满后死亡的，其近亲属可以享受（1）、（2）规定的待遇。

6. 非法用工伤亡赔偿

（1）一次性赔偿包括受到事故伤害或患职业病的职工或童工在治疗期间的费用和一次性赔偿金，一次性赔偿金数额应当在受到事故伤害或患职业病的职工或童工死亡或者经劳动能力鉴定后确定。

（2）劳动能力鉴定按属地原则由单位所在地设区的市级劳动能力鉴定委员会办理。劳动能力鉴定费用由伤亡职工或者童工所在单位支付。

（3）职工或童工受到事故伤害或患职业病，在劳动能力鉴定之前进行治疗期间的生活费、医疗费、护理费、住院期间的伙食补助费及所需的交通费等费用，按照《工伤保险条例》规定的标准和范围，全部由伤残职工或童工所在单位支付。

（4）伤残的一次性赔偿金按以下标准支付：一级伤残的为赔偿基数的16倍，二级伤残的为赔偿基数的14倍，三级伤残的为赔偿基数的12倍，四级伤残的为赔偿基数的10倍，五级伤残的为赔偿基数的8倍，六级伤残的为赔偿基数的6倍，七级伤残的为赔偿基数的4倍，八级伤残的为赔偿基数的3倍，九级伤残的为赔偿基数的2倍，十级伤残的为赔偿基数的1倍。赔偿基数，是指单位所在地工伤保险统筹地区上年度职工年平均工资。

（5）受到事故伤害或者患职业病造成死亡的，按照上一年度全国城镇居民人均可支配收入的20倍支付一次性赔偿金，并按照上一年度全国城镇居民人均可支配收入的10倍一次性支付丧葬补助等其他赔偿金。

7. 其他情形

（1）伤残津贴、供养亲属抚恤金、生活护理费由统筹地区劳动保障行政部门根据职工平均工资和生活费用变化等情况适时调整。调整办法由省、自治区、直辖市人民政府规定。

（2）职工因工外出期间发生事故或者在抢险救灾中下落不明的，从事故发生当月起3个月内照发工资，从第4个月起停发工资，由工伤保险基金向其供养亲属按月支付供养亲属抚恤金。生活有困难的，可以预支一次性工亡补助金的50%。职工被人民法院宣告死亡的，按照工伤保险条例第三十七条职工因工死亡的规定处理。

（3）工伤职工有下列情形之一的，停止享受工伤保险待遇：

1) 丧失享受待遇条件的；

2) 拒不接受劳动能力鉴定的；

3) 拒绝治疗的；

4) 被判刑正在收监执行的。

（4）用人单位分立、合并、转让的，承继单位应当承担原用人单位的工伤保险责任；原用人单位已经参加工伤保险的，承继单位应当到当地经办机构办理工伤保险变更登记。

（5）用人单位实行承包经营的，工伤保险责任由职工劳动关系所在单位承担。

（6）职工被借调期间受到工伤事故伤害的，由原用人单位承担工伤保险责任，但原用人单位与借调单位可以约定补偿办法。

（7）企业破产的，在破产清算时优先拨付依法应由单位支付的工伤保险待遇费用。

（8）职工被派遣出境工作，依据前往国家或者地区的法律应当参加当地工伤保险的，参加当地工伤保险，其国内工伤保险关系中止；不能参加当地工伤保险的，其国内工伤保险关系不中止。

（9）职工再次发生工伤，根据规定应当享受伤残津贴的，按照新认定的伤残等级享受伤残津贴待遇。

（10）本人工资是指工伤职工因工作遭受事故伤害或者患职业病前12个月平均月缴费工资。本人工资高于统筹地区职工平均工资300%的，按照统筹地区职工平均工资的300%计算；本人工资低于统筹地区职工平均工资60%的，按照统筹地区职工平均工资的60%计算。

6.6.3 协助处理工伤及伤亡保险事项

《建筑与市政工程施工现场专业人员职业标准》JGJ/T 250—2011中规定："参与调解、处理劳务纠纷和工伤事故的善后工作。"是劳务员的主要工作职责之一。作为劳务员必须熟悉处理工伤及伤亡保险事项。

2010年7月19日，国务院发出《关于进一步加强企业安全生产工作的通知》（国发[2010]23号），规定从2011年1月1日起，依照《工伤保险条例》的规定，对因生产安全事故造成的职工死亡，其一次性工亡补助金标准调整为按全国上一年度城镇居民人均可支配收入的20倍计算，发放给工亡职工近亲属。同时，依法确保工亡职工一次性丧葬补助金、供养亲属抚恤金的发放。

第7章 社会保险的基本知识

7.1 社会保险的依据与种类

7.1.1 社会保险的法律依据与制度规定

社会保险是国家通过立法形式，由社会集中建立基金，使劳动者在年老、患病、工伤、生育、失业等暂时或永久丧失劳动能力及失去劳动岗位的情况下，可获得国家和社会补偿及帮助的一种社会保障制度。我国的社会保险包括养老保险、医疗保险、工伤保险、生育保险和失业保险，费用由国家、企业、个人三方或企业、个人双方共同承担。

7.1.2 基本社会保险

1. 养老保险

（1）参保人群

1）职工必须参加基本养老保险；

2）无雇工的个体工商户、未在用人单位参加基本养老保险的非全日制从业人员以及其他灵活就业人员；

3）公务员和参照《中华人民共和国公务员法》管理的工作人员参加基本养老保险的办法由国务院另行规定；

4）进城务工的农村居民依照法律规定参加社会保险；

5）外国人在中国境内就业的，参照我国法律规定参加社会保险。

（2）缴费方式

1）职工参加基本养老保险，由用人单位和职工共同缴纳基本养老保险费；

2）无雇工的个体工商户、未在用人单位参加基本养老保险的非全日制从业人员以及其他灵活就业人员参加基本养老保险的，由其个人缴纳基本养老保险费；

3）国有企业、事业单位职工参加基本养老保险前视同缴费年限期间应当缴纳的基本养老保险费由政府承担。

（3）缴费标准

《中华人民共和国社会保险法》第十二条规定："用人单位应当按照国家规定的本单位职工工资总额的比例缴纳基本养老保险费，计入基本养老保险统筹基金。职工应当按照国家规定的本人工资的比例缴纳基本养老保险费，计入个人账户。"

这里的"国家规定"指的是《国务院关于建立统一的企业职工基本养老保险制度的规定》，按照此规定，用人单位缴纳基本养老保险费的比例，一般不得超过企业工资总额的

20%，具体比例由省、自治区、直辖市的人民政府确定。个人缴纳基本养老保险费的比例，最终要达到本人缴费工资的8%。目前各省市用人单位和个人缴纳基本养老保险费的比例不同，且在不断调整。

2. 医疗保险

医疗保险是为补偿疾病所带来的医疗费用的一种保险。职工因疾病、负伤、生育时，由社会或企业提供必要的医疗服务或物质帮助的社会保险。

（1）参保范围

职工基本医疗保险参保范围是城镇所有用人单位，包括企业（国有企业、集体企业、外商投资企业、私营企业等）、机关、事业单位、社会团体、民办非企业单位及其职工，都要参加基本医疗保险。乡镇企业及其职工、城镇个体经济组织业主及其从业人员也要参加基本医疗保险。

（2）缴费方式

职工基本医疗保险缴费方式是由用人单位和职工共同缴纳。用人单位缴费率应控制在职工工资总额的6%左右，在职职工缴费率一般为本人工资收入的2%。退休人员个人不缴费。具体缴费比例由各统筹地区根据实际情况确定。随着经济发展，用人单位和职工缴费率可作相应调整。用人单位缴费水平按照当地工资总额的6%左右确定。

3. 工伤保险、失业保险、生育保险等其他专门保险

（1）工伤保险

工伤保险是劳动者在工作中或在规定的特殊情况下，遭受意外伤害或患职业病导致暂时或永久丧失劳动能力以及死亡时，劳动者及其遗属从国家和社会获得物质帮助的一种社会保险制度。

根据我国《工伤保险条例》第二条的规定，我国境内的企业、事业单位、社会团体、民办非企业单位、基金会、律师事务所、会计师事务所等组织和有雇工的个体工商户应当依照条例的规定参加工伤保险，为本单位全部职工或者雇工缴纳工伤保险费。也就是说，除了国家机关和参照《公务员法》管理的事业单位、社会组织外，我国境内的所有用人单位都应当参加工伤保险，缴纳工伤保险费；用人单位的全体职工也都有享受工伤保险待遇的权利。另外，国家机关和参照《公务员法》管理的事业单位、社会组织也并非不参加工伤保险，只是不适用《条例》的规定，而是在其工作人员因工作遭受事故伤害或者患职业病时，由所在单位支付费用。

（2）失业保险

失业保险是指国家通过立法强制实行的，由社会集中建立基金，对因失业而暂时中断生活来源的劳动者提供物质帮助的制度。它是社会保障体系的重要组成部分，是社会保险的主要项目之一。

（3）生育保险

生育保险是针对生育行为的生理特点、在职妇女因生育子女而导致暂时丧失劳动能力和正常收入时，由国家或社会提供物质帮助的一种社会保险。有关生育保险的制度内容主要包括：生育保险的适用范围，生育保险基金筹集，生育保险待遇标准，享受生育保险待遇的资格以及生育保险管理、服务与监督。

7.1.3 建筑施工企业工伤保险和意外伤害保险

1. 建筑施工企业工伤保险

《中华人民共和国建筑法》第四十八条规定：建筑施工企业应当依法为职工参加工伤保险，缴纳工伤保险费。鼓励企业为从事危险作业的职工办理意外伤害保险，支付保险费。此条规定是2011年4月22日经第十一届全国人大第20次会议修订，从2011年7月1日起施行。

《建筑施工企业安全生产许可证管理规定》要求：企业应依法参加工伤保险，依法为施工现场从事危险作业的人员办理意外伤害保险，为从业人员交纳保险费。此项要求被列为12项建筑施工企业安全生产条件之一。

2. 建筑施工企业意外伤害保险

意外伤害保险是指人的身体和生命受到外来和不可抗拒因素的意外伤害后，根据投保对双方约定的契约和投保额，从保险公司获取相应的赔偿。

《建设工程安全生产管理条例》第三十八条规定：施工单位应当为施工现场从事危险作业的人员办理意外伤害保险。意外伤害保险费由施工单位支付。实行施工总承包的，由总承包单位支付意外伤害保险费。意外伤害保险期限自建设工程开工之日起至竣工验收合格止。

建筑施工企业应当有相应的部门负责意外伤害保险的管理。意外伤害保险管理责任要能够落实到人。

建筑施工企业应当建立相应的工伤保险、意外伤害保险办理情况的档案或者统计管理档案。

7.2 社会保险的管理

7.2.1 社会保险费的征收

1. 社会保险登记

社会保险登记是指根据我国《社会保险费征缴暂行条例》第二条、第三条、第二十九条的规定，应当缴纳社会保险费的单位，按照《社会保险登记管理暂行办法》规定的程序进行登记、领取社会保险登记证的行为。社会保险登记是社会保险费征缴的前提和基础，从而也是整个社会保险制度得以建立的基础。县级以上劳动保障行政部门的社会保险经办机构主管社会保险登记。

2. 社会保险费的征缴

（1）缴费单位应当自领取营业执照或者登记证书之日起30日内，到其所在地的区、县社会保险经办机构申请办理社会保险登记。缴费单位申请办理社会保险登记，应当填写社会保险登记表，出示营业执照或者登记证书以及组织机构代码证书。

（2）社会保险经办机构收到缴费单位申请后，应当在5个工作日内进行审核。对符合规定的，发给社会保险登记证书。缴费单位依法终止或者社会保险登记事项发生变更的，应当自终止或者变更之日起30日内，到社会保险经办机构办理注销或者变更手续。

（3）缴费单位在办理注销手续时，应当结清应缴纳的社会保险费、利息、滞纳金和罚款。

（4）缴费单位应当按月向社会保险经办机构申报本月应当缴纳的社会保险费数额，经社会保险经办机构核定后，以货币形式足额缴纳社会保险费。

7.2.2 社会保险争议的解决

社会保险行政争议，是指经办机构在依照法律、法规及有关规定经办社会保险事务过程中，与公民、法人或者其他组织之间发生的争议。

公民、法人或者其他组织认为经办机构的具体行政行为侵犯其合法权益，向经办机构或者劳动保障行政部门申请社会保险行政争议处理，经办机构或者劳动保障行政部门处理社会保险行政争议。经办机构和劳动保障行政部门的法制工作机构或者负责法制工作的机构为本单位的社会保险行政争议处理机构，具体负责社会保险行政争议的处理工作。

经办机构和劳动保障行政部门分别采用复查和行政复议的方式处理社会保险行政争议。公民、法人或者其他组织认为经办机构的具体行政行为所依据的除法律、法规、规章和国务院文件以外的其他规范性文件不合法，在对具体行政行为申请行政复议时，可以向劳动保障行政部门一并提出对该规范性文件的审查申请。

公民、法人或者其他组织对经办机构作出的具体行政行为不服，可以向直接管理该经办机构的劳动保障行政部门申请行政复议。申请人认为经办机构的具体行政行为侵犯其合法权益的，可以自知道该具体行政行为之日起 60 日内向经办机构申请复查或者向劳动保障行政部门申请行政复议。

申请人与经办机构发生的属于人民法院受案范围的行政案件，申请人也可以依法直接向人民法院提起行政诉讼。经办机构作出具体行政行为时，未告知申请人有权申请行政复议或者行政复议申请期限的，行政复议申请期限从申请人知道行政复议或者行政复议申请期限之日起计算，但最长不得超过 2 年。申请人在经办机构复查该具体行政行为期间，向劳动保障行政部门申请行政复议的，经办机构的复查程序终止。

第8章 劳务分包款及劳务人员工资管理

8.1 劳务分包款管理

《建筑法》第29条规定:"建筑工程总承包单位可以将承包工程中的部分工程发包给具有相应资质条件的分包单位"。劳务作业分包,是指施工总承包企业或者专业承包企业(承包人)将其承包工程中的劳务作业发包给劳务分包企业(劳务分包人)完成的活动。

建筑劳务分包合同是指:建筑行业内,承包人根据承包工程的情况,将工程全部或部分劳务作业的内容分包给符合资质的劳务分包人而双方依法签订的民事权利义务关系的合同。

劳务分包工程的发包人和劳务工程承包人必须在分包合同中明确约定劳务款的支付时间、结算方式以及保证按期支付的相关措施。

8.1.1 核实进场前是否及时签订劳务分包合同

劳务分包合同是明确合同双方责任、权利和义务的法律文件,是劳务费结算的重要依据。项目部应及时签订劳务分包合同,必须本着先签订劳务分包合同后进场的原则。

1. 劳务分包与专业工程分包的区别

劳务分包是工程承包人将建筑工程施工中的劳务作业发包给具有劳务资质的劳务企业的行为;专业工程分包是工程总承包人将建筑工程施工中除了主体结构以外的其他专业工程发包给具有相应资质的其他施工企业的行为。劳务分包与专业工程分包的具体区别如下:

(1) 合同标的指向不同。劳务分包合同的合同标的指向是工程施工中的劳动力作业,计取的是人工费,劳务分包人的主要表现形式是包工但不包料;专业工程分包合同的合同标的指向是分部分项工程,计取的是工程款,工程分包人的主要表现形式是包工包料。

(2) 分包主体的资质不同。劳务分包人所持有的是劳务作业企业资质;专业工程分包人所持有的是专业施工承包企业资质。

(3) 分包条件的限制不同。劳务分包只需要对应的总承包人或分包人同意,无需征得发包人(建设方)的同意;而总承包人对专业工程分包有比较多的限制,例如首要条件就是事前要经发包人(建设方)的同意。

(4) 承担责任的范围不同。劳务分包条件下,分包人可自行管理,而且只对与其签订劳务合同的工程承包人负责,工程承包人对发包人负责,劳务分包人对工程发包人不直接承担责任;专业工程分包条件下,总包人和分包人对分包的工程和分包工程的质量缺陷向工程发包人承担连带责任。

2. 劳务分包合同签订的流程

《合同法》规定了合同有口头、书面以及其他等形式,但在劳务分包合同方面,不管承包人和劳务分包人的关系如何,劳务分包合同都必须采取书面的形式订立。承包人和劳务分包人是合同关系，双方的责、权、利必须以公平、合理、详尽的合同来约束。

劳务总承包单位的劳务分包合同签订流程根据合同发包方式的不同而不同。常见的发包方式有：招标投标、明码标价交易和非招标采购等三个方式。

（1）招标投标方式下的劳务分包合同签订流程

工程项目采用招标投标方式的，必须符合《招标投标法》以及相关的法律法规。

招标投标方式的劳务分包合同签订流程：招标→投标→开标→评标→中标→签订合同。

（2）明码标价交易方式下的劳务分包合同签订流程

明码标价交易方式是商品交易的常用方式，广泛应用于各类商品买卖。明码标价交易的特点是：过程简单、交易迅速，采购者可以根据商品的明码标价，直接决定是否购买。签订简单的劳务分包合同可以采用这种方式。

（3）非招标采购方式下的劳务分包合同签订流程

非招标采购方式包括单一来源采购、询价采购和竞争性谈判采购等方式。

1）单一来源采购的劳务分包合同签订流程：成立采购小组→开展谈判→确定成交事项→签订劳务采购合同。

2）询价采购的劳务分包合同签订流程：制定询价采购文件或询价函→确定被询价的劳务分包商名单→发出询价采购文件→接受劳务分包商报价→成立询价小组→评审并确定劳务分包商→签订劳务采购合同。

3）竞争性谈判采购的劳务分包合同签订流程：制定谈判文件→发布采购公告公布资格要求→征集合格劳务供应商→向合格劳务供应商提供谈判文件→成立谈判小组→公开报价→开展谈判→确定劳务分包商→签订劳务分包合同。

3. 劳务分包合同价款的确定方式及应用范围

发包人、承包人约定劳务分包合同价款的计算方式时，常采取固定合同价款、建筑面积综合单价、工种工日单价、综合工日单价四种方式选中的一种，不得采用"暂估价"方式约定合同总价。

（1）固定合同价款是指在合同中确定完成全部劳务分包施工项目所应支付的劳务费用总价，总价被承包人接受以后，一般不得变动。

（2）建筑面积综合单价是指以建筑施工面积（平方米）为计量单位，完成从进场到竣工全部劳务工作量的各工种工作应支付的工资和其他劳务费用的价格（元/平方米）。

一般适用于一个劳务分包单位承担绝大部分劳务工作的情况。建筑面积综合单价通常按地下结构、地上结构、初装修、水暖安装、电气安装、外墙面砖、外墙粉刷等分部分项工程分别计算平方米单价；也可统一按建筑面积确定平方米单价，有时总包单位还规定将辅材、小型机具和劳动保障用品所需费用折算成平方米单价，包含在承包价中。

（3）工种工日单价是指按不同作业工种划分的，每完成一个定额工日所要支付的工资价格（元/日），即按定额单价确定各工种的工日单价。

工种工日单价通常用于木工、砌筑、抹灰、石制作、油漆、钢筋、混凝土、脚手架、模板、水暖电安装、钣金、架线的工种。

（4）综合工日单价是指按工日计算（元/日），完成每个分部分项工程对所需使用的各工种应支付的综合劳务费价格。劳务费包含：工人工资、劳动保护费、管理费、各项保险费用、临舍费用、文明施工环保费用、利润、税金；但不包括以下内容：中小型施工机具、设备费，劳务作业周转费，低值易耗材料费。

综合工日单价通常用于房建结构、装饰工程初装修、机电设备安装、弱电安装、市政管线、市政道桥、市政综合、园林等分部分项工程。

(5) 暂估价是指招标阶段直至签订合同协议时，招标人在招标文件中提供的用于支付必然发生但暂时不能确定价格的材料及专业工程金额。暂估价包括材料暂估单价和专业工程暂估价。

暂估价不适用于劳务分包工程。

4. 劳务分包合同价款构成的主要内容

劳务分包合同价款包括：工人工资、文明施工环保费、临舍费、管理费、劳动保护费、各项保险费、低值易耗材料费、工具用具费、利润和税金等。

5. 劳务分包合同价款应当分别约定和必须明确的内容

发包人、承包人在劳务分包合同订立时应当对以下有关合同价款内容明确约定：

(1) 发包人将工程劳务作业发包给一个承包人的，正负零以下工程、正负零以上工程、装修、设备安装工程等应当分别约定；

(2) 工人工资、管理费、工具用具费、低值易耗材料费等应当分别约定；

(3) 承包低值易耗材料的，应当明确材料价款总额，并明确材料费的支付时间、方式；

(4) 劳务分包合同价格的风险幅度范围应明确规定，超过风险幅度范围的，应当及时调整。

6. 2014版《建设工程施工劳务分包合同（示范文本）》的特点

2013年4月，住房和城乡建设部联合国家工商行政管理总局印发建市〔2013〕56号文件，颁布了2013版《建设工程施工合同（示范文本）》GF—2013—0201。2013版的建设工程施工合同示范文本较之前的1999版示范文本有了很大的改进，它适用于房屋建筑工程、土木工程、线路管道和设备安装工程、装修工程等建设工程的施工承发包活动。

2003版《建设工程施工劳务分包合同（示范文本）》已经不再适应新颁布的相关法律法规，落后于劳务分包实践，并且与2013版《建设工程施工合同（示范文本）》无法衔接。为解决这些问题，住建部组织专家结合国内建筑劳务市场的通行做法及最新发展情况对劳务分包合同进行了修订。

以下有关建设工程施工劳务分包合同示范文本的表述，依据中华人民共和国住房和城乡建设部2014年6月发布的《建设工程施工劳务分包合同（示范文本）》。

(1) 2014版劳务分包合同相对2003版劳务分包合同，在合同结构安排和合同要素的设置上更为科学合理。2003版劳务分包合同结构体系的设置相对繁多，且与2013版《建设工程施工合同（示范文本）》无法有效衔接。2014版劳务分包合同对合同体系进行了全面、系统的梳理，在合同要素上进行优化和补充，体例上充分适应2013版《建设工程施工合同（示范文本）》，由合同协议书、通用条款和专用条款三个部分组成，其中合同协议书9条，通用合同条款19条。

(2) 2014版劳务分包合同强调了承包人的现场管理义务，由承包人编制施工组织设计，劳务分包人根据承包人的施工组织设计编制劳动力供应计划报承包人审批，承包人全面负责现场的安全生产、质量管理，以及工期计划等，承包人有权随时检查劳务作业人员的持证上岗情况，同时明确劳务分包人不得对工程提出变更，通过合同引导承包人加强现场管理。

（3）2014版劳务分包合同强调了劳务分包人对劳务作业人员的管理义务，合同约定劳务分包人应当向承包人提交劳务作业人员花名册、与劳务作业人员签订的劳动合同、出勤情况、工资发放记录以及社会保险缴纳记录等，通过合同引导当事人合法履约，并有效缓解目前广泛存在的拖欠劳务人员工资以及不依法为劳务人员缴纳社会保险引发的社会稳定问题。

（4）2014版劳务分包合同明确约定了承包人不得要求劳务分包人提供或采购大型机械、主要材料，承包人不得要求劳务分包人提供或租赁周转性材料，完善了以劳务分包之名进行专业分包甚至转包的防范措施，以促进劳务市场的有序发展。

（5）从引导劳务分包企业提高劳务管理水平角度出发，同时也是为了与2013版《建设工程施工合同（示范文本）》有效衔接，2014版劳务分包合同设置了逾期索赔失权条款，从而督促劳务分包人加强现场管理措施，及时申请索赔，避免由此给劳务分包人造成经济损失。

（6）劳务分包人应保证其劳务作业质量符合合同约定要求，在隐蔽工程验收、分部分项工程验收以及工程竣工验收结果表明劳务分包人劳务作业质量不合格时，劳务分包人应承担整改责任，强调劳务分包人的质量合格义务。

（7）2014版劳务分包合同的价格形式包括单价合同、总价合同以及双方当事人在专用合同条款中约定的其他价格形式合同，其中单价合同又包括工程量清单劳务费综合单价合同、工种工日单价合同、综合工日单价合同以及建筑面积综合单价合同，并对不同价格形式分别约定了计量及支付方式，便于当事人选择适用。

8.1.2 核实劳务费是否在劳务分包合同中单列

劳务分包合同的签订要遵循"工料分开"的原则，即劳务费和材料费必须分开单列。劳务分包人没有采购或租赁主要材料、大型设备和周转性材料的义务，因此主要材料、大型设备和周转性材料的购买或租赁不得在劳务分包合同中约定；同时严格区分和界定劳务费与人工工资的范围，并在合同中注明。

1. 劳务费与人工工资的区别

劳务费，即个人所得税中的劳务报酬，是指独立从事各种非雇佣的各种劳务所取得的报酬，它是独立个体从事各种劳务所取得的报酬。

劳务费包含：工人工资、劳动保护费、管理费、各项保险费用、临舍费用、文明施工环保费用、利润、税金；但不包括以下内容：中小型施工机具，设备费，劳务作业周转费，低值易耗材料费。

人工工资属于非独立个人劳务活动的报酬，即在机关和企事业单位中任职、受雇而得到的报酬，存在雇佣与被雇佣关系。

劳务发包人、分包人属于两个独立的法人单位，相互之间为合同关系；而劳务分包人与各技术工种工人之间存在雇佣关系。劳务费中包含人工工资，人工工资包含于劳务费中。

2. 劳务费在劳务分包合同中单列的原因

（1）会计明晰性的要求

会计明晰性原则又称清晰性原则，是指会计记录和会计信息必须清晰、简明，便于理解和使用。

将劳务费在劳务分包合同中单列，从而使劳务分包合同所包含的合同价款更加清晰、明了，便于后期会计核算。

（2）劳务费的计税标准和方式不同

因劳务费与材料费、小型机械设备、管理费等费用的计税标准不同，与人工工资计税方式不同，因此将劳务费在劳务分包合同中单列也是税务管理部门进行劳务分包合同备案审查的重点。

（3）现场施工管理的需要

将劳务费在劳务分包合同中单列，使得劳务分包合同所包含的合同价款更加清晰、明了，能够确保分清楚各项工作，便于将每月工程量按照各项进度要求进行统计和汇报，同时便于施工现场施工材料的管理，对加快建筑施工进度、保证工程整体质量、降低工程造价、提高社会经济效益都有着十分重要的意义。

（4）对农民工权益的保护的需要

发包人、承包人应当在每月20日前对上月完成劳务作业量及应支付劳务分包合同价款予以书面确认，书面确认时限自发包人收到承包人报送的书面资料之日起计算，最长不得超过3日；发包人应当在书面确认后5日内支付已经确定的劳务分包价款。

总承包企业自收到劳务分包承包人依照约定提交的结算资料之日起28日内完成审核并书面答复承包人；逾期不答复的，视为发包人同意承包人提交的结算资料。

劳务分包工程完工，工程结算程序完成后，发包人应当自结算完成之日起28日内支付全部结算价款。

分包合同价款的支付必须以银行转账的形式办理，付款时总包单位不得以现金方式向分包单位支付劳务费。如果分包单位是外地施工企业的，分包单位还必须向总包单位出具外地施工企业专用发票。

总承包企业和劳务企业必须每月支付一次劳务企业农民工的基本工资，企业工资月支付数额不得低于江苏省最低工资标准，余下未支付部分企业在工程完工后或季度末、年末必须保证足额支付。

劳务费是劳务工资支付的来源，将劳务费在劳务分包合同中单列，便于对劳务发包人支付给劳务承包人的劳务分包合同价款进行监控，确保农民工工资的按时足额发放。

8.1.3 核实劳务费是否及时结算和签认

劳务费是劳务工人工资支付的来源，相关单位要按月结算。当月完成的工作量应在劳务分包合同专用条款约定的时间内完成结算；劳务分包作业完工并经承包人验收合格之日起28天内向承包人提交完工结算申请单和完整的结算资料，承包人在收到完工结算申请单之日28天内予以审核确认。承包人要加强劳务费结算管理工作，做到总分包双方底数清晰，避免发生争议和因此引发恶意讨要工资事件。

1. 劳务分包合同结算

（1）分包单位结算总则

1）分包单位结算工作必须遵守国家有关法律法规和政策以及合同中约定的内容。

2）分包单位结算工作必须遵守总包商及项目经营管理的有关规定。

3）分包单位结算工作必须按合同约定的结算期保证按时、准确、详实、资料齐全（合约双方）。

(2) 分承包方（月）结算书的申请、支付、规定程序、时间、格式

1) 包工包料及劳务分包单位或扩大劳务的分包单位，于每月 25 日（工程量统计周期为上月 24 日至本月 23 日或按照项目规定的日期）或结算期，根据双方约定的内容编制月预算统计结算书，由相关负责人签字并加盖公章，报项目经理部预算部门审核。

2) 工程结算必须在工程完工、项目验收后 14 日内（或按照合同要求）报项目预算部门。超过时限项目预算部门不再接收分承包方的结算书，结算由项目单方进行，必要时邀请分包单位分供方参与，结果以项目预算部门结算所出数据为准。

3) 分包单位于每月 23 日（或按照项目规定的日期），申请项目主管分包的现场工程责任人对其当月完成的工程项目及施工到达的部位进行签认，填写《完成工程项目及工程量确定单》。并将《完成工程项目及工程量确定单》作为月度工程量统计表的附件报给项目预算部门。工程项目及工程量确定单参见表 8-1 所示。

4) 属材料物资采购或设备订货的供应单位在结算期，根据订购合同（视为进场计划）的内容和项目经理部物资管理部门材料人员验收（料）小票，报至物资管理部门审核，物资管理部门审核确定签字，再报项目预算部门审核确认签字。最终，由项目财务部门根据物资部、预算部门的审核意见转账。

(3) 针对分包单位（月）结算书，各部门签署结算意见

由项目预算部门提供《分包单位工程月度申请单》，由分包单位人员携此单到项目经理部有关领导和部门签署意见，签好后交至预算部门备查。如部门提出异议、暂停结算时，应调查落实，如属实则不予办理结算。分包单位工程月度申请单参见表 8-2 所示。

(4) 根据分包单位（月）结算书及时填写分包单位结算单

1) 月统计报表审核后，由项目预算部门填写"工程分包单位合同预、结算单"，报预算部门审核后，再报项目现场管理部门审批意见后，预算部门签署审批意见后报项目经理终审后，将"工程分包单位合同预、结算单"反至项目预算部门。

2) 预算部门根据不同情况分别填写结算单签字，其中工程分包单位项目后附完成确认单、各部门意见会签单、审核预算书、并报区域公司或总包商合约部审查。材料、设备、订货后附物资管理部门开具的验收单和部门意见会签单及结算审核单四份内容。

(5) 分包单位（月）结算支付款项

1) 分包单位的"工程分包单位合同预、结算单"经总包商主管部门审核签认后，转回项目经理部，项目财务部门填写预结算单及委付单，报总包商资金部门，由总包商资金部门支付款项。支付形式为网上转账，每月集中办理一次。

2) 材料物资采购、租赁或设备订货的由项目物资管理部门、技术部门审核意见后转项目预算部门，按分包单位的结算方式结算。

(6) 分包单位（月）结算书资料归档、登记统计台账

项目经理部预算部门将结算资料归账，并登记统计台账，记录结算情况和结果。

(7) 分包单位索赔、签证及合约以外费用的确定

1) 分包单位索赔、签证事件发生后，分包单位应及时向项目经理部预算部门申报。逾期（或项目经理部根据项目不同情况确定时间）未报，则视为分包单位放弃索赔权利。

2) 索赔、签证发生后，分包单位将发生的资料（照片或原始记录等）上报项目工程预算部门审核，项目工程管理部门在收到分承包方上报的索赔、签证基础资料 10 日内将

审核意见书（包括发生的项目、工程量、影响的程度、工期损失等）发给分包单位，分包单位依据项目工程管理部门的审核意见书编制索赔、签证费用及工期计算书，并上报给项目预算部门审核。

工程项目及工程量确认单（样单）　　　　　　　　表 8-1

承包单位：　　　　　　　　　　合同号：
监理单位：　　　　　　　　　　编号：

工程名称			施工单位	
工程部位			施工日期	
详细情况及简图：				
承包单位：		签字：	日期	
分项名称	单位	数量	合计	备注
结算金额				
施工单位（章）		监理单位（章）		建设单位（章）
签字区		签字区		签字区
日期：		日期：		日期：

分包单位工程月度结算申请单 表 8-2

工程项目名称： 工程项目代码： 合同编号： 单位：元

分包单位商法人单位名称：		分包单位商法人单位代码：			
分包单位商工作内容及范围：					
合同形式：固定总价（　　） 固定单价（　　） 其他（　　）					
工程开工日期：					
本期付款对应工作起止时间：					
本次付款为该分包单位合同第（　　）次付款					
至本次累计付款占分包单位合同总价（不含我公司供料之价款）之比率：					
分包单位商工作量完成率：					
本次付款对应的工作内容是否已从业主回收工程款：是（　） 部分回收，其回收率（　） 否（　）					
本次付款是否在本月资金计划内：是（　） 有但额度不够，差（　　元） 否（　）					
款项名称	代号	款项构成		金额	备注
合同总价	a	分包单位自施部分合同总价			
	b	我公司供料总价			
至本期止累计应付款	c	完成合同内工作累计（须附确认单）			
	d	完成合同外工程累计（须附确认单）			
	e	工期、质量奖			
	f	应付预付款			
	g	退还保证金			
	h	至本期止应付款合计（c+d+e+f+g）			
至本期止累计应扣款	i	我公司垫付款（须附证明材料）			
	j	预付款抵扣			
	k	预付款余额（f−j）			
	l	保证金			
	m	保证金余额（l−g）			
	n	至本期止扣款合计（i+j+l）			
保修金	o	本期预留保修金			
	p	至本期止累计预留保修金			
至本期止应付款	q	q=(h−n−p)			
此前累计已付款	r				
本期应付款	s	s=(q−r)			
本期实际付款	t	(t≤s)			
至本期止累计已支付金额	u	（本期实际付款+此前累计已实际付款）			
本期需扣除劳务费之金额	v				

项目合约主办： 项目成本员：
项目商务经理： 项目经理：
公司合约部（土建工程部）： 公司合约部（机电工程部）：
结算主办： 成本经理：

3）项目预算部门根据工程管理部门的审核意见，同时依据分包单位合同对分承包方上报的费用及工期计算书进行审核，并在收到费用或工期计算书后 15 日内（或项目经理部根据项目不同情况确定时间）将审核结果通知分承包方。

4) 所有工程索赔、签证费用在分包单位工程结算完成后统一支付。

2. 劳务分包合同价款结算的时间限制

发包人、承包人应当在劳务分包合同中明确约定对劳务作业验收的时间限制，以及劳务合同价款结算和支付的时间限制。

(1) 发包人、承包人应当在每月 20 日前对上月完成劳务作业量以及应支付的劳务分包合同价款予以书面确认，书面确认时限自发包人收到承包人报送的书面资料之日起计算，最长不得超过 3 日；发包人应当在书面确认后 5 日内支付已经确定的劳务分包价款。

(2) 总承包企业自收到劳务分包承包人依照约定提交的结算资料之日起 28 日内完成审核并书面答复承包人；逾期不答复的，视为发包人同意承包人提交的结算资料。

3. 劳务费结算的审计

施工企业分包劳务费结算审计就是对企业分包的项目应用专门方法，收集整理有关资料，评价经济效果，揭示影响经济效益的问题，发现企业管理存在的弊端，帮助企业寻找解决问题的办法和措施，提升企业管理水平，促进企业提高经济效益。

为了规范劳务费结算的审计工作，将劳务费的结算审计分为中间结算和最终结算。

中间结算主要审计以下内容：由使用单位根据劳务合同及实际完成工作量按 95% 出具单工号"劳务结算申请表"、工程结算明细、结算依据是否有合同、有合同的与合同内容是否相符、零工单是否有领导签字、工程处同协作单位的现场施工签证及其他能证明应结算的资料。

最终结算主要审计以下内容：由基层单位预算员依据《劳务合同》编制工程结算书、工程处对劳务队的签证资料、经公司有关部门验收和签字资料、特殊材料的认质认价单、工程预算科审批单及其他能证明应结算的资料等。

以上资料通过结算审计部门认真核对后，出具工程劳务结算单、报公司领导审批，最终到财务挂账。

在劳务费结算审计过程中，要求工程处对甲方的签证不能作为施工队结算依据，对施工队结算要依据现场实际工程量由劳务分包单位现场责任人填写工程量确认单，经施工单位、监理单位、建设单位签字后，方可作为结算资料，据实结算，当月劳务费结算，按单工号与工程报量同步进行，配比结算，且人工费的累计结算额不得突破预算中的总额，以严格控制结算费用。

4. 劳务分包合同价款支付的有关规定

(1) 合同价款支付的时间限制

发包人、承包人应当在劳务分包合同中明确约定施工过程中劳务工作量的审核时限和劳务分包合同价款的支付时限。

月度审核时限从发包人收到承包人报送的上月劳务作业量之日起算起，最长不得超过 3 日；支付时限从完成审核之日起算起，最长不得超过 5 日。

劳务分包工程完工，工程结算程序完成后，发包人应当自结算完成之日起 28 日内支付全部结算价款。

(2) 农民工工资支付

总承包企业和劳务企业必须每月支付一次劳务企业农民工的基本工资，企业工资月支付数额不得低于当地最低工资标准；余下未支付部分，企业在工程完工后、季度末或年末必须保证足额支付。

建筑施工企业应当在银行建立工资保证金专用账户，提交农民工工资保证金专项用于发生欠薪时支付农民工工资的应急保障。

建设单位或施工总承包企业未按照合同约定与劳务分包企业结算清工程款，致使劳务分包企业拖欠农民工工资的，由建设单位或工程总承包企业先行垫付农民工工资，先行垫付的工资数额以未结清的工程价款为限。

(3) 支付形式

分包合同价款的支付必须以银行转账的形式办理，付款时总包单位不得以现金方式向分包单位支付劳务费。如果分包单位是外地施工企业的，分包单位还必须向总包单位出具外地施工企业专用发票。

(4) 对履行劳务分包合同价款的规定

1) 发包人不得以工程款未结算、工程质量纠纷等理由拖欠劳务分包合同价款。

2) 发包人、承包人应当在每月月底前对上月完成劳务作业量及应支付的劳务分包合同价款予以书面确认，发包人应当在书面确认后5日内支付已经确认的劳务分包合同价款。

3) 承包人应当按照合同约定组织劳务作业人员完成劳务作业内容，在收到劳务分包合同价款后，按照合同约定发放工资并将工资的发放情况书面报送发包人。

5. 劳务费签认

根据劳务分包合同价款结算、支付的要求，应按月对劳务费进行签认，填写劳务费结算支付情况汇总表、劳务费结算支付情况月报表、工程项目劳务费结算支付情况月报表。劳务费结算支付情况汇总表如表8-3所示，劳务费结算支付情况月报表如表8-4所示，工程项目劳务费结算支付情况月报表如表8-5所示。

_____劳务费结算情况汇总表　　　　　　　　　　表8-3

制表单位：总包劳务管理机构
报送时间：次月5日前

企业名称：（盖章）　　　　　　　　　　　　　　　单位：_____万元

施工单位	累计完成施工产值	结算系数%	结算支付情况				支付率%	拨入	余额
			应结	实际支付		应付未付			
				累计	本期				
甲	1	2	3=1×2	4	5	6=3-4	7=4/3	10	12

主管领导：　　　　部门领导：　　　　制表人：　　　　填报日期：

_____劳务费结算支付情况月报表　　　　　表 8-4
（二级公司填报）

制表单位：总包劳务管理机构
保送日期：次月 1 日前

企业名称：（盖章）　　　　　20____年 1-__月　　　　　　　　单位：____万元

类别	项目名称	累计完成施工产值	劳务合同额	结算情况				支付情况			
				结算系数%	应结	已结	未结	实际兑付		未付	兑付率%
								累计	本期		
甲	乙	1	2	3	4＝1×3	5	6＝4－5	7	8	9＝4－7	10＝7/4
总计											
劳务项目合计											
其中：											
合作项目合计											
其中：											
外埠项目合计											
其中：											
其他											

主管领导：　　　　　部门主管：　　　　　制表人：　　　　　填报日期：

说明：1. 劳务费结算支付情况，按劳务分包项目、合作工程项目、外埠工程项目以及其他工程项目，分类别填报数据。
　　　2. 各类别劳务费以工程项目为单位填报。
　　　3. 各单位工程项目以《_____工程综合计划》所列项目为依据。
　　　4. 统计时期为每日历月，月报上报日期为次月 5 日之前；年报时期为每日历年，上报日期次年春节前。

_____工程项目劳务费结算支付情况月报表　　　　　表 8-5
（项目部填报）

制表单位：总包劳务管理机构
报送时间：每月 30 日前

填报单位：　　　　　20____年 1-__月　　　　　　　　单位：____万元

序号	工程名称	分包企业	队长	合同额	结算		支付		余额	备注
					累计	本期	累计	本期		
合计										

主管领导：　　　　　填报人：　　　　　电话：　　　　　报送日期：

8.2 劳务人员工资管理

按国务院和地方政策要求，总承包企业应当做到对劳务企业劳务费月结季清或按照分包合同约定执行；同时应监督劳务分包企业对农民工工资月清月结或按照劳动合同约定执行，确保农民工工资按时足额发放给本人。

劳务分包企业必须每月支付一次农民工的基本工资，企业工资支付数额不得低于当地工资最低标准，余下未支付部分企业在工程完工、季度末或年末必须保证足额支付。

建设单位或施工总承包企业未按照合同约定与劳务分包企业结算清工程款，致使劳务分包企业拖欠农民工工资的，由建设单位或工程总承包企业先行垫付农民工工资，先行垫付的工资数额以未结清的工程价款为限。

劳务费结算台账和支付凭证是反映总包方是否按照规定及时结算和支付分包方劳务费的依据，也是检查分包企业劳务作业人员能否按时发放工资的依据；劳务作业人员工资表和考勤表，是劳务分包企业进场作业人员实际发生作业行为工资分配的证明，也是总包单位协助劳务分包企业处理劳务纠纷的依据；因此，劳务费结算台账和支付凭证以及劳务作业人员工资表、考勤表应该作为劳务管理重要资料存档备查。

项目部核算员与劳务分包班组负责人每月应根据出勤及完成的工作量，计算出每位劳务工实际应得工资额，劳务员编制工资支付表，经项目经理、劳务分包班组长、劳务工本人三方核实签字确认后，由项目部按工资支付表将工资以货币形式直接发放到本人，严禁发放给"包工头"或其他不具备用工主体资格的组织和个人。

8.2.1 建立劳务人员考勤表

职工考勤应以考勤原始记录表（简称考勤表）的形式进行记录，内容包括出勤、迟到、早退、旷工、事、病、婚、丧、探亲假、开会、出差、外借等。考勤是用工单位进行薪酬支付和员工考核的重要依据。

考勤管理是劳动人事管理领域的一项重要基础工作，它是维持正常工作秩序、提高办事效率、严肃劳动纪律、使员工自觉遵守工作时间的重要手段。用工单位不断完善员工考勤管理制度，做好员工考勤管理工作，对加强劳动用工管理，提升用工单位人力资源管理水平具有重要意义。

劳务人员考勤表是劳务分包作业人员实际发生作业行为的证明，是编制劳务作业人员增减台账、务工人员工资表、劳务作业人员工资台账等后续工作的原始依据，也是总包单位协助劳务分包企业处理劳务纠纷的依据，因此，劳务人员考勤表是劳务管理的重要资料。

建筑施工企业应当对劳动者出勤情况进行记录，作为发放工资的依据，并按照工资支付周期编制工资支付表，考勤情况应真实地体现员工出勤情况，准确度要高，不得伪造、变造、隐匿、销毁出勤记录和工资支付表。

1. 现场考勤办法

劳务分包队伍进场后必须明确现场考勤办法。

现场考勤分为劳务队伍管理人员的考勤和劳务作业人员的考勤。应将劳务作业人员的考勤作为重点。

对于劳务队伍管理人员的考勤，建议与承包单位管理人员的考勤要求一致，由承包单位和劳务分包单位共同负责。需要强调的是劳务队伍管理人员请假必须经劳务分包项目经理和项目部劳务员的批准。与承包项目部管理人员一样，在"去向板"上填写去向。

劳务作业人员的考勤主要由劳务分包队伍自己负责，项目部劳务员进行监管。劳务作业人员的考勤方法应依据以下几个方面确定：

（1）工程所在地主管部门的具体要求

目前各地区对劳务队伍的管理规定存在较大的差异，有些地方实施了实名制管理，有些地方还没有实施。就算实行实名制管理的地区，具体要求也有所不同。如北京地区要求人工登记，而南京地区要求"施工企业应当在施工现场配备市民卡读卡器，实施对施工作业人员的考勤"。

（2）承包单位关于劳务作业人员考勤方法的规定

对于工程所在地对劳务作业人员的考勤方法没有规定的，可实行总包单位关于劳务作业人员的考勤方法

（3）劳务分包单位关于劳务作业人员考勤方法的规定

对于既没有工程所在地关于劳务作业人员考勤方法的规定，又没有承包单位关于劳务作业人员的考勤方法规定的，可采用劳务分包单位关于劳务作业人员考勤方法的规定，但必须经承包单位认可。

2. 现场考勤

劳务队伍现场管理人员和劳务作业人员均必须进行实名登记（具体见第五章第5.7和5.8节实名制部分），由劳务员建立公司劳务作业人员（含队长、班组长、农民工）花名册，花名册中登记的人员应包含劳务分包公司在该工程的全部人数。

为每一位劳务现场管理和作业人员在建立花名册时，至少须统计以下信息：姓名、性别、工种/岗位、等级、文化程度、籍贯、家庭住址、身份证号、劳动合同编号、岗位技能证书编号。公司劳务作业人员（含队长、班组长、农民工）花名册如表8-6所示。

劳务队伍必须设项目经理（或劳务队长），劳务员对劳务队伍的管理通过劳务队伍项目经理（或劳务队长）来具体实施，以上花名册中信息须由劳务队伍项目经理（或劳务队长）提供给劳务员进行统计。

项目部劳务管理人员必须要求劳务企业现场负责人每天向项目部上报现场实际人员人数，劳务企业现场负责人必须对上报施工现场人数确认签字，劳务管理人员通过对比记录人员流动和情况，每周要求劳务企业现场负责人上报施工现场人员考勤情况。

劳务人员考勤表由施工班组编制，用工单位（分包）劳务员确认，每月汇总建立劳务人员月考勤表后，向全体劳务人员公示；公示无异议后，每月上报总包单位备案。劳务员须建立劳务人员考勤表档案。劳务人员考勤表如表8-7所示。

劳务管理人员负责建立每日人员流动台账，掌握务工人员的流动情况，为项目部提供真实的基础材料。

项目部劳务管理人员（劳务员）对比施工现场人员流动情况，将施工现场人员考勤情况与现场花名册进行核对，确定人员增减情况，编制劳务作业人员增减台账，及时掌握劳务人员的流动情况。若审查出未在公司劳务作业人员（含队长、班组长、农民工）花名册的人员，应及时要求劳务企业现场负责人按照规定办理相关手续或予以清退。

需要注意的是劳务作业人员增减台账中所记录的人员含项目部所属各劳务分包队伍和

专业分包队伍人员，不含项目部管理人员。劳务作业人员增减台账如表8-8所示。

8.2.2 建立劳务人员工资表

劳务人员工资表是劳务分包企业进场作业人员实际发生作业行为工资分配的证明，也是总包单位协助劳务分包企业处理劳务纠纷的依据。

1. 劳务人员工资支付要求

劳务工资一般按照当月完成工作量的情况，每月结算。

每次结算劳务费时，项目劳务负责人应编制劳务人员工资表；劳务负责人在每月申领劳务工资时，必须提供上月已发的且有劳务人员本人签字以及劳务负责人签字、相关劳务企业盖章的工资单报给项目部劳务员备案，以鉴定劳务工资是否发给了员工本人。

项目劳务管理人员必须要求施工队伍负责人提供务工人员工资表，并留存备案，工资表中人员必须和考勤表一致，且必须有务工人员本人签字，施工队伍负责人签字和其所在企业盖章，方可办理劳务费结算。

项目部根据施工队伍负责人所提供的工资表，由劳务员会同项目负责人和劳务负责人对本月应发劳务工资审核，确认无误后按时足额向务工人员支付工资。

国家关于加班工资的规定如下：员工休息日加班的，首先应安排补休，在不能安排补休的情况下，才支付加班工资。员工工作日和节假日加班的，应支付加班工资，不能安排补休。

2. 劳务人员工资表

劳务人员工资表的最终表格由用工单位（分包）编制，必须由劳务人员本人、劳务负责人、用工企业劳务员、用工企业项目负责人（或授权队长）签字确认，加盖用工企业公章，每月报总包单位备案。

劳务人员工资表由项目名称、班组名称、劳务人员具体信息、相关单位签字盖章组成。其中每个劳务人员具体信息须包含姓名、工种、出勤日期、日工资、工资总额、支出部分（含生活费、预支费、罚款、其他、本月实际支付）、未支付数。

劳务人员工资表如表8-9所示。

_____公司劳务作业人员（含队长、班组长、农民工）花名册　　　　表8-6

项目名称（全称）：_____　　班组名称：_____　　年　月

编号	姓名	性别	工种/岗位	等级	文化程度	籍贯	家庭住址	身份证号	劳动合同编号	岗位技能证书编号

申明：此表登记劳务作业人员为我单位在该工程全部人数，情况属实。

班组长签字_____．用工企业劳务员签字_____；

用工项目企业负责人（授权队长）签字_____；

填表时间：_____

用工企业盖章

第_____页，共_____页

_____公司劳务作业人员（含队长、班组长、农民工）考勤表　　　表8-7

项目名称（全称）：　　　　　　班组名称：　　　　　　　　　年　月

编号	姓名	工种	上月						本月																							合计
			26	27	28	29	30	31	1	2	3	4	5	6	7	8	9	10	11	12	13	14	15	16	17	18	19	20	21	22	23	24	25	

申明：此表登记劳务作业人员为我单位在该工程全部出勤人数，出勤情况属实，我单位已将此表向全体劳务人员公示，无异议。　　　　总计

班组长签字：	用工企业劳务员签字：	用工企业项目负责人（授权队长）签字：	填表时间：	用工企业盖章：

此表由施工班组编制，用工单位（分包）确认，汇总后，每月报总包备案。

第　　页，共　　页

劳务作业人员增减台账　　　　　　　　　　　　　　　表8-8

单位及项目部全称：

序号	企业名称	姓名	身份证号	增减情况	来源或去向	日期	备注
1							
2							
3							
4							
5							
6							
7							
8							
9							
10							

项目部负责人签字：　　　　　　　　　　　　　　　填表日期：　　年　月　日

此表由用工单位（分包）编制，每月报总包备案。

计：进场人员＿＿＿＿＿人，退场人员＿＿＿＿＿人。

注：1.增减情况中注明此人是"新进场"或"退场"人员；

　　2.来源或去向中注明此人进场前所在工地或退场去向；

　　3.《台账》中所记录人员含项目部所属各劳务分包队伍和专业分包队伍人员，不含项目部管理人员。

劳务人员工资表 表 8-9

项目名称(全称): 　　　　　班组名称: 　　　　　　　　　年　月

序号	姓名	工种	出勤日期	日工资	工资总额	支出部分					未支付数	领款人签字	备注
						生活费	预支费	罚款	其他	本月实际支付			

申明: 此表登记劳务作业人员为我单位本月在该工程全部人数,工资结算支付领取情况属实,均系本人签字。

班组长签字: _____; 用工企业劳务员签字: _____;
用工企业项目负责人(授权队长)签字: _____;
填表时间:

用工企业盖章:

此表由用工单位(分包)编制,每月报总包备案。

第　页,共　页

3. 《建设领域农民工工资支付管理暂行办法》介绍

建设领域农民工工资支付管理暂行办法

(劳社部发 [2004] 22 号)

为规范建设领域农民工工资支付行为,预防和解决建筑业企业拖欠或克扣农民工工资问题,根据《中华人民共和国劳动法》《工资支付暂行规定》等有关规定,制定本办法。

一、本办法适用于在中华人民共和国境内的建筑业企业(以下简称企业)和与之形成劳动关系的农民工。

本办法所指建筑业企业,是指从事土木工程、建筑工程、线路管道设备安装工程、装修工程的新建、扩建、改建活动的企业。

二、县级以上劳动和社会保障行政部门负责企业工资支付的监督管理,建设行政主管部门协助劳动和社会保障行政部门对企业执行本办法的情况进行监督检查。

三、企业必须严格按照《劳动法》《工资支付暂行规定》和《最低工资规定》等有关规定支付农民工工资,不得拖欠或克扣。

四、企业应依法通过集体协商或其他民主协商形式制定内部工资支付办法,并告知本企业全体农民工,同时抄报当地劳动和社会保障行政部门与建设行政主管部门。

五、企业内部工资支付办法应包括以下内容:支付项目、支付标准、支付方式、支付周期和日期、加班工资计算基数、特殊情况下的工资支付以及其他工资支付内容。

六、企业应当根据劳动合同约定的农民工工资标准等内容,按照依法签订的集体合同或劳动合同约定的日期按月支付工资,并不得低于当地最低工资标准。具体支付方式可由企业结合建筑行业特点在内部工资支付办法中规定。

七、企业应将工资直接发放给农民工本人,严禁发放给"包工头"或其他不具备用工主体资格的组织和个人。企业可委托银行发放农民工工资。

八、企业支付农民工工资应编制工资支付表,如实记录支付单位、支付时间、支付对象、支付数额等工资支付情况,并保存两年以上备查。

九、工程总承包企业应对劳务分包企业工资支付进行监督,督促其依法支付农民工工资。

十、业主或工程总承包企业未按合同约定与建设工程承包企业结清工程款,致使建设工程承包企业拖欠农民工工资的,由业主或工程总承包企业先行垫付农民工被拖欠的工资,先行垫付的工资数额以未结清的工程款为限。

十一、企业因被拖欠工程款导致拖欠农民工工资的,企业追回的被拖欠工程款,应优先用于支付拖欠的农民工工资。

十二、工程总承包企业不得将工程违反规定发包、分包给不具备用工主体资格的组织或个人,否则应承担清偿拖欠工资连带责任。

十三、企业应定期如实向当地劳动和社会保障行政部门及建设行政主管部门报送本单位工资支付情况。

十四、企业违反国家工资支付规定拖欠或克扣农民工工资的,记入信用档案,并通报有关部门。建设行政主管部门可依法对其市场准入、招标投标资格和新开工项目施工许可等进行限制,并予以相应处罚。

十五、企业应按有关规定缴纳工资保障金,存入当地政府指定的专户,用于垫付拖欠的农民工工资。

十六、农民工发现企业有下列情形之一的,有权向劳动和社会保障行政部门举报:

(一)未按照约定支付工资的;

(二)支付工资低于当地最低工资标准的;

(三)拖欠或克扣工资的;

(四)不支付加班工资的;

(五)侵害工资报酬权益的其他行为。

十七、各级劳动和社会保障行政部门依法对企业支付农民工工资情况进行监察,对违法行为进行处理。企业在接受监察时应当如实报告情况,提供必要的资料和证明。

十八、农民工与企业因工资支付发生争议的,按照国家劳动争议处理有关规定处理。对事实清楚、不及时裁决会导致农民工生活困难的工资争议案件,以及涉及农民工工伤、患病期间工资待遇的争议案件,劳动争议仲裁委员会可部分裁决;企业不执行部分裁决的,当事人可依法向人民法院申请强制执行。

十九、本办法自发布之日起施行。

8.2.3 建立劳务人员工资台账

劳务人员工资台账和支付凭证是反映总包方是否按照规定及时结算和支付分包方劳务费的依据,也是检查分包企业劳务作业人员能否按时发放工资的依据。

劳务人员工资台账属于统计台账的范畴。

1. 统计台账相关知识

统计台账是统计工作整理、汇总、积累资料的重要工具，它将分散记载的原始资料，进行分组、归纳、计算、汇总，形成全面系统的企业生产经营情况的真实资料，为及时、准确编制企业统计报表和开展统计分析创造有利条件。

统计台账是按时间顺序登记的，是调整和控制企业经营管理提供重要依据；它便于随时对比检查，及时发现问题，保证统计报表数据准确和及时上报；它是贯彻落实统计制度的一项内容，也是开展统计执法检查不可缺少的数据核查基础凭据，是进行统计工作必备的数据依据。在数据处理日益现代化的条件下，它仍是保障统计数据质量较为重要的一环。

统计台账是统计基础工作的重要组成部分，政府综合统计数据是通过基层数据汇总得到，基层数据的正确与否，就要看企业的统计台账，建立健全各类统计台账是统计制度中不可缺少的内容。

《中华人民共和国统计法》第三章第二条规定：国家机关、企业事业单位和其他组织等统计调查对象，应当按照国家有关规定设置原始记录、统计台账，建立健全统计资料的审核、签署、交接、归档等管理制度。

县级以上人民政府统计机构在调查统计违法行为或者核查统计数据时，有权要求检查对象提供有关原始记录和凭证、统计台账、统计调查表、会计资料及其他相关证明和资料，并就与检查有关的事项询问有关人员，也可以进入检查对象的业务场所和统计数据处理信息系统进行检查、核对。

县级以上人民政府统计机构履行监督检查职责时，有关单位和个人应当如实反映情况，提供相关证明和资料，不得拒绝、阻碍检查，不得转移、隐匿、篡改、毁弃原始记录和凭证、统计台账、统计调查表、会计资料及其他相关证明和资料。

作为统计调查对象的国家机关、企业事业单位或者其他组织迟报统计资料，或者未按照国家有关规定设置原始记录、统计台账的，由县级以上人民政府统计机构责令改正，给予警告。

作为统计调查对象的国家机关、企业事业单位或者其他组织，若转移、隐匿、篡改、毁弃或者拒绝提供原始记录和凭证、统计台账、统计调查表及其他相关证明和资料的，由县级以上人民政府统计机构责令改正，给予警告，可以予以通报；其直接负责的主管人员和其他直接责任人员属于国家工作人员的，由任免机关或者监察机关依法给予处分。

2. 劳务人员工资台账的建立

劳务分包企业应在每次发放劳务人员工资后，将工资发放情况记入劳务人员工资台账，做到月结月计，账目清楚，以便以后查用。

劳务人员工资台账由用工单位（分包）编制，劳务人员本人签字确认，每月报总包单位备案。

劳务人员工资台账与劳务人员工资表类似，由项目名称、班组名称、劳务人员姓名、劳务人员具体信息、相关单位签字盖章组成。其中每个劳务人员具体信息须包含姓名、工种、出勤日期、日工资、工资总额、支出部分（含生活费、预支费、罚款、其他、本月实际支付）、未支付数。

劳务人员工资台账如表 8-10 所示。

劳务人员工资台账　　　　　　　　　表 8-10

项目名称：　　　　　　班组名称：　　劳务人员姓名：　　　　年　　月

序号	姓名	工种	出勤日期	日工资	工资总额	支出部分					未支付数	备注
						生活费	预支费	罚款	其他	实际支付		
1												
2												
3												
4												
5												
6												
7												
8												
9												
10												
	合计											

填表人：　　　　　　　　　　　　　　　　　　　　　　　　劳务人员本人确认签字：

此表由用工单位（分包）编制，每月报总包备案。

3. 《中华人民共和国统计法》介绍

中华人民共和国统计法

第一章　总　则

第一条　为了科学、有效地组织统计工作，保障统计资料的真实性、准确性、完整性和及时性，发挥统计在了解国情国力、服务经济社会发展中的重要作用，促进社会主义现代化建设事业发展，制定本法。

第二条　本法适用于各级人民政府、县级以上人民政府统计机构和有关部门组织实施的统计活动。

统计的基本任务是对经济社会发展情况进行统计调查、统计分析，提供统计资料和统计咨询意见，实行统计监督。

第三条　国家建立集中统一的统计系统，实行统一领导、分级负责的统计管理体制。

第四条　国务院和地方各级人民政府、各有关部门应当加强对统计工作的组织领导，为统计工作提供必要的保障。

第五条　国家加强统计科学研究，健全科学的统计指标体系，不断改进统计调查方法，提高统计的科学性。

国家有计划地加强统计信息化建设，推进统计信息搜集、处理、传输、共享、存储技术和统计数据库体系的现代化。

第六条　统计机构和统计人员依照本法规定独立行使统计调查、统计报告、统计监督的职权，不受侵犯。

地方各级人民政府、政府统计机构和有关部门以及各单位的负责人，不得自行修改统计机构和统计人员依法搜集、整理的统计资料，不得以任何方式要求统计机构、统计人员及其他机构、人员伪造、篡改统计资料，不得对依法履行职责或者拒绝、抵制统计违法行为的统计人员打击报复。

第七条 国家机关、企业事业单位和其他组织以及个体工商户和个人等统计调查对象，必须依照本法和国家有关规定，真实、准确、完整、及时地提供统计调查所需的资料，不得提供不真实或者不完整的统计资料，不得迟报、拒报统计资料。

第八条 统计工作应当接受社会公众的监督。任何单位和个人有权检举统计中弄虚作假等违法行为。对检举有功的单位和个人应当给予表彰和奖励。

第九条 统计机构和统计人员对在统计工作中知悉的国家秘密、商业秘密和个人信息，应当予以保密。

第十条 任何单位和个人不得利用虚假统计资料骗取荣誉称号、物质利益或者职务晋升。

第二章 统计调查管理

第十一条 统计调查项目包括国家统计调查项目、部门统计调查项目和地方统计调查项目。

国家统计调查项目是指全国性基本情况的统计调查项目。部门统计调查项目是指国务院有关部门的专业性统计调查项目。地方统计调查项目是指县级以上地方人民政府及其部门的地方性统计调查项目。

国家统计调查项目、部门统计调查项目、地方统计调查项目应当明确分工，互相衔接，不得重复。

第十二条 国家统计调查项目由国家统计局制定，或者由国家统计局和国务院有关部门共同制定，报国务院备案；重大的国家统计调查项目报国务院审批。

部门统计调查项目由国务院有关部门制定。统计调查对象属于本部门管辖系统的，报国家统计局备案；统计调查对象超出本部门管辖系统的，报国家统计局审批。

地方统计调查项目由县级以上地方人民政府统计机构和有关部门分别制定或者共同制定。其中，由省级人民政府统计机构单独制定或者和有关部门共同制定的，报国家统计局审批；由省级以下人民政府统计机构单独制定或者和有关部门共同制定的，报省级人民政府统计机构审批；由县级以上地方人民政府有关部门制定的，报本级人民政府统计机构审批。

第十三条 统计调查项目的审批机关应当对调查项目的必要性、可行性、科学性进行审查，对符合法定条件的，作出予以批准的书面决定，并公布；对不符合法定条件的，作出不予批准的书面决定，并说明理由。

第十四条 制定统计调查项目，应当同时制定该项目的统计调查制度，并依照本法第十二条的规定一并报经审批或者备案。

统计调查制度应当对调查目的、调查内容、调查方法、调查对象、调查组织方式、调查表式、统计资料的报送和公布等作出规定。

统计调查应当按照统计调查制度组织实施。变更统计调查制度的内容，应当报经原审批机关批准或者原备案机关备案。

第十五条　统计调查表应当标明表号、制定机关、批准或者备案文号、有效期限等标志。

对未标明前款规定的标志或者超过有效期限的统计调查表，统计调查对象有权拒绝填报；县级以上人民政府统计机构应当依法责令停止有关统计调查活动。

第十六条　搜集、整理统计资料，应当以周期性普查为基础，以经常性抽样调查为主体，综合运用全面调查、重点调查等方法，并充分利用行政记录等资料。

重大国情国力普查由国务院统一领导，国务院和地方人民政府组织统计机构和有关部门共同实施。

第十七条　国家制定统一的统计标准，保障统计调查采用的指标含义、计算方法、分类目录、调查表式和统计编码等的标准化。

国家统计标准由国家统计局制定，或者由国家统计局和国务院标准化主管部门共同制定。

国务院有关部门可以制定补充性的部门统计标准，报国家统计局审批。部门统计标准不得与国家统计标准相抵触。

第十八条　县级以上人民政府统计机构根据统计任务的需要，可以在统计调查对象中推广使用计算机网络报送统计资料。

第十九条　县级以上人民政府应当将统计工作所需经费列入财政预算。

重大国情国力普查所需经费，由国务院和地方人民政府共同负担，列入相应年度的财政预算，按时拨付，确保到位。

第三章　统计资料的管理和公布

第二十条　县级以上人民政府统计机构和有关部门以及乡、镇人民政府，应当按照国家有关规定建立统计资料的保存、管理制度，建立健全统计信息共享机制。

第二十一条　国家机关、企业事业单位和其他组织等统计调查对象，应当按照国家有关规定设置原始记录、统计台账，建立健全统计资料的审核、签署、交接、归档等管理制度。

统计资料的审核、签署人员应当对其审核、签署的统计资料的真实性、准确性和完整性负责。

第二十二条　县级以上人民政府有关部门应当及时向本级人民政府统计机构提供统计所需的行政记录资料和国民经济核算所需的财务资料、财政资料及其他资料，并按照统计调查制度的规定及时向本级人民政府统计机构报送其组织实施统计调查取得的有关资料。

县级以上人民政府统计机构应当及时向本级人民政府有关部门提供有关统计资料。

第二十三条　县级以上人民政府统计机构按照国家有关规定，定期公布统计资料。

国家统计数据以国家统计局公布的数据为准。

第二十四条　县级以上人民政府有关部门统计调查取得的统计资料，由本部门按照国家有关规定公布。

第二十五条　统计调查中获得的能够识别或者推断单个统计调查对象身份的资料，任何单位和个人不得对外提供、泄露，不得用于统计以外的目的。

第二十六条　县级以上人民政府统计机构和有关部门统计调查取得的统计资料，除依法应当保密的外，应当及时公开，供社会公众查询。

第四章 统计机构和统计人员

第二十七条 国务院设立国家统计局,依法组织领导和协调全国的统计工作。

国家统计局根据工作需要设立的派出调查机构,承担国家统计局布置的统计调查等任务。

县级以上地方人民政府设立独立的统计机构,乡、镇人民政府设置统计工作岗位,配备专职或者兼职统计人员,依法管理、开展统计工作,实施统计调查。

第二十八条 县级以上人民政府有关部门根据统计任务的需要设立统计机构,或者在有关机构中设置统计人员,并指定统计负责人,依法组织、管理本部门职责范围内的统计工作,实施统计调查,在统计业务上受本级人民政府统计机构的指导。

第二十九条 统计机构、统计人员应当依法履行职责,如实搜集、报送统计资料,不得伪造、篡改统计资料,不得以任何方式要求任何单位和个人提供不真实的统计资料,不得有其他违反本法规定的行为。

统计人员应当坚持实事求是,恪守职业道德,对其负责搜集、审核、录入的统计资料与统计调查对象报送的统计资料的一致性负责。

第三十条 统计人员进行统计调查时,有权就与统计有关的问题询问有关人员,要求其如实提供有关情况、资料并改正不真实、不准确的资料。

统计人员进行统计调查时,应当出示县级以上人民政府统计机构或者有关部门颁发的工作证件;未出示的,统计调查对象有权拒绝调查。

第三十一条 国家实行统计专业技术职务资格考试、评聘制度,提高统计人员的专业素质,保障统计队伍的稳定性。

统计人员应当具备与其从事的统计工作相适应的专业知识和业务能力。

县级以上人民政府统计机构和有关部门应当加强对统计人员的专业培训和职业道德教育。

第五章 监督检查

第三十二条 县级以上人民政府及其监察机关对下级人民政府、本级人民政府统计机构和有关部门执行本法的情况,实施监督。

第三十三条 国家统计局组织管理全国统计工作的监督检查,查处重大统计违法行为。

县级以上地方人民政府统计机构依法查处本行政区域内发生的统计违法行为。但是,国家统计局派出的调查机构组织实施的统计调查活动中发生的统计违法行为,由组织实施该项统计调查的调查机构负责查处。

法律、行政法规对有关部门查处统计违法行为另有规定的,从其规定。

第三十四条 县级以上人民政府有关部门应当积极协助本级人民政府统计机构查处统计违法行为,及时向本级人民政府统计机构移送有关统计违法案件材料。

第三十五条 县级以上人民政府统计机构在调查统计违法行为或者核查统计数据时,有权采取下列措施:

(一)发出统计检查查询书,向检查对象查询有关事项;

(二)要求检查对象提供有关原始记录和凭证、统计台账、统计调查表、会计资料及其他相关证明和资料;

(三)就与检查有关的事项询问有关人员;

（四）进入检查对象的业务场所和统计数据处理信息系统进行检查、核对；

（五）经本机构负责人批准，登记保存检查对象的有关原始记录和凭证、统计台账、统计调查表、会计资料及其他相关证明和资料；

（六）对与检查事项有关的情况和资料进行记录、录音、录像、照相和复制。

县级以上人民政府统计机构进行监督检查时，监督检查人员不得少于二人，并应当出示执法证件；未出示的，有关单位和个人有权拒绝检查。

第三十六条　县级以上人民政府统计机构履行监督检查职责时，有关单位和个人应当如实反映情况，提供相关证明和资料，不得拒绝、阻碍检查，不得转移、隐匿、篡改、毁弃原始记录和凭证、统计台账、统计调查表、会计资料及其他相关证明和资料。

第六章　法律责任

第三十七条　地方人民政府、政府统计机构或者有关部门、单位的负责人有下列行为之一的，由任免机关或者监察机关依法给予处分，并由县级以上人民政府统计机构予以通报：

（一）自行修改统计资料、编造虚假统计数据的；

（二）要求统计机构、统计人员或者其他机构、人员伪造、篡改统计资料的；

（三）对依法履行职责或者拒绝、抵制统计违法行为的统计人员打击报复的；

（四）对本地方、本部门、本单位发生的严重统计违法行为失察的。

第三十八条　县级以上人民政府统计机构或者有关部门在组织实施统计调查活动中有下列行为之一的，由本级人民政府、上级人民政府统计机构或者本级人民政府统计机构责令改正，予以通报；对直接负责的主管人员和其他直接责任人员，由任免机关或者监察机关依法给予处分：

（一）未经批准擅自组织实施统计调查的；

（二）未经批准擅自变更统计调查制度的内容的；

（三）伪造、篡改统计资料的；

（四）要求统计调查对象或者其他机构、人员提供不真实的统计资料的；

（五）未按照统计调查制度的规定报送有关资料的。

统计人员有前款第三项至第五项所列行为之一的，责令改正，依法给予处分。

第三十九条　县级以上人民政府统计机构或者有关部门有下列行为之一的，对直接负责的主管人员和其他直接责任人员由任免机关或者监察机关依法给予处分：

（一）违法公布统计资料的；

（二）泄露统计调查对象的商业秘密、个人信息或者提供、泄露在统计调查中获得的能够识别或者推断单个统计调查对象身份的资料的；

（三）违反国家有关规定，造成统计资料毁损、灭失的。

统计人员有前款所列行为之一的，依法给予处分。

第四十条　统计机构、统计人员泄露国家秘密的，依法追究法律责任。

第四十一条　作为统计调查对象的国家机关、企业事业单位或者其他组织有下列行为之一的，由县级以上人民政府统计机构责令改正，给予警告，可以予以通报；其直接负责的主管人员和其他直接责任人员属于国家工作人员的，由任免机关或者监察机关依法给予处分：

（一）拒绝提供统计资料或者经催报后仍未按时提供统计资料的；
（二）提供不真实或者不完整的统计资料的；
（三）拒绝答复或者不如实答复统计检查查询书的；
（四）拒绝、阻碍统计调查、统计检查的；
（五）转移、隐匿、篡改、毁弃或者拒绝提供原始记录和凭证、统计台账、统计调查表及其他相关证明和资料的。

企业事业单位或者其他组织有前款所列行为之一的，可以并处五万元以下的罚款；情节严重的，并处五万元以上二十万元以下的罚款。

个体工商户有本条第一款所列行为之一的，由县级以上人民政府统计机构责令改正，给予警告，可以并处一万元以下的罚款。

第四十二条 作为统计调查对象的国家机关、企业事业单位或者其他组织迟报统计资料，或者未按照国家有关规定设置原始记录、统计台账的，由县级以上人民政府统计机构责令改正，给予警告。

企业事业单位或者其他组织有前款所列行为之一的，可以并处一万元以下的罚款。

个体工商户迟报统计资料的，由县级以上人民政府统计机构责令改正，给予警告，可以并处一千元以下的罚款。

第四十三条 县级以上人民政府统计机构查处统计违法行为时，认为对有关国家工作人员依法应当给予处分的，应当提出给予处分的建议；该国家工作人员的任免机关或者监察机关应当依法及时作出决定，并将结果书面通知县级以上人民政府统计机构。

第四十四条 作为统计调查对象的个人在重大国情国力普查活动中拒绝、阻碍统计调查，或者提供不真实或者不完整的普查资料的，由县级以上人民政府统计机构责令改正，予以批评教育。

第四十五条 违反本法规定，利用虚假统计资料骗取荣誉称号、物质利益或者职务晋升的，除对其编造虚假统计资料或者要求他人编造虚假统计资料的行为依法追究法律责任外，由作出有关决定的单位或者其上级单位、监察机关取消其荣誉称号，追缴获得的物质利益，撤销晋升的职务。

第四十六条 当事人对县级以上人民政府统计机构作出的行政处罚决定不服的，可以依法申请行政复议或者提起行政诉讼。其中，对国家统计局在省、自治区、直辖市派出的调查机构作出的行政处罚决定不服的，向国家统计局申请行政复议；对国家统计局派出的其他调查机构作出的行政处罚决定不服的，向国家统计局在该派出机构所在的省、自治区、直辖市派出的调查机构申请行政复议。

第四十七条 违反本法规定，构成犯罪的，依法追究刑事责任。

第七章 附 则

第四十八条 本法所称县级以上人民政府统计机构，是指国家统计局及其派出的调查机构、县级以上地方人民政府统计机构。

第四十九条 民间统计调查活动的管理办法，由国务院制定。

中华人民共和国境外的组织、个人需要在中华人民共和国境内进行统计调查活动的，应当按照国务院的规定报请审批。

利用统计调查危害国家安全、损害社会公共利益或者进行欺诈活动的，依法追究法律责任。

第五十条 本法自 2010 年 1 月 1 日起施行。

8.2.4 核实劳务人员工资表的编制、公示和确认

1. 劳务费的结算

（1）劳务分包合同是明确合同双方责任、权利和义务的法律文件，是劳务费结算的重要依据。项目部应及时签订劳务分包合同，必须本着先签订劳务分包合同原则。

（2）劳务分包合同的签订要遵循"工料分开"的原则。劳务分包人没有采购主要材料和提供大型设备的义务，因此主材采购、大型设备租赁不得在劳务分包合同中约定；同时严格区分和界定劳务费与人工工资范围，并在合同中注明。

（3）劳务费是劳务工人工资支付的来源，相关单位要按月结算。当月完成的工作量应在劳务分包合同专用条款约定的时间内完成结算；劳务分包作业完工并经承包人验收合格之日起 28 天内向承包人提交完工结算申请单和完整的结算资料，承包人在收到完工结算申请单之日 28 天内予以审核确认。承包人要加强劳务费结算管理工作，做到总分包双方底数清晰，避免发生争议和因此引发恶意讨要工资事件。

2. 劳务员须对劳务人员工资表编制情况进行核实

在每月 25 日前，由劳务分包企业根据所记录的农民工务工情况编制出工资表（纸质版发薪数据文件）报劳务发包企业项目部审核，项目部依据 IC 智能卡系统记录农民工出勤情况、留存的劳动合同书和所属劳务员跟踪记录的农民工务工情况进行核对。

结算劳务费时，项目劳务负责人应编制劳务人员工资表，表中人员必须与考勤相一致，由劳务员会同项目负责人和劳务负责人对本月应发劳务工资审核，由项目部足额发给劳务工人。劳务负责人在每月申领劳务工资时，必须提供上月已发的且有劳务人员本人签字以及劳务负责人签字、相关劳务企业盖章的工资单报给项目部劳务员备案，以鉴定劳务工资是否发给了员工本人。

3. 劳务费支付程序

（1）承包人项目部负责进场劳务人员实名制管理，负责现场劳务人员花名册与工资发放表的核对，依据实际情况填报《劳务费兑付单》，并附劳务分包企业劳务人员工资发放表上报审核。

（2）承包人负责审核劳务分包企业分包合同签订、备案情况，审核劳务费结算情况；根据预留资金情况制定兑付方案，决定支付额度。

（3）承包人负责审核《劳务费兑付单》以及分包企业工资发放表，确定无误并签订后，按规定向分包企业支付劳务费。

（4）当劳务费支付到劳务分包企业后，承包人项目部要监督分包企业将工资发放到劳务工人本人手中，限期回收有工人本人签字的工资发放表，报总承包企业存档备查。

（5）承包人应对相关单位劳务费发放过程进行监督检查，及时纠正和处理劳务费发放中出现的违规问题，保证劳务工人工资支付到位。

4. 劳务人员工资表的公示、确认

为了加强建筑劳务用工管理，切实维护劳务人员合法权益，有效预防和制止拖欠

劳务人员工资行为的发生，确保劳务人员维权渠道畅通，扎实做好建筑劳务人员工资支付工作，建筑施工现场须设立"建筑民工工资公示牌"，建筑民工工资公示牌参见表8-11。

项目部依据IC智能卡系统记录农民工出勤情况、留存的劳动合同书和所属劳务员跟踪记录的农民工务工情况进行核对，经核实无误后，将工资表在施工现场和农民工生活区公示3天，公示后对确认的工资表分别由劳务分包企业、劳务发包企业盖章确认。

建筑民工工资公示牌 表8-11

工程名称		工程地址	
		开竣工日期	年 月～ 年 月
建设单位		单位地址	
总包单位		单位地址	
项目经理		电话手机	
劳务分包		单位地址	
班组名称		班组名称	
民工人数		民工人数	
负责人		负责人	
电话		电话	
班组名称		班组名称	
民工人数		民工人数	
负责人		负责人	
电话		电话	
班组名称		班组名称	
民工人数		民工人数	
负责人		负责人	
电话		电话	
月建筑民工工资发放清单张贴栏			

拖欠工资举报电话：
　　　　　　(市/县人资源和社会保障局)　　　　　　(市/县住房和城乡建设局)

8.2.5 核实劳务人员工资的实际支付情况

劳务工工资支付必须严格按照《劳动法》、《工资支付暂行规定》和《最低工资规定》等有关规定，依法按月足额支付工资，并不得低于当地最低工资标准，不得截留、拖欠或克扣。

工程承包人应对劳务分包企业工资支付进行监督，督促其依法支付民工工资。劳务分包企业应当在工程项目所在地银行开设用于支付劳务员工工资的专用账户,可以按规定(在项目开工后第一个月内按实际用工人数每人不低于本地区最低工资标准)将工资款项存入专用账户。并在专用账户开户银行办理务工人员个人工资账户,与银行签订代发工资协议,每月由银行代发工资,杜绝以工程款拖欠、结算纠纷、垫资施工等理由克扣或拖欠劳务员工工资。

1. 劳务工程款及劳务民工工资支付的基本要求

(1) 为进一步规范建筑企业工资支付行为,切实保障建设领域劳务民工合法报酬权益,相关企业必须严格按照《劳动法》《工资支付暂行规定》和《最低工资规定》等有关法规文件支付劳务民工工资,不得拖欠或克扣。

(2) 承包人应当做到对劳务施工队劳务费月结季(月)清,或按劳务分包合同约定执行;同时应负责监督劳务企业对劳务民工工资月清月结或按劳动合同约定执行,督促其依法支付劳务民工工资。

(3) 相关建筑企业应当依据劳动合同约定的劳务民工工资标准等内容,按照依法签订的集体合同或劳动合同约定的日期按月支付工资,并不得低于当地最低工资标准。

(4) 建筑业企业应将工资直接发给劳务民工本人,严禁发给"包工头"或其他不具备用工主体资格的组织和个人。企业可以在工程项目所在地银行开设专用账户,并在专用账户开户银行为每位劳务民工办理个人工资账户,与银行签订代发工资协议,委托银行代发工资。

(5) 承包人要按规定建立劳务民工工资预留账户,在甲方支付工程款时按比例预留劳务费,由此统一管理并及时支付到劳务分包企业账户,相关部门监督劳务企业及时将工资支付到劳务民工手中。

(6) 承包人与劳务分包人应当依法签订分包合同,必须明确约定支付劳务工程款的时间、结算方式以保证按期支付的措施。按规定只能向劳务分包企业支付劳务工程款,不得向无资质的个体承包人支付,不得以实物或有价证券等形式抵付。

2. 劳务民工工资预留账户的设立和管理

(1) 预留账户的开设

1) 凡使用劳务民工进行劳务分包、专业分包的施工总承包企业,均应建立"劳务工资支付预留账户",归企业所有,按规定使用和分配资金,专款专用,不得挪用。

2) 企业人力资源部负责监督和考核各项目部劳务工程款和民工工资支付工作。"劳务工自支付预留账户"设在企业财务部,财务部要保障资金安全,根据用工企业结算凭证,按规定程序及时支付。

(2) 预留账户设立的目的

建筑施工企业设立劳务民工工资预留账户,是在出现因用人单位的原因发生欠薪的情况下,专项用于支付劳务民工工资的一种应急保障措施。

(3) 预留账户建账标准

1) 可以按照劳务分包总价款的 10% 计存,也可按劳务人工费占施工企业的产值比例预留。

2) 凡工程款回收后,各公司财务部门应按规定比例提取(附劳务队支付明细凭证)并在预留户中存放劳务民工工资,同时及时完成劳务分包队伍的劳务工程款结算和支付工作。

(4) 预留账户的监督与管理

预留账户的资金属于承包人应付劳务分包价款的一部分,资金所有权属于劳务分包企业。资金的使用必须是在企业发生欠款时,专项用于支付所欠劳务民工的工资,不得用于垫支工程款、材料费等其他用途。

预留户应在银行单独开户,每个劳务分包企业单独建账,由承包人与劳务分包企业共同管理。

预留户户名应与发包单位在本市的基本存款账户户名相同,承包人基本存款户在外地开设的,预留户户名与其在本市开设的临时存款户户名相同。

在一个工程项目建设工期内,建筑施工企业发生拖欠劳务工工资时,劳动保障部门责令其限期补发;逾期不能补发的,劳动保障部门按照国务院《劳动保障监察条例》的规定进行处罚。

(5) 预留账户的启用条件

在一个工程项目建设工期内,有下列情形之一的,劳动保障行政部门和建设行政主管部门有权要求其用预留户资金支付劳务工工资:

1) 承包人未按合同约定支付工程款或劳务分包价款,造成劳务分包企业拖欠劳务工工资的;

2) 劳务分包企业未按照《工资支付暂行规定》或劳动合同约定支付工资,造成拖欠劳务工工资的;

3) 劳务分包企业因生产经营困难,暂时无法按时足额支付劳务工人工资的;

4) 其他可能造成一定规模劳务工工资拖欠的。

承包人或劳务分包企业发包或转包给不具备用工主体资格的组织或个人,该组织或个人拖欠劳务工工资时,承包单位或劳务分包企业应当直接向劳务工支付所拖欠的工资,不得启用预留户资金。

预留户资金的启用,应当接受劳动保障行政部门和建设行政部门的监督,确保将企业拖欠的工资直接支付给劳务工本人。

(6) 预留户存款差额的补齐方法

工程项目未完工,劳务分包企业追加使用农民工或预留资金被启用的,承包人应当按照本账户标准的规定,在30日内补齐账户中的资金。

(7) 预留户的撤销

工程项目竣工后,经承包人、劳务分包企业及工会组织(或劳务工代表)联合确认,没有拖欠劳务工工资情形的,可以办理撤销预留户的有关手续。账户中的存款余额,应转账到劳务分包企业。

(8) 如何签订《设立劳务工人员资预留账户协议书》

承包人与劳务分包企业就预留户设立等有关事项经协商达成一致意见后,应签订《设立劳务人员工资预留账户协议书》。

《协议书》应当载明甲、乙双方单位的名称、地址、承建的工程项目名称、工程总造价、工程预计总工期、劳务分包价款金额、劳务分包合同的预计工期、使用劳务工工人数等基本情况,并按照有关规定约定以下条款:

1) 预留户的设立方式及建账标准;

2）预留户的监督与管理；
3）预留户的启用条件；
4）预留户款差额的补齐办法；
5）预留户的销户条件及存款余额的处理；
6）违约责任及经济补偿；
7）发生争议的处理方式。

《协议书》应由甲、乙双方法定代表人或委托代理人签字，并加盖公章。《协议书》甲、乙双方各执一份，并抄报当地劳动和社会保障局和建设主管局备案。

双方签订协议以后，应认真遵守履行，任何一方违约，应承担违约给对方造成的全部损失。

在协议履行过程中，发生争议的，双方协商解决；协商不成，可以向法院提起诉讼。

3. 《设立劳务人员工资预留账户协议书》介绍

设立劳务人员工资预留账户协议书
（样本）

甲方（承包人）：
地址：
承建的项目名称：
工程总造价：
预计日期：自　　年　　月　　日至　　年　　月　　日
乙方（劳务分包人）：（盖章）
地址：
分包的内容：
预计工期：自　　年　　月　　日至　　年　　月　　日
劳务分包价款：
使用的劳务人员人数：

为按时足额支付劳务人员工资，依据《工资支付规定》和《建筑施工企业设立农民工工资预留账户的指导意见》的规定，甲乙双方经平等协商一致，自愿签订本协议，并共同遵守本协议所列条款。

一、甲方承诺按照承包合同支付乙方的劳务分包价款。

二、乙方承诺每月至少支付一次在本项目务工的农民工工资，且支付部门不低于当地最低标准，不拖欠在本项目务工的农民工工资。

三、农民工工资预留户的设立预管理：[双方选择适用，在选定方式前括号"（　）"内划√]

（　）1、甲、乙双方在银行设立共管账户，甲方按照应付给乙方劳务分包价款的____%计提存入共管账户，作为支付农民工工资的专用资金，由双方共同管理。

（　）2、甲、乙双方在银行设立共管账户，甲方根据乙方的用工人数按照个月的最低工资标准计提存入共管账户，作为支付农民工工资的专用资金，由双方共同管理。

四、预留户的资金专款专用，任何一方不得以人和理由挪作他用。

五、预留户资金的启用：

在一个工程项目建设工期内，有下列情况之一的，区县劳动保障行政部门和建设行政主管部门有权要求启用预留户资金支付农民工工资：

1、甲方未按合同约定支付工程款或劳务分包价款，造成乙方拖欠农民工工资的；

2、乙方不能按照《工资支付规定》或劳动合同约定支付工资，造成拖欠农民工工资的；

3、因乙方生产经营困难，暂时无法按时足额支付农民工工资的；

4、其他可能造成一定规模农民工工资拖欠的。

六、预留户的补齐

工程未完工，乙方追加使用农民工或预留户资金被启用的，甲方应在30日内按照本协议第三条的方式和标准补足预留户资金的差额。

七、预留户的撤销

乙方承包等项目完工，全部农民工工资足额发放后，双方协商取消该账户，账户内资金转账到乙方账户。

八、预留户的监督

甲乙双方设立、启用预留户资金时，应当征求企业工会或农民工代表的意见，并接收企业工会或农民工代表的监督。

甲乙双发有关预留户的启用、补齐及撤销应接受区、县劳动保障部门和建设行政主管部门的监督。

九、甲乙双方约定本协议增加以下内容：

十、违约责任及争议解决方式

本协议生效以后，双方应认真履行，如有违约，将承担因违约给对方造成的损失。

本协议履行过程中，如有争议，双方协商解决；协商不成通过法律途径解决。

十一、本协议附件：双方劳务分包合同书。

十二、本协议经甲、乙双方签字盖章生效，甲、乙双方各执一份，并分别抄报区、县劳务保障行政部门和建设行政主管部门备案。

甲方：（盖章）　　　　　　　　　　乙方：（盖章）

法定代表人：　　　　　　　　　　　法定代表人：

委托代理人：　　　　　　　　　　　委托代理人：

联系电话：　　　　　　　　　　　　联系电话：

　　　　　　　　　　　　　　　　　签订日期：　　年　月　日

4. 核实务工人员工资是否实际支付

在施工过程中，需要核实务工人员工资是否实际支付。

（1）每月2日前，劳务分包企业加盖本企业公章的代发工资申请单（一式四份）和工资表递交开立农民工专用账户所在的邮政储蓄银行。邮政储蓄银行网点进行审核确认后，将加盖日戳的第四联代发工资申请单退回劳务分包企业。

（2）每月3日前，劳务发包企业依据确认的工资表汇总数额，将月支付的劳务费中用于农民工工资支付的部分直接打入劳务分包企业的农民工工资专用账户中，剩余劳务费可直接支付给劳务分包企业，劳务分包企业应对这两笔收入分别开具发票。

（3）邮政储蓄银行在对提供的资料和汇入金额核对无误后，每月5日将款项打入劳务分包企业所属农民工实名制卡中。

（4）邮政储蓄银行将农民工工资发放清单分别反馈给劳务分包企业、劳务发包企业，劳务分包企业依据邮储银行反馈的发放清单开具农民工工资部分的劳务费发票。

（5）劳务企业以现金形式支付劳动者工资的，应核实工资是否由队长或班长代发，农民工工资领取必须本人签字，不得由他人代发带领。

5. 建筑民工工资发放日期告知牌

为了加强建筑劳务用工管理，切实维护民工合法权益，有效预防和制止拖欠民工工资行为的发生，确保民工维权渠道畅通，扎实做好建筑民工工资支付工作，建筑施工现场须设立"建筑民工工资发放日期告知牌"。

由邮政储蓄银行直接转账至劳务分包企业所属农民工实名制卡中的，月建筑民工工资发放清单须张贴在建筑民工工资公示牌的月建筑民工工资发放清单张贴栏内。劳务企业以现金形式支付劳动者工资的，须提前张贴"建筑民工工资发放日期告知牌"，"建筑民工工资发放日期告知牌"可以参照以下样牌制作。

建筑民工工资发放日期告知牌

定于___年__月__日__时__分在项目经理部办公室发放____月份的民工工资，请各位民工带好身份证、印章及工资卡准时领取，并希望民工们相互转告。

_____项目经理部

年　　月　　日

---

6. 农民工工资专用账户的设立与备案

劳务员在核实劳务人员工资发放情况时，须注意对农民工工资专用账户的核实。

（1）核实是否设立农民工工资专用账户

劳务分包企业选定并预约邮政储蓄银行网点，完成初始审核后，持营业执照副本及复印件一份（复印件需加盖单位公章）、《代发农民工工资协议书》一式三份，前往选定银行网网点办理开户手续，开户手续完成后，邮政储蓄银行将出具《农民工工资专用账户开立证明书》。如有的劳务分包企业已经在邮政储蓄银行开立了工资代发账户，可与农民工工资专用账户合并。

（2）核实农民工工资专用账户是否备案

劳务分包企业持《农民工工资专用账户开立证明书》到当地建委建筑业管理服务中心领取《建筑业企业档案管理手册》后，按照就近、方便的原则，选择一个区（县）劳动保障行政部门，将邮政储蓄银行出具的农民工工资专用账户开立证明书进行备案；劳务分包企业在与劳务发包企业签订劳务分包合同时，必须出具《建筑业企业档案管理手册》，并将农民工工资专用账户的开户银行、账号和企业代码写入劳务分包合同中。

7.《江苏省建设领域农民工工资保证金实施办法》介绍

江苏省建设领域农民工工资保证金实施办法

第一章 总 则

第一条 为了维护建筑市场秩序，规范建设领域农民工工资支付行为，建立农民工工资支付保障制度，切实维护农民工合法权益，根据《中华人民共和国劳动法》《中华人民共和国建筑法》《中华人民共和国合同法》《江苏省建筑市场管理条例》《江苏省农民工权益保护办法》（省政府第42号令）等法律法规以及《国务院关于解决农民工问题的若干意见》（国发〔2006〕5号）、《省政府办公厅关于进一步做好清理拖欠工程款的通知》（苏政办发〔2005〕76号）的规定，结合实际，制定本办法。

第二条 凡在本省从事土木工程、建筑工程、线路管道和设备安装工程、建筑装饰装修、改扩建工程、建筑拆除等工程项目建设活动的建筑业企业和建设单位，均应遵守本办法。

第三条 本办法所称的农民工工资保证金（以下简称保证金），是指建筑业企业在承揽工程项目施工业务后，向行政主管部门提交的不拖欠、不克扣农民工工资的履约费用，专项用于应急支付建筑业企业拖欠的农民工工资。

第四条 各市、县（市）建设、劳动保障等行政主管部门和工会组织应当按照各自的职责分工，对农民工工资支付行为进行监管。

第二章 保证金的交纳与退还

第五条 保证金一般采用资金转账方式提交，也可采用工程所在地的银行保函或专业担保公司出具的担保书。

第六条 建筑业企业在市、县（市）的区域内累计交纳保证金不超过80万元，并存入指定银行专户。

第七条 按照建筑业企业信用程度，保证金交纳实行差别化管理。建筑业企业在市、县（市）行政区域内交纳保证金连续满3年，且没有发生拖欠农民工工资行为，退还不少于交纳保证金的80%。

第八条 退还保证金时，应当将利息一并退还。

第九条 建筑业企业一旦发生拖欠农民工工资行为引发群体性事件，应当按规定标准的2倍交纳保证金。

第十条 各级建设行政主管部门应当及时将通报批评和限制市场准入的建筑业企业和拖欠工程款的建设单位名单报送同级人民银行，并由其将企业和建设单位不良行为录入银行征信管理信息系统，限制建筑业企业和建设单位贷款。

第三章 保证金的支付

第十一条 建设单位应当按照合同约定支付工程款，建筑业企业应当按时足额支付农民工工资。建筑业企业获得工程款后，应当优先用于支付农民工工资，不得以被拖欠工程款为由拖欠农民工工资。

第十二条 建筑业企业发生拖欠农民工工资时,行政主管部门应当及时采取措施,督促其限期支付。有下列情形之一的,行政主管部门可采取行政措施,启动保证金应急支付程序,动用保证金用于支付责任企业拖欠的农民工工资,或要求担保人按担保合同的约定履行支付义务。

(一)建筑业企业故意拖延、拒不履行支付农民工工资义务,超过限定时间的;

(二)因拖欠农民工工资引发群体性上访、越级上访或其他恶性事件的;

(三)其他需应急支付保证金的。行政主管部门按照应急支付程序支付的农民工工资,作为拖欠农民工工资建筑业企业的财务支出。

第十三条 建筑业企业与农民工发生工资报酬争议,按照《江苏省工资支付条例》第五十一条规定处理。建筑业企业与农民工发生工资报酬争议不服行政协调与处理的,行政主管部门可以停止协调,明示当事人申请劳动仲裁或向人民法院起诉。

第十四条 清偿拖欠农民工工资实行"谁承包,谁负责,总包负总责"的原则,总承包企业对所承包工程发生的农民工工资负有全部的支付责任,分包企业对分包工程发生的农民工工资负有直接支付责任。建筑业企业之间依法分包工程或分包劳务的,应当签订分包合同。分包企业应当依法支付分包工程的农民工工资,不得以总承包企业拖欠分包工程款、分包劳务款为由拖欠农民工工资。分包企业规避支付责任,工程总承包企业承担分包企业拖欠的农民工工资支付责任。有关工程分包或劳务分包的结算纠纷,当事人应当通过协商解决或直接向人民法院提起诉讼。

第十五条 不具备资格的劳务承包人组织劳务、承包工程,属违法违规无资质承揽业务。劳务承包人拖欠的农民工工资由录用劳务承包人的工程承包企业或建设单位承担支付责任。劳务承包人以被拖欠农民工工资为由主张权利,行政主管部门不予采信,明示其依法向人民法院起诉。

第十六条 行政主管部门或工会组织按应急支付程序强制动用的保证金,建筑业企业应当在30个工作日内向指定银行专户足额补齐保证金;逾期未补的,责令建筑业企业加倍补交。

第四章 保证金的监督管理

第十七条 各市、县(市)建设、劳动保障行政主管部门和工会组织应当加强保证金的监督管理,并接受纪检监察、财政、审计等行政主管部门的监督。

第十八条 建设单位申请建设工程施工许可证前,应向建设行政主管部门提交建筑业企业交纳农民工工资保证金的有效凭证、银行保函或担保书。

第十九条 建设单位申请建设工程竣工验收备案,应向建设行政主管部门提交工程结算和未拖欠农民工工资的有效证明以及书面报告。拖欠农民工工资的建设工程,不予办理竣工验收备案。

第二十条 保证金制度执行情况,是评定建筑业企业及项目负责人信用的重要内容。建设行政主管部门应将建筑业企业拖欠农民工工资的行为记入信用档案,并向社会公开曝光;建筑业企业因拖欠农民工工资引发群体性事件,造成严重后果的,按照《建设领域拖欠农民工工资引发群体性事件责任追究暂行办法》等有关规定处理。

第二十一条 建筑业企业、项目负责人和劳务承包人违法用工,或采用欺诈、威胁等手段拖欠、克扣农民工工资；企业有关负责人、项目负责人和劳务承包人携工程款逃逸，不履行农民工工资支付义务；劳务承包人以讨要农民工工资为由逼讨工程款、讹诈工程款，行政主管部门应当追究企业法人及相关责任人的责任。涉嫌刑事犯罪的，应当移交司法机关处理。

第五章 附 则

第二十二条 各地可结合实际，制定保证金实施细则。各地现行保证金管理与本办法不一致的，按本办法规定执行。

第二十三条 本办法自印发之日起施行。

第9章 劳务资料管理

9.1 劳务管理资料

9.1.1 劳务管理资料的范围与种类

一、总承包企业管理资料

(1) 劳务分包合同

劳务分包，是指施工总承包企业或者专业承包企业（以下简称工程承包人）将其承包工程中的劳务作业发包给劳务分包企业（以下简称劳务分包人）完成的活动。

(2) 中标通知书和新队伍引进考核表

(3) 劳务费结算台账和支付凭证

劳务费结算台账和支付凭证是反映总承包方是否按规定及时结算和支付分包方劳务费的依据，也是检查分包企业劳务作业人员能否按时发放工资的依据。

(4) 人员增减台账

(5) 农民工夜校资料

总承包单位必须建立"农民工夜校"，将农民工教育培训工作纳入企业教育管理体系，其管理资料有：

1) "农民工夜校"组织机构及人员名单；
2) "农民工夜校"管理制度；
3) 农民工教育师资队伍名录及证书、证明；
4) "农民工夜校"培训记录。

(6) 日常检查记录

1) 项目部劳务员对分包方进场人员日常检查记录，是判定分包方该项目实际使用人员与非实际使用人员的重要资料；
2) 各项目经理部日常用工检查制度和劳务例会记录。

(7) 劳务作业队伍考评表

1) 《劳务作业队伍考评表》；
2) 对作业队伍相关月度检查、季度考核、年度评价，分级评价的相关资料及报表。

(8) 突发事件应急预案

1) 项目部突发事件应急预案；
2) 定期检测、评估、监控及相应措施的资料记录。

(9) 总承包企业和二级公司管理文件汇编

(10) 劳务员岗位证书

(11) 行业和企业对劳务企业和施工作业队的综合评价资料

二、分包企业管理资料和基本内容

(1) 劳务作业人员花名册和身份证明
(2) 劳务作业人员劳动合同
(3) 劳务作业人员工资表和考勤表

劳务作业人员工资表和考勤表，是劳务分包企业进场作业人员实际发生作业行为工资分配的证明，也是总承包单位协助劳务分包企业处理劳务纠纷的依据。因此，劳务作业人员工资表和考勤表应该作为劳务管理重要资料存档备查。

(4) 施工作业人员岗位技能证书
(5) 施工队长备案手册
(6) 劳务分包合同及劳务作业人员备案证明

劳务分包合同备案证和劳务作业人员备案证是建设行政主管部门和总承包企业对总承包单位发包分包工程及进场作业人员的管理证明。

(7) 劳务员岗位证书

劳务员岗位证书是总承包单位和劳务分包企业施工现场劳务管理岗位人员经培训上岗从事劳务管理工作的证明。

(8) 行业和企业对劳务企业和施工作业队的信用评价资料

1) 建筑行业劳务企业施工作业队伍信用评价等级名录；
2) 行业协会颁发的《建筑业施工作业队信用等级证书》。

9.1.2 劳务管理资料的收集与整理

(1) 总承包企业各单位劳务管理部门是劳务档案资料的职能管理部门，应配备档案管理人员；
(2) 在劳务管理工作中形成的各项资料，应由档案人员按各类档案归档范围的要求做好日常的收集、整理、保管工作；
(3) 所有的劳务管理资料必须及时更新，以保证资料的真实性和时效性；
(4) 档案管理人员应按照年度档案要求进行整理在次年的 5 月底前根据归档计划，将上一年度档案资料按时存档；
(5) 有条件的项目建议建立相应的电子文档。

9.1.3 劳务管理资料档案的编制与保管

1. 劳务管理资料档案编制要求

(1) 劳务资料必须真实准确，与实际情况相符。资料尽量使用原件，为复印件时需注明原件存在位置。
(2) 劳务资料要保证字迹清晰、图样清晰、表格整洁，签字盖章手续完备。要印版的资料，签名栏须手签。照片采用照片档案相册管理，要求图像清晰，文字说明准确。
(3) 归档的资料要求配有档案目录，档案资料必须真实、有效、完整。
(4) 按照"一案一卷"的档案资料管理原则进行规范整理，按照形成规律和特点，区别不同价值，便于保管和利用。

2. 劳务管理资料档案保管

(1) 劳务管理资料档案最低保存年限：合同协议类 8 年，文件记录类 8 年，劳务费发放类 8 年，统计报表类 5 年。

(2) 档案柜架摆放要科学和便于查找。要定期进行档案的清理核对工作，做到账物相符，对破损或变质的档案要及时进行修补和复制。

(3) 要定期对保管期限已满的档案进行鉴定，准确地判定档案的存毁。档案的鉴定工作，应在档案分管负责人的领导下，由相关业务人员组成鉴定小组，对确无保存价值的档案提出销毁意见，进行登记造册，经主管领导审批后销毁。

(4) 档案管理人员要认真做好劳务档案的归档工作。劳务档案现代化管理应与企业信息化建设同步发展，列入办公自动化系统并同步进行，不断提高档案管理水平。

(5) 档案资料应使用统一规格的文件盒、文件夹进行管理保存。

9.2 劳务资料的管理

9.2.1 建立劳务资料目录、登记造册

建立五组档案分册，分别为《工程资料管理》《总包单位管理》《劳务分包单位管理》《劳务人员管理》和《劳务人员工资管理》。

1. 工程资料管理

工程资料管理分册内目录与具体内容、内容要求，见表9-1。

工程资料管理　　　　　　　　　　　　　表 9-1

序号	档案分册目录	具体内容要求
1	工程团体人身伤害保险	从安全报监中复印存档
2	上级主管部门及公司例行检查记录及措施	公司月报检及季度评分资料、上级主管部门检查资料及整改回执，存档备查
3	项目部对分包方例行检查及整改措施	项目周检中应包含劳务检查内容，将周检资料存档
4	项目劳务月报	报公司的劳务月报

2. 总包单位管理

总包单位管理分册内目录、具体内容要求，见表9-2。

总包单位管理　　　　　　　　　　　　　表 9-2

序号	档案分册目录	具体内容要求
1	总包单位管理	存放总包单位的资质等整套资料（包括总包企业营业执照，税务登记证、资质证书、安全生产许可证、外地企业信用登记证，每证加盖公章）及劳务分包合同、中标通知书和新队伍引进考核表
2	现场管理人员花名册	现场实际管理人员花名册
3	现场管理人员上岗证	现场实际管理人员上岗证
4	现场管理人员劳动合同、社保	现场实际管理人员的劳动合同及社保（加盖公章）（人力资源）

续表

序号	档案分册目录	具体内容要求
5	现场管理人员	现场实际管理人员身份证复印件（人力资源）
6	现场管理人员考勤	现场实际管理人员考勤
7	其他	劳务费结算台账和支付凭证、农民工夜校资料等

（1）劳务分包合同应当由双方企业法定代表人或授权委托人签字并加盖企业公章，不得使用分公司、项目经理部印章；劳务分包合同不得包括大型机械、周转性材料租赁和主要材料采购内容；发包人、承包人约定劳务分包合同价款计算方式时，不得采用"暂估价"方式约定合同总价。

（2）项目部劳务员必须按照下述规定，保存好中标通知书和新队伍引进考核表备查：

1）单项工程劳务合同估算价 50 万以上的须进行招标投标选择队伍；

2）新劳务企业、作业队伍引进须进行项目推荐、公司考察、综合评价和集团公司审批手续。

（3）劳务费结算台账和支付凭证是反映总承包方是否按规定及时结算和支付分包方劳务费的依据，也是检查分包企业劳务作业人员能否按时发放工资的依据。

1）承包人完成劳务分包合同约定的劳务作业内容后，发包人应当在 3 日内组织承包人对劳务作业进行验收；验收合格后，承包人应当及时向发包人递交书面结算资料，发包人应当自收到结算资料之日起 28 日内完成审核并书面答复承包人；逾期不答复的，视为发包人同意承包人提交的结算资料；双方的结算程序完成后，发包人应当自结算完成之日 28 日内支付全部结算价款；

2）发包人、承包人就同一劳务作业内容另行订立的劳务分包合同与经备案的劳务分包合同实质性内容不一致的，应当以备案的劳务分包合同作为结算劳务分包合同价款的依据。

（4）总承包单位必须建立"农民工夜校"，将农民工教育培训工作纳入企业教育管理体系，其管理资料有：

1）"农民工夜校"组织机构及人员名单；

2）"农民工夜校"管理制度；

3）农民工教育师资队伍名录及证书、证明；

4）"农民工夜校"培训记录。

3. 劳务分包单位管理

劳务分包单位管理分册内目录与具体内容、内容要求，见表 9-3。

劳务分包　　　　　　　　　　　　　　　　　　表 9-3

序号	档案分册目录	具体内容要求
1	劳务分包登记表、劳务分包公示牌	劳务分包登记表为监理单位对劳务分包单位的认可证明，此表须加盖劳务单位、总包单位、监理或甲方公章；劳务分包公示牌，应有监理单位填写，内容工整齐全
2	劳务分包单位资料	存放分包单位的资质等整套资料包括分包企业营业执照、税务登记证、资质证书、安全生产许可证、法人证明书（法人授权委托书）、外地企业信用登记证，每证加盖公章；劳务分包合同及劳务作业人员备案证明

续表

序号	档案分册目录	具体内容要求
3	劳务分包管理人员管理	分包管理人员花名册
		身份证复印件存档
		劳动合同——劳务公司与管理人员签订的合同（应有劳务公司法人签字），劳动合同加盖劳务公司公章
		社保——劳务公司为其管理人员所投社保证明复印件加盖公章存档
		管理人员岗位证书（五大员）原件、复印件盖公章存档
		劳务工长证书原件存档，数量不足应及时办理

（1）在处理大量的劳动纠纷过程中，分包企业是否与所使用农民工签订劳动合同，是解决纠纷的重要保障。凡是未与农民工签订劳动合同的纠纷，往往在工资分配、劳动时间、医疗保险、工伤死亡等方面难以有效辨别责任，也是纠纷激化的主要原因。《中华人民共和国劳动合同法》第十条规定：建立劳动关系，应当订立书面劳动合同。已建立劳动关系，未同时订立书面劳动合同的，应当自用工之日起一个月内订立书面劳动合同；项目经理部要监督劳务企业与作业人员签订《劳动合同》。

（2）劳务分包合同备案证和劳务作业人员备案证是建设行政主管部门和总承包企业对总承包单位发包分包工程及进场作业人员的管理证明，凡是未办理合同备案和人员备案的分包工程及人员，均属违法分包和非法用工；发包人应当在劳务分包合同订立后7日内，到建设行政主管部门办理劳务分包合同及施工人员备案。

4. 劳务人员管理

劳务人员管理分册内目录与具体内容、内容要求，见表9-4。

劳务人员管理　　　　　　表9-4

序号	档案盒内目录	具体内容要求
1	劳务人员花名册登记、人员增减台账	劳务人员花名册登记表
2	劳动合同、身份证	劳动合同须100%签订一式三份，（分包单位须盖公章、委托代理人签字，农民工签字摁手印），身份证复印件存档
3	持证上岗管理、考勤记录管理	上岗证办理（100%办理），考勤表格
4	宿舍信息卡	宿舍信息卡（标准化示范工地）

（1）劳务作业人员考勤表，是劳务分包企业进场作业人员实际发生作业行为工资分配的证明，也是总承包单位协助劳务分包企业处理劳务纠纷的依据。因此，劳务作业人员考勤表应该作为劳务管理重要资料存档备查；建筑施工企业应当对劳动者出勤情况进行记录，作为发放工资的依据，并按照工资支付周期编制工资支付表，不得伪造、变造、隐匿、销毁出勤记录和工资支付表。

（2）项目部劳务管理人员根据分包企业现场实际人员变动情况登记造册，是保证进入现场分包人员接受安全教育、持证上岗、合法用工的基础管理工作，必须每日完成人员动态管理，建筑安装施工企业、项目经理部应当按照"八统一"标准做好施工人员实名管理。

（3）劳务分包企业提供的进入施工现场人员花名册，是总承包单位掌控进场作业人员自然情况的重要材料。花名册必须包含姓名、籍贯、年龄、身份证号码、岗位证书编号、工种等重要信息。花名册也是总承包方在处理分包方劳务纠纷时识别是否参与发包工程施工作业的依据。因此，劳务员必须将分包企业人员花名册和身份证明作为重要文件收集保管；劳务分包企业提供的进入施工现场人员花名册，必须由分包企业审核盖章，必须由分包企业所属省建管处审核盖章，必须由当地建设主管部门审核盖章，必须与现场作业人员实名相符；《中华人民共和国劳动合同法》第七条规定：用人单位自用工之日起即与劳动者建立劳动关系。用人单位应当建立职工名册备查。

（4）劳务员岗位证书是总承包单位和劳务分包企业施工现场劳务管理岗位人员经培训上岗从事劳务管理工作的证明。各项目部必须按照建设行政主管部门和总承包企业要求设置专兼职劳务员，经培训持证上岗。

5. 劳务人员工资管理

劳务人员工资管理分册内目录与具体内容、内容要求，见表9-5。

劳务人员工资管理 表9-5

序号	档案分册目录	具体内容要求
1	农民工工资管理制度	发放制度、监控制度、应急预案（建立公司级项目部级）
2	总、分包企业及项目部清欠机构电话公示	应将总、分包企业及项目部清欠机构电话进行公示
3	月度农民工工资结算	月度农民工工资结算
4	工资发放表	工资发放表（工资发放表须"银行返盘文件"）
5	个人工资台账	个人工资台账
6	退场工资结算	退场工资结算
7	农民工工资公示	公示加盖劳务公司公章的"银行返盘文件"；无返盘文件，公示工资发放表

9.2.2 收集、审查劳务管理资料

9.2.2.1 劳务管理资料收集要求

（1）各项目必须配备专职劳务管理工程师（必须持证上岗）、分包配备劳务管理员（持证）；

（2）季度报表及月度报表必须填报真实数据，每月按规定时间填报，项目部留存项目经理签字并加盖项目红章的纸质版资料，按月度分类整理，此次局里着重检查报表真实性，各项目在填报季度报表、月度报表时请真实填写并与留存项目部的纸质版资料保持一致，所有新签劳务合同必须上报，如有未报情况在局检查中将罚款处理；

（3）实名制资料需编制目录并按队伍、检查类别分类归档档案盒，所有进场人员必须按要求入场教育、填报进退场表、花名册、身份证复印件、签订劳动合同、每月要有考勤表并与之对应的考勤表、所有进场人员资料必须与安全部入场人员一致，不要漏报，杜绝劳务隐患的发生；

（4）所有项目都必须有农民工工伤保险缴纳凭证，未办理的请在检查前及时办理。

9.2.2.2 劳务管理资料统计

1. 建筑企业从业人员及职工统计

作为建筑与市政工程施工现场专业人员之一的劳务员属于建筑企业劳资管理人员。充

分提供工程项目部劳动力，合理组织工程项目部劳动力是提高劳动生产率、降低工程成本的重要途径。熟悉建筑企业劳动工资统计基本知识，准确统计现场从业人员的人数及构成，是检查现场劳动力调配是否合理的依据。

(1) 建筑企业从业人员和职工人数统计的作用

1) 反映建筑企业人员和职工数量、素质及其构成情况，为国家宏观调控和各级劳动部门管理提供基本资料；

2) 为制定劳动法规、政策，深化劳动制度改革提供科学依据；

3) 为挖掘劳动潜力，开发劳动力市场提供分析资料。

(2) 建筑企业从业人员及职工人数统计的注意事项

建筑企业从业人员，是指在建筑企业中工作并取得劳动报酬的全部人员，包括职工和其他人员两部分。建筑企业从业人员指标反映了企业实际参加生产或工作的全部劳动力情况。

1) 统计建筑企业从业人员人数时应注意的问题：

① 必须在本单位从事一定社会劳动并取得劳动报酬。从业人员既包括职工，也包括拿补差的离退休人员和拿外币的外方人员，但不包括以下人员：

a. 勤工俭学的在校学生；

b. 在建筑企业中考察、实习、劳动锻炼的人员；

c. 参加建筑施工生产劳动的军工；

d. 兼职人员、从事第二职业的人员以及临时访问、讲学和从事某一课题（或任务）进行短期（半年以内）研究或工作的人员。

② 从业人员所从事的工作既可以是单位的主要经济业务，也可以是为主要经济业务服务或相关联的其他服务性业务。因此，从业人员既包括主营单位的从业人员，也包括企业、事业单位所兴办的第三产业和附营单位的从业人员，不包括建筑业整建制使用外包施工队伍和将项目分包给外单位所使用的人员。

2) 统计建筑企业职工人数时应注意的问题：

建筑企业职工统计中不包括下列人员：

① 乡镇企业从业人员。

② 私营企业从业人员。

③ 城镇个体劳动者。

④ 离休、退休、退职人员。

⑤ 再就业的离退休人员。

⑥ 民办教师。

⑦ 其他按有关规定不列入职工统计范围的人员：

a. 实行个人承包离职经营，不再由原单位支付工资的人员；但汽车司机个人承包后，仍使用原单位汽车的或个人承包者仍使用单位设备，由单位提供任务、材料的人员，应仍按职工统计。

b. 从单位领取原材料，在自己家中进行生产的家庭工。

c. 发包给其他单位半成品加工、装配、包装等工作所使用的人员；发包给其他单位的拆洗缝补、房屋修缮、装卸、搬运、短途运输等工作所使用的人员；承包本单位工程或运输业务，其劳动力不由本单位直接组织安排的农村搬运工人、建筑队等人员。

d. 经省、自治区、直辖市批准从农村就近招用,参加铁路、公路、输油输气管线、水利等大型土石方工程工作,工作结束后立即辞退,不得调往新施工地区的民工;但其他以"民工"名义,从农村招收的参加一般建筑的人员,应列入"职工"中统计。

e. 参加建筑企业生产劳动的军工和勤工俭学的在校学生以及大中专、技工学校的实习生。

f. 经单位批准停薪留职、保留企业职工身份的人员(如自费上大学,出国探亲及离开企业自谋出路等人员)。

(3) 建筑企业从业人员和职工人数统计的原则

建筑企业要本着"不重不漏"的前提进行统计,一般遵循以下原则:

1) 谁发工资谁统计。所谓谁发工资谁统计,一般是指谁负担工资或劳动报酬谁统计。在全部职工统计中,对于借调人员、代培人员、带工资学习人员、援外人员和出国劳务人员、企业内退养人员和待业人员等,均应由支付工资的单位统计;

2) 谁发基本工资谁统计。有的人同时在两个或者两个以上的单位工作并领取工资,但一般情况下,只能在一个单位领取基本工资,则该人员由发放基本工资的单位统计;

3) 职工档案所在单位统计。如果按上述办法仍不能解决某职工由哪个单位统计时,可先确定该职工的档案在哪个单位,则该职工的档案所在单位应优先统计。

对于新招收的人员,从其报到参加工作之日起,不论是否发放了当月的工资,即应统计为本单位职工。对于自然减员、参军(包括参军后原单位仍发给部分生活费或者补贴的人员)、不带工资上学的人员,从离开之日起不再统计为本单位的职工。对于调往其他单位的人员,调离单位从停发工资之月起不统计为职工,调入单位从发放工资之月起统计为本单位职工。

2. 劳动时间使用情况统计

(1) 工人劳动时间的构成

劳动时间是衡量劳动量的尺度。在劳动统计中,劳动时间通常是以"工日"和"工时"作为计量单位。1个工人作业1天(8小时)的时间算作1个工日,作业1个小时算作1个工时。

按一定标志对劳动时间进行分组,可以反映劳动时间的构成情况。建筑企业生产工人的劳动时间按其性质分组分为:可利用的劳动时间、未利用的劳动时间和实际利用的劳动时间。

1) 日历工日数。日历工日数是指报告期内每天(包括节假日)实有工人人数之和。它是建筑企业在报告期内拥有的劳动时间总数。在实际工作中,报告期的日历日数,也常用其平均人数乘以日历日数计算。

2) 公休工日数、实际公休工日数和公休日加班工日数。公休工日数也称制度公休工日数,是指国家或者建筑企业规定的节假日等公休日中每天实有工人人数之和。在制度公休日中,每天实际休息的工人人数之和,为实际公休工日数。在制度公休日中,如果工人未休息而加班,凡一个工人加班满一个轮班的,计算为一个"公休日加班工日"(加班不满一个轮班,按加点计算)。公休日加班工日数是实际作业工日的一个组成部分。

报告期内公休日数,也可用报告期平均工人数乘以制度公休日数计算。公休日加班工日数,可根据加班记录汇总得到。用制度公休工日数减去公休日加班工日数,就得到实际公休工日数。

3) 制度工日（时）数。制度工日数是指按国家（或企业）规定，工人必须工作的最大可能利用的劳动时间，是考核企业劳动时间利用好坏的基础，是企业制定劳动计划和生产计划的重要依据。我国目前执行是每日工作 8 小时，每周工作 40 小时的 5 天工作制度。

制度工日（工时）数＝日历工日（工时）数－公休节假日工日（工时）数

制度工时＝制度工作工日×劳动日标准长度

4) 出勤工日数和全日缺勤工日数。出勤工日数是指在制度规定应工作的工日（工时）中，生产工人实际出勤的工日（工时）数，是企业实际可能利用的劳动时间。工人到班后不论是否工作或者工作时间长短，都算出勤。出勤工日数是报告期制度工作日中每天出勤工人人数之和。它是建筑企业在报告期内实际可能利用的劳动时间总数，等于制度工日数减去全日缺勤工日数。

缺勤工日数，是指按制度规定工人应当到班参加生产，但由于工人自身的原因（如病假、产假、事假、探亲假、婚丧、工伤假、旷工等）未能到班，缺勤满一个轮班的称为全日缺勤。全日缺勤工日数是报告期内每天全日缺勤工人人数之和。

出勤工日数和全日缺勤工日数，均可根据考勤记录逐步汇总得到。两者之和应等于报告期制度工日数。因此，出勤工日数等于制度工日数减去全日缺勤工日数。缺勤工日数等于每天全日缺勤人数相加之和。

出勤工日数＝制度工日数－全日缺勤工日数

5) 全日停工工日（工时）数。全日停工工日数是指在制度规定的工作日内出勤后，由于原材料缺乏、电力不足、等待图纸、设计变更、气候影响等原因未能工作的工日数之和。工人停工后被调做其他非生产性工作，仍应作停工工日计算。但是，由于事先预知的原因（如计划停电），建筑企业将工作日与公休日调换使用，工人在工作日休息不算停工，以后在公休日工作也不算加班。企业的停工工日数等于每天全日停工的工人数相加之和。停工工时等于每天每人停小时数相加之和。

6) 非生产工日（工时）数。非生产工日数是指生产工人执行国家或社会义务以及经企业指定从事其他非生产性活动而不从事生产的工日（工时）数。如参加选举、防汛、抗旱、开会、听报告、参观、学习等而未参加本单位生产的工日数之和。非生产工日数是出勤工日，但不作为实际作业工日，也不作为停工工日。非生产工日（工时）等于在报告期内工人参加非生产活动时间的总和。

7) 制度内实际工作工日数。制度内实际工作工日数是指在制度规定工人应参加生产的时间内，工人实际工作的工日数。其计算公式为：

制度内实际工作工日（工时）数＝实际工作工日（工时）数－公休日加班工日（工时）数

8) 实际工作工日数。实际工作工日数是指报告期内每天实际参加生产的工人人数之和，而不管工人在各天中工作时间的长短。它包括制度内实际作业工日数和公休日加班工日数。用公式表示为：

实际工作工日数＝制度工作工日数－缺勤工日数－非生产工日数

或

实际工作工日数＝公休日加班工日数＋制度内实际工作工日数

9) 实际工作工时数。实际工作工时数是指工人实际参加作业的工时数之和。它是把实际工作工日数，按制度工作日长度（8小时）换算成工时数，加上由于延长工作时间的加点工时数，再减去非全日缺勤、公假、停工工时数。

(2) 劳动时间平衡表的编制与运用

为了全面反映建筑企业生产工人的全部劳动资源的利用情况，分析不利用的原因，以便改善劳动管理，充分利用劳动资源，可以在劳动时间核算的基础上编制劳动时间平衡表。

劳动时间平衡表见表9-6。

建筑企业生产工人劳动时间平衡表　　　　　　表 9-6

年　　月　　　　　　　　　　　　　　　　　　工日

项目	劳动时间资源工日数	项目	劳动时间耗时去向	
			工日数	比重/%
（一）日历工日数 （二）制度工作工日数		（一）制度内实际工作 （二）因正当理由未利用的工日数其中： 　（1）病假 　（2）事假 　（3）探亲假、婚丧假 　（4）工伤假 　（5）产假 　（6）公假 （三）浪费的工日数 其中：1. 停工工日数 　（1）原材料不足 　（2）动力不足 　（3）没有生产任务 　（4）设备检修 　2. 旷工 　3. 迟到早退		
最大可能劳动时间 （制度工时数）	合计加班加点工时 （工日）数			

3. 从业人员劳动报酬和职工收入统计

(1) 从业人员劳动报酬及其构成统计

1) 从业人员劳动报酬是指各建筑企业在一定时期内直接支付给本企业全部从业人员的劳动报酬总额，包括职工工资总额和本企业其他从业人员劳动报酬两部分。

职工工资总额指各单位在一定时期内直接支付给本单位全部职工的劳动报酬总额。该定义包含了以下内容：

① 职工工资是劳动报酬总额。因此包括了各种劳动报酬，如奖金、津贴、补贴等。

② 工资总额是支付给职工的工资总额。凡是统计为职工的劳动者的劳动报酬均应统计，凡不是支付给职工的，如支付给退离休人员的劳动报酬就不应计入职工工资总额。

③ 职工工资总额是支付给本单位职工的劳动报酬，因此按"谁发工资谁统计"的原则，工资总额统计与人数统计口径是一致的。

④ 工资总额是直接支付给职工的劳动报酬，这是强调"直接支付"，即这个单位确定了支付标准，核算了工资额并发放工资，应统计为工资总额。

⑤ 工资总额是一定时期直接支付给职工的劳动报酬，是一个时期指标。工资总额是

指年、季、月的工资总额。因此，工资总额应有时期的概念，即某年、某月工资总额。各单位在统计时，均应按实发数统计。但对逢节假日提前预发下月的工资仍统计在应发月中。若补发工资的当月工资总额变动较大时，应在统计表中加注说明。

其他从业人员劳动报酬指企业在一定时期内直接支付给本单位其他从业人员的全部劳动报酬，包括支付给聘用离退休人员、外方人员、港澳台人员和领取补贴人员等的劳动报酬总额。

2) 职工工资总额的计算原则。

① 职工工资总额的计算原则应以直接支付给职工的全部劳动报酬为依据。企业支付给职工的劳动报酬以及其他根据有关规定支付的工资，不论是计入成本的还是不计入成本的，不论是以货币形式支付的还是以实物形式支付的，均应列入工资总额的计算范围。

② 企业在统计月、季、年的工资总额时，均应按实发数计算，但对逢节日提前预发的工资，仍统计在应发月的工资总额。因补发调整工资影响当月工资总额变动较大时，应在统计表中加注说明，对跨年度发放的奖金和工资都应统计在实发的年度内。

3) 职工工资总额构成。职工工资总额由计时工资、计件工资、奖金、津贴和补贴、加班加点工资、其他工资等部分构成。

① 计时工资。指按计时工资标准和工作时间支付给个人的劳动报酬。

② 计件工资。指对已做的工作按计件单价支付的劳动报酬。

③ 奖金。指支付给职工的超额劳动报酬和增收节支的劳动报酬。

④ 津贴和补贴。指为了补偿职工特殊或者额外的劳动消耗和因其他特殊原因支付给职工的津贴，以及为了保证职工工资水平不受物价影响支付给职工的物价补贴。

⑤ 加班加点工资。指对法定节假日和公休日工作的职工，以及在正常工作日以外延长工作时间的职工按规定支付的加班工资和加点工资。

⑥ 其他工资。指其他根据国家规定支付的工资。如附加工资、保留工资以及调整工资补发的上年度工资等。需注意的是，工资总额应包括单位为职工建立的养老保险基金、住房和医疗基金等个人账户中从个人工资中扣减的部分。

(2) 职工收入指标统计

1) 职工平均工资。职工平均工资是指在一定时期内平均每一职工实得的工资数额，它是反映职工工资水平的主要指标。有关工资统计指标主要有两个：一个是职工工资总额；另一个是职工平均工资。

由于目前职工范围不断变化，而使工资总额这一总量指标使用时难以与有关经济指标进行科学对比，而职工平均工资则基本排除了上述问题，因此，平均工资是研究工资政策，进行对比分析，编制工资计划和反映职工生活水平的重要指标，其计算公式为：

$$职工平均工资 = \frac{报告期实际支付的职工工资总额}{报告期职工平均人数}$$

平均工资可按全部职工计算，也可按各类人员分别计算。但无论按何种范围计算，都必须遵守工资总额与平均人数计算口径一致的原则。分子是某一时期资料，分母也必须是同一时期的资料。因此，分母只能用平均人数，而不能用期末人数。同时，时期起止也必须一致。否则，就不能正确地反映平均工资水平。

2) 职工平均实际工资。职工平均实际工资是指扣除物价变动因素后的职工平均工资，其计算公式为：

$$职工平均实际工资 = \frac{报告期职工平均工资}{报告期职工消费价格指数}$$

职工消费价格指数是反映城市居民家庭用于各类生活消费和服务项目价格水平相对变动趋势及程度的经济指数。

3）职工平均工资指数。职工平均工资指数是指报告期职工平均工资与基期平均工资的比率，反映不同时期职工货币工资水平变动的情况。其计算公式为：

$$职工平均工资指数 = \frac{报告期职工平均工资}{基期职工平均工资} \times 100\%$$

4）职工平均实际工资指数。职工平均实际工资指数是反映职工实际工资的变动方向和变动程度的指数，表明职工实际工资水平提高或者降低的程度。其计算公式为：

$$职工平均实际工资指数 = \frac{报告期职工平均工资指数}{报告期居民消费价格指数} \times 100\%$$

5）职工工资外收入比重统计。它是反映职工工资外收入与总收入对比关系的指标。其计算公式为：

$$职工工资外收入比重 = \frac{职工工资外收入额}{职工工资总额 + 工资外收入额} \times 100\%$$

6）其他指标统计。

① 下岗职工生活费。下岗职工生活费是指用人单位支付给下岗职工的生活补贴费用。根据国家对下岗职工的有关政策，下岗职工生活费应包括中央财政拨付的下岗职工生活保障费、当地劳动和社会保障部门返还的失业保险金和企业自筹的费用等。

② 内部退养职工生活费。内部退养职工生活费是指接近正常退休年龄，但因各种原因退出工作岗位并办理了内退手续的职工，在正式办理退休手续前，按月从单位领取的生活费。

(3) 企业人工成本统计

1）企业人工成本统计范围。人工成本统计范围包括职工工资总额、福利费用、保险费、劳动保护费用、职工住房费和其他人工成本等。

① 职工工资总额。指各单位在一定时期内直接支付给本单位全部职工的劳动报酬总额。

② 福利费。指国家和各单位为改善职工的物质和文化生活条件，减轻职工日常生活事务负担，帮助职工解决职工个人无力解决或难以解决的实际生活问题所支付的各种费用。

③ 劳动保险费。指职工因患病、负伤、残废、生育、年老、死亡，暂时或永久丧失劳动能力时，根据有关规定给予资助的一切费用。

④ 劳动保护费用。指企业购买职工在劳动中实际使用的劳动用品、保健用品等一切费用支出。

⑤ 职工住房费用。指企业为职工建造或购买的职工宿舍每年提取的折旧费用，企业支付给职工住房补贴（包括房租费用）和实行住房制度改革后企业给职工缴纳的住房公积金等费用支出。

⑥ 其他人工成本。指不包括在以上各项中的其他人工成本项目，如用工会经费为职

工所支付的其他费用等。

2）企业人工成本分析。企业人工成本分析通常以一年为单位。

① 从业人员人均人工成本。

$$从业人员人均人工成本 = \frac{从业人员人工成本总额}{从业人员平均人数}$$

② 人工成本占成本费用总额的比重。

$$人工成本占成本费用总额比重 = \frac{从业人员人工成本总额}{成本费用总额} \times 100\%$$

③ 各类人工成本项目占人工成本总额的比重。

$$各类人工成本项目占人工成本总额的比重 = \frac{各类人工成本费用}{企业人工成本总额} \times 100\%$$

④ 社会保险费用占企业人工成本比重。

$$社会保险费用占企业人工成本比重 = \frac{社会保险费用}{企业人工成本} \times 100\%$$

⑤ 人工成本总增长分析。

$$人工成本总增加率 = \left(\frac{报告期人工成本总量}{基期人工成本总量} - 1\right) \times 100\%$$

⑥ 平均人工成本增长分析。

$$平均人工成本增加率 = \left(\frac{报告期平均人工成本}{基期人工成本} - 1\right) \times 100\%$$

4. 建筑企业保险福利费用统计

（1）保险费与福利费

保险费与福利费用是企业根据法律和国家的有关规定，为解决职工和离休、退休、退职人员需要，在工资以外实际支付给职工和离休退休、退职人员个人及用于集体的劳动保险和福利费用的总称。

1）职工保险福利费用统计

保险福利费用是消费基金的组成部分。它是按照社会保障原则，根据国家、企业的财力及社会集体和职工的个人需要支付的。实际上是对职工工资的重要补充，已经成为职工实际收入的一个重要的组成部分。它与工资的原则性区别在于它不属于劳动报酬，在一定程度上具有按需分配性质。

① 职工社会保险费用总额指标。指企业实际为职工缴纳的各自社会保险费用。其具体包括职工养老保险、医疗保险、失业保险、工伤保险以及计划生育保险等费用。

② 职工福利费用总额指标。指企业在工资以外实际支付给职工个人以及用于集体的福利费用的总称。其主要包括企业支付给职工的冬季取暖费（也包括实际支付给享受集体供暖的职工个人部分）、医疗卫生费、计划生育补贴、生活困难补助、文体宣传费、集体福利和集体福利事业补贴费以及丧葬抚恤救济费、防暑降温费、职工探亲路费等。

该指标资料来源于两个方面：一是企业净利润分配中公益金里用于集体福利设施的费用；二是职工福利费（不包括上缴给社会保险机构的医疗保险费用）。

2）离退休、退职人员及其保险福利费用统计

① 离休。指达到国家规定的年龄和条件，离开生产或工作岗位，办理离休手续享受离休待遇的人员。

② 退休。指达到国家规定的年龄和条件，退出生产或工作岗位，办理退休手续享受退休待遇的人员。

③ 退职。指职工本人自愿或因丧失工作能力，又不具备退休条件而办理离职手续享受相应待遇的人员。

④ 离退休、退职人员平均人数指标。指报告期每天平均拥有的离退休、退职人员的人数，反映了报告期离退休、退职人员人数的一般规模和总水平。其计算方法同职工平均人数的计算。

⑤ 离休、退休、退职人员保险福利费用总额指标。指社会保险机构或者企业实际支付给离休、退休、退职人员的保险福利费用的总称。

其包括退职生活费、医疗卫生费、交通费补贴、丧葬抚恤救济费、冬季取暖补贴、离退休人员的易地安家费、生活困难补助费、护理费、书报费、洗理费、少数民族补贴以及由老干部活动经费开支的旅游费用等。

（2）企业保险福利费的统计分析

1）职工人均享有保险福利费费用。一般用每个职工或全部人员（包括职工和离休、退休、退职人员）所享受的保险福利费用来反映保险福利费支出的水平。

$$\text{平均每个职工所享受的保险福利费用} = \frac{\text{某时期职工保险福利费用总和}}{\text{同时期职工平均人数}}$$

2）离休、退休、退职人员平均保险福利费用。

$$\text{平均离休、退休、退职享受的保险福利费用} = \frac{\text{某时期离休、退休、退职人员保险福利费用总和}}{\text{同时期离休、退休、退职平均人数}}$$

3）人均全部人员所享受的保险福利费用。

$$\text{人均全部人员所享受的保险福利费用} = \frac{\text{某时期全部保险福利费用}}{\text{同时期全部人员}}$$

4）各项保险福利费占保险福利费用总额的比重。

$$\text{各项保险福利费占保险福利费用总额的比重} = \frac{\text{各项保险福利费用}}{\text{保险福利费用总额}} \times 100\%$$

9.2.2.3 统计资料整理

统计资料的整理就是根据统计研究任务与要求，对统计调查得来的各项原始资料进行科学的加工与汇总。使其系统化，从而得出能反映被研究现象整体特征的综合资料；或对已加工过的综合资料进行再加工的过程。

统计资料整理是统计调查的继续，也是统计分析的前提，在整个统计工作过程中具有重要作用。

1. 统计资料的审核

在统计调查时，由于各种原因，统计资料可能会出现差错。因此，为了保证统计资料的质量，就必须在资料整理一开始，就对资料进行一次全面的审核，这样才能保证整理后的资料正确无误。

对统计资料进行审核，主要是审核原始资料的准确性、及时性、全面性、系统性。审

核资料的准确性，就是检查所有总体单位的资料是否准确无误；审核资料的及时性，就是检查所有报告单位的资料是否都按规定的时间上报；审核资料的全面性，就是检查所有报告单位的资料是否齐全；审核资料的系统性，就是检查有关指标是否反映事物的内在联系，有无互相矛盾的现象，统计资料在时间上是否前后联系；审核数字资料的正确性，主要是从逻辑方面的计算进行。

（1）逻辑审查，检查资料是否合理。如库存物资不能出现负值；平均单价不能过大过小；客观条件变化不大而本期数字与上期、去年同期相差悬殊等不符合逻辑的现象。

（2）计算审查，通过重新计算，审查表内数字是否有错误，计量单位是否与规定相符，计算方法是否符合规定等。

2. 统计分组

统计分组是根据统计研究的任务和对象的特点，将所研究的问题按照某种分组标志，把统计总体分为若干组成部分。

（1）统计分组的作用可以归纳为以下三个方面：

1）可以将复杂的社会经济现象划分为性质不同的各种类型。社会经济现象是错综复杂的，各现象之间有共同性的一面，也有特殊性的一面。如将建筑企业按经济成分不同划分为公有经济、非公有经济两大类别或国有经济、集体经济、私有经济、港澳台经济、外商经济五种类型，以便分析各类建筑企业在建筑经济中的地位和作用。

2）可以分析总体中各个组成部分的结构情况。总体是由大量总体单位组成，总体的构成可以表明事物的内部各部分比重和比例关系，也可以揭示总体的基本性质和特征，在将其划分为不同类型的基础上，计算出各种类型在总体中所占的比重，用以反映总体的内部结构和发展变化。

3）可以揭示现象之间的依存关系。任何事物总是相互联系、互相依存的，一个现象的变化常是另一现象的变化原因或结果。统计要研究这种依存关系，就必须运用统计分组的方法。例如劳动生产率的提高可以使成本降低；施肥量多少、耕作深度影响农作物产量等。一般按相关现象中的影响因素进行分组，然后分别计算出每组被影响因素的综合指标。

（2）统计分组的类型。统计分组是否科学，能否正确反映总体的性质和特征，关键在于正确选择分组的标志。因为，任何事物都有许多标志可以表现。如果标志选择不当，分组整理的结果必然不能正确反映总体的性质特征；前面讲过，标志按其特征不同，可以分为品质标志和数量标志两类。而统计分组又是根据某一标志进行的。所以，统计分组可分为按品质标志分组和按数量标志分组两个基本类型。

1）按品质标志分组，是选择反映事物属性差异的品质标志为分组标志，并在品质标志的变异范围内划定各组界限，将总体划分为若干个性质不同的组或部分：有的比较简单，比如职工按"性别"标志分成男、女两组；按"岗位职责"分成生产人员和非生产人员两组等。有的就相对比较复杂。比如部门分组，产品分组，就要综合考虑产品用途、使用材料和生产技术等多个标志来进行分组，我们通常把这种分组称为分类。

2）按数量标志分组，是选择反映事物数量的标志，也就是选择变量，并用变量值划分各组来进行统计分组的，这是统计分组研究最常用的方法。

3. 统计汇总

统计资料的汇总，是按照汇总方案的要求，把总体单位分别归纳到所确定的各组内，并计算出总体单位数和标志总量的一项工作。

统计资料的汇总，是一项繁重而细致的工作，必须有一定的组织形式并不断改进汇总技术，以保证统计资料汇总的准确性和及时性。汇总技术主要有手工汇总和电子计算机汇总。

手工汇总常用的方法有划记法、过录法、折叠法、卡片法；运用电子计算机汇总大致有如下步骤：编程序、编码、数据录入、数据编辑、计算与制表。

4. 统计表

统计表是表现统计资料的一种重要形式。由于统计汇总后得的统计数字是分散的，数字之间不能直接观察到它们之间的联系。为此，把汇总的资料，根据研究任务的需要，填写到适当的表格内，这和表现统计资料的表格，叫做统计表。

统计表能有条理地排列统计资料，使人们阅读时一目了然；容易检查数字的完整性和正确性，便于阅读；与文字叙述相比简明易懂，节省篇幅；便于积累统计资料。为了能更好地发挥统计表的作用，在编制统计表时，应注意以下几点：

（1）统计表的标题一定要能概括表中的内容，字简意赅。总标题下方，一般应表明统计表资料所属的时间。

（2）统计表的内容应当简明扼要，层次清楚，使人一目了然，便于观察分析。

（3）统计表中各栏内容的编排应当合理，或按时间先后顺序，或按局部到整体顺序，便于计算。

（4）填写数字资料时，一定要对准数位，一则排列整齐，二则便于汇总。遇有相同资料时，要一一写出数字，不能用"同上"、"同左"或"〃〃"等表示。没有数字的空格，可以用短横线"—"填充。

（5）统计表的格式设计，一般采用长方形。上下基线一般用粗实线，左右两端一般不画线，以使表格开阔舒展。

5. 统计图

统计图是统计资料的又一重要表现形式。它是利用几何图形、形象图等表明统计指标及其对比关系，从而显示出统计指标所反映社会经济现象的规模、结构、发展趋势和依存关系等。用统计图表现统计资料具有通俗易懂、具体、生动、形象的特点，所以很受欢迎。

常用的统计图有条形图、平面图、曲线图和象形图等。

（1）条形图。条形图是以相同宽度的纵条形或横条形的长短来比较统计指标数值大小的统计图。条形图又分为横式条形图（带形图）和纵式条形图（柱形图）两类。条形图制作简单，便于比较，所以应用也最广泛。

（2）平面图。平面图是以圆形、正方形、长方形等几何图形面积的大小，来表示统计指标数值和总体内部结构情况的一种统计图。平面图绘制不如条形图简单，但平面图在表达总体内部结构以及反映面积资料时，显得对比鲜明而生动。

（3）曲线图。曲线图是利用曲线的升降来表明指标变化形态的统计图。它是表明生产计划进度、动态和发展趋势的主要图形，对于反映事物发展变化的规律性，有着重要的作用。

（4）象形图。象形图是根据实物形象绘制几何图形的基本方法，选用实物形象，经过美术加工，来表示统计资料的一种统计图。它生动活泼，引人入胜，使观者容易得到鲜明而深刻的印象，给人以直觉感。象形图的种类也很多，比如单位象形图、长度象形图、平面象形图和形象化指标图等。象形图常用来对比资料和用于劳动竞赛评比方面。

6. 统计地图

统计地图是以地图为背景，利用各种不同的几何图形和不同线纹或色彩，表明和比较事物在各地区的分布状况的一种图形。它是一般的图与统计图形的结合，能反映现象的地理位置以及与其他自然条件的关系。其绘图方法是，先画一张简明地图作背景，然后根据统计资料在地图上的位置绘出点、圆和线纹等相应的统计图形。

常用的统计地图有单圆统计地图和多点统计地图。单圆统计地图是以圆点的大小来表示指标数值大小及其在地区分布状况的一种图形，绘制时在各地区画一个圆，圆面积的大小由该地区的指标数值决定；多点统计地图是以圆点的多少来表示事物数量在各地区的分布状况的一种图形，特点是所有圆点的大小相同。注意在图例中注明一个圆点所代表的指标数值。

9.2.2.4 统计分析

统计分析，是根据统计研究的目的，透过统计指标之间的联系，综合运用各种分析方法和统计指标，对已取得的统计资料和具体情况进行综合而深入地分析研究，从而揭示事物的内在联系及其规律性的一项重要工作。它是统计工作中非常重要的阶段，是提供统计研究成果的阶段。

1. 明确分析目的，确定分析题目

确定统计分析的目的，是为了有的放矢，防止为分析而分析。任何统计分析的进行，都服从于研究问题的需要，都有着具体的目的和要求；同时，只有明确了统计分析的目的和要求，才能具体地确定分析研究中所要解决的主要问题，以便决定所需资料和采用的指标，从而能对统计分析的目的和要求作出正确的回答。因此，确定统计分析的目的和要求，是进行统计分析工作必须要解决的一个首要问题。

2. 拟定分析提纲

拟定分析提纲，是指事先预料一下可能涉及的问题以及围绕这些问题需要准备哪些资料。统计分析提纲具体表现为统计分析的题目。如果不拟定提纲，分析工作就不知从何处入手。问题抓不准，就不能集中而全面地说明要研究问题的情况，也就达不到统计分析的目的和要求。拟定分析提纲，一般包括：分析研究的对象、内容；确定所需资料的来源；分析的重点内容；利用哪些统计指标；采用什么分析方法；整个分析过程的实际步骤和分工。做到有的放矢，防止盲目性。

3. 搜集资料、整理资料，对统计资料进行审核鉴别和再加工，并编制统计分析表

根据统计分析的要求，采用多种分析方法搜集资料。资料是多方面的，包括日常积累的历史资料和专门搜集的新资料，本单位以及与分析问题相关的外单位资料，同行业、国内外的先进水平资料等。统计资料的准确性，是保证统计分析质量的关键。因此，必须对搜集的统计资料进行整理、审查和评价，鉴定资料是否真实，是否具有可比性和代表性。最后编制统计分析表。

4. 对统计资料进行比较分析

在统计资料进行鉴别的基础上，进行深入细致的对照比较，探究问题的症结，从事物的内在联系中寻求现象发展的规律性及现象之间的相互联系与差别，使统计分析达到由量到质的目的。

5. 作出结论、提出建议，并形成统计分析报告

统计分析的结论是统计分析结果的概括说明，必须正确、完整，具有充分的依据，所提的建议必须切实可行。统计分析的结论、建议用书面形式来表现，形成统计分析报告，它是统计分析的最后程序。统计分析报告的内容，取决于分析的题目和内容。什么问题是分析报告的重点，就侧重写什么问题。例如，分析计划完成情况，就要分析超额完成计划的原因，未完成计划的原因和存在的问题，并提出改进措施；分析劳动生产率提高的情况，就需要说明劳动生产率提高的水平，影响劳动生产率提高的因素及其作用程度以及如何进一步挖潜革新，提高劳动生产率的建议等。做到紧扣主题，从分析现象总体的基本数量入手，结合有关情况和事实，进行科学归纳、总结，做到有材料、有事例、有观点、有建议，中心突出，简明扼要、层次清晰、观点和材料统一。写统计分析报告时，还应注意以下几点：

（1）报告内容，要根据分析的目的要求，抓住问题的关键，重点突出。

（2）报告中的观点与材料要统一，要用充分必要的材料说明观点，不能空泛议论而没有材料，也不能罗列大堆数字而没有观点。

（3）报告要层次分明，概念清楚，内容充实，前后一致，顺理成章，简练明了。

（4）语言要通俗生动，言简意明，避免繁琐冗长，反对说空话、大话和假话。

9.2.3　制订劳务管理资料的安全防护措施

保护资料安全，是资料管理工作一项重要任务。建立劳务资料管理灾害管理有效体系，是确保资料档案安全，最大限度减少灾害损失的有效之举。为建立健全劳务资料安全管理工作机制，预防突发性事故的发生，做好档案应对灾害的紧急处置措施准备，加强资料室的安全保障和救灾能力，最大限度地减少受灾损失，确保资料室资料安全，企业应积极建立劳务资料管理预警机制、制定应急预案、做好抢救处置的应对之策。劳务管理资料按照其呈现方式分为电子资料和纸质资料两种。

1. 劳务资料管理中存在的安全隐患

（1）来自资料室外部安全隐患

来自资料室外部的安全隐患主要包括有害天气、工业事故两种。有害天气则包括有台风、洪水、地震、雷灾、沙层暴、山崩、塌方和泥石流等。工业事故则主要是指爆炸、工厂污染和核事故等。

（2）来自资料室外部安全隐患

由于资料室和管理问题引起的安全隐患主要有火灾、水灾、偷盗、虫鼠灾等。持续高温、电路老化、易燃化合物、消防设施不合格、资料室中非稳定材料的险情都会引起火灾的发生；水管破裂、水管及排水系统和空调系统出错以及离开时未关紧水龙头则会引起水灾；火灾、水灾、偷盗、虫鼠灾等安全隐患会使资料安全存在危机。特别是资料管理方面，劳务资料管理部门对资料室的人、物、事缺乏统筹规划，没有制定统一的指导要求、规范，没有认真实施安全事故防范措施，缺乏安全知识和认知度，对劳务资料管理工作人员的选择、培训缺乏长效培养机制。

（3）个人或团引起的安全隐患

个人或团体冲突引起的灾害包括有纵火、电力破坏、故意破坏；个别资料管理人员责任心不强、泄密、操作失误、非法联网、人为引起的火灾、交通事故和酸雨等。特别是资料管理工作人员及相关人员的不安全行为是档案事故灾害发生的重要原因：缺乏基本档案管理安全知识和经验；对信息技术不够了解、认识，非法连接互联网、将电子档案上传外网，导致重要档案信息泄密；不法分子为获取重要档案的信息，利用网络安全漏洞，对电子档案进行窃取；注意力不集中，操作时心不在焉，失误发生；工作态度不端正，责任心不强等。

（4）计算机系统安全隐患

计算机及相关设备障碍、病毒感染、数字文献长期保存的安全问题以及人员误操作都会使计算机系统出现问题，从而导致劳务数字档案的安全危机。

2. 建立劳务资料管理安全防范预警机制

（1）劳务资料管理安全防范预警机制建立的原则

首先，要坚持预防为主的原则。从思想认识上重视预防工作的重要性，积极建立资料管理的预警机制，制订防范各种突发事件的预案，落实好各项措施，使预防资料安全工作走上体制化、制度化的道路。建立健全预警体系、应急体系和抢救体系，组织和培训专业队伍，加强和相关部门的联系。在应急准备、指挥程序和处置方式等方面，实现平时预防与突发应急的有机统一，力争实现早发现、早报告、早控制、早解决，尽量把灾害给资料安全造成的损失减少到最低程度。

其次，要坚持及时处置的原则。发生突发性事件时，资料管理部门能够第一时间采集到相关信息，做出必要地整理和分析后，同相关部门协商如何控制突发事件。在控制突发事件的过程中，如何快速掌握信息，把握控制事态变化的各种有利时机，随着信息的变化及时调整决策和措施是处理好突发事件的关键点、制胜点；在控制突发事件的过程中要根据最新信息以及情况的变化做出理性的决断，减少、降低资料遭遇的破坏。建立畅通的突发事件信息通报网络。依据该网络，及时准确地掌握事件变化动态，提高对各种可能引发突发事件的全局性、区域性信息情况的预测力和判断力。根据信息的变化，不断调整、完善行动法案，制定相对的应对措施。

（2）劳务资料管理安全防范的预警监测

通过各种途径收集保存各种风险信息，包括资料室外部环境、内部环境、资料室管理中的信息，为了有效地对资料安全进行监测，应尽量广泛扩大信息收集的面。

完善资料安全预警监控系统，值班人员应对各种系统是否运行正常进行监控，包括视频实时监控系统、门禁系统、防盗报警系统、消防监测系统、专用通信系统、入侵报警系统、与消防部门报警联网系统、温湿度监测系统等。若系统不能保持正常运行，应及时与相关人员联系，以保证监测系统的正常运行。

依据收集到的资料安全信息，对资料室存在的各种潜在的危险进行分析评价，即对资料安全可能发生的类型、时间、概率进行预测分析，结合已发生的资料室的各种资料安全进行原因、过程分析和发展趋势预测，分析风险趋势向灾害转化的几率，做出是否需要发出预警报告的判断，以便发出及时、准确的预警报告，并据此形成资料安全应对的总体规划。

（3）资料安全的预警评估

对资料安全隐患发展过程进行分析，全面描述灾害发生的诱因、演进过程和扩散方式，预测灾害类别、灾害大小、灾害持续的时间以及灾害对资料的影响等，并将监测和分析结果及时上报；对灾害危害程度的识别和判断，如实反映已受到的损害，估计可能发生的潜在危害，分析灾害损害资料的方式；对灾害的消除形成可行性报告，确认灾害可能威胁到的资料范围，指明应对灾害所需要的主客观条件和内外部资源，针对防控灾害的可行性策略提出建议。

（4）档案灾害的预警预报

资料室在预报责任范围内，预报或监测到资料灾害后，经审核符合资料灾害预警级别的，应当立即完成资料灾害预警报告表，由资料室负责人签发后，及时迅速上报相关部门。报告内容应包括资料灾害类别、影响时间、地点、范围、强度、预警级别、未来变化趋势和决策建议；资料室应在接到预警信息后，立即向相关责任人通报；资料室要优化组织结构，上至主管领导，下至保安和保洁人员，应依托先进的信息技术，保证信息传递的畅通，确保预警信息能够及时上传下达。预警信息的传递包括资料灾害的类型、灾害的危害程度和可能的持续时间、预警信息的来源、通报预警信息的日期和时间、灾害区域明确所在地以及所要采取的预防措施。预警内容的准确、明了对后续的相关工作起到非常重要的作用，只有信息的精确，才能使得资料工作人员按照预警传递的各方面信息做好充足准备。

3. 强化劳务资料的消防安全管理

火灾是劳务资料安全管理的大敌。根据调查和工作经验，对劳务资料室消防管理工作中存在的问题，应引起高度重视，并努力采取有效措施，予以妥善解决。

（1）劳务资料消防安全管理面临的主要问题

资料室消防安全管理面临的主要问题主要表现在以下几个方面：领导消防观念不强。主要表现在轻"敌"思想严重。认为资料管理人员主要职责是把好收集、接待利用关，只要不发生严重自然灾害或不可抗拒事件，资料室一定会平安无事；有的领导认为资料室房建筑耐火等级高，资料存放很安全，无需配备专（兼）职人员搞消防；有的只抓所谓"中心工作"，认为消防工作是公安部门的事，与自己无关，消防措施不落实；消防经费匮乏，设施器材不足。灭火设备、器材成本提高，售价上涨，消防设备、设施建设不完善，导致消防栓数量少、水压低、流量小，损坏后维修不当，配备不足，不能达到自防自救。消防管理人员消防素质低。资料管理工作人员未经消防专业理论培训和灭火演习，对劳务资料消防的目的、任务和重要性认识不足，对现有消防法规和消防知识知之甚少；资料管理岗位女性居多，担当此项工作信心不足。

（2）劳务资料消防安全管理防范措施

劳务资料管理负责人要树立和强化消防意识，重视消防工作，把资料室消防列入工作计划和议事日程，克服松懈麻痹思想，把开展活动和购置消防设备、器材列入年度资金预算。企业的法定代表人，应根据《中华人民共和国消防条例》及《实施细则》有关规定，进行消防登记，并送上级有关管理部门备案；调动资料管理工作人员服从消防需要，规范各项工作。资料保护技术岗位人员必须保养好湿度控制设备，机器运转时，不得远离岗位，下班后，应关机切断电源，一旦发现电线老化和电火花产生，立即报告；严禁查档人员吸烟，警惕防止外来无关人员将易燃易爆物品带入资料室；消防员要自觉维护保养好消防设施和器材，勤检查，严管理；建立健全《消防安全管理制度》、《劳务资料管理制度》

等，明确负责人的各项防火责任、消防宣传教育、用电管理、资料室巡查、消防安全值班、消防器材维护保养、消防安全保卫奖惩等内容；加强消防宣传，提高消防意识。培训消防人员，强化业务能力。抓住资料室人员较少、相对集中的特点，定期组织学习有关防火知识，利用多种形式开展宣传活动，如黑板报、墙报、标语、印发资料等。资料管理人员要珍惜和积极参加各种业务培训，提高消防理论知识和灭火技能，并经严格的上岗考试持证上岗；建立义务消防队，组织培训和灭火演习，使之具备扑救初起火灾、协助公安消防扑救火灾、组织物资疏散的能力。

4. 强化数字劳务资料的安全管理

劳务资料按照其载体不同可以分为纸质劳务资料和数字劳务资料两种。目前，信息技术和计算机网络的飞速发展和在劳务资料管理中的广泛应用，根本上改变了传统的资料管理模式，使资料信息实现了现代化、网络化、数字化的管理和利用。当然，数字资料信息的出现给资料管理工作提出了新的要求，如存储介质的不稳定、技术的不断更新、黑客攻击以及电脑病毒等等。同时，网络环境的不安全时刻威胁着数字资料信息的安全。特别是随着我国各类资料信息化建设的不断向前推进，数字资料信息的利用越来越广泛，信息安全问题更显突出。因此，加强数字资料信息安全防护势在必行。

(1) 数字资料的内涵

所谓数字资料是指利用现代信息技术形成的，对社会和企业具有保存价值的，并经过归档整理后，依赖于计算机系统存储，可在网络上传输利用，以数字代码记录的文字、图像、声音等不同形式的历史记录。其主要包括电子文件归档后形成的电子档案、馆藏档案数字化后形成的图形与图像文件、双轨制阶段作为纸质档案的电子化备份与纸质档案同时归档的电子文件以及档案管理过程中形成的档案目录信息等。这些数字档案信息资源是网络环境中提供档案利用的主要内容。

(2) 影响数字劳务资料安全的因素

数字劳务资料信息是依靠计算机技术和网络环境进行操作、传输、存储等处理的一种数字形式的记录，它与传统的纸质资料相比有许多突出的优越性，然而在数字资料信息这些不可比拟的特点中，也隐藏着威胁其安全的隐患：

与纸质资料载体相比，数字资料信息存储载体的物理寿命远远比不上纸质资料长寿，材料的氧化和变质、磁场影响等都容易破坏甚至丢失数字档案信息内容。因此在数字资料载体的选择时，要考虑到数字资料信息的长期保存和利用问题。

影响数字资料信息安全的因素除了数字资料信息自身的脆弱性外，最重要的应该是网络环境所带来的威胁。信息安全问题与网络系统的安全密切相关，计算机病毒、黑客攻击、系统故障等等都成为威胁信息安全的主要因素。

近年来，由于内部工作人员恶意违规或操作不当给数字资料信息安全构成威胁的案例也很多。无论资料管理工作人员是有意还是无意破坏数字档案信息，只要他们的行为威胁到信息的安全，那么他们就会给企业的信息资源造成损失，因此充分分析内部因素，找出管理上的漏洞，着力对抗外部的攻击。

(3) 数字劳务资料管理安全防护对策

增强档案人员的安全防护意识。数字资料信息对安全、保密等方面的要求较为严格，然而计算机网联络系统的开放性、集成性、共享性的特点又使这些在网上流通的数字资料信息的安全受到威胁，因此，网络时代的数字资料信息管理更需要管理人员提高安全意识。要想提高资料管理人员的安全防护意识，首先就需要加大网络安全知识的宣传教育，网络和数字资料信息的安全维护，不仅仅是某个网络管理人员或系统管理人员的职责，它需要所有的资料管理人员参与其中，因为每个人都有可能在不经意之间、以不同的方式泄露资料信息内容，因此要提高资料管理人员整体的安全防护意识，并且要发挥他们每个人应有的作用，既要管理好实体资料的安全又要确保资料信息内容的完整、真实、有效。要做到安全教育经常化，防护知识普及化。

增强档案人员的安全防护能力。数字资料信息的安全管理需要一大批优秀的资料管理工作人员作为智力基础。因为无论是安全设备还是安全技术都是需要人来掌控的，人的能力决定了各项措施的实施。资料管理工作人员除了要转变观念，增强安全防护意识以外，还要将自己打造成适应数字资料信息安全管理的复合型人才，既要提高对信息安全理论和信息安全技术的造诣，又要具备丰富的信息安全管理实践经验；既要能够熟练地运用各种信息安全设备和设施，又要能够解决信息安全方面的具体问题。资料管理人员应加强与计算机专业人员的交流与合作，在提高安全意识的同时提高网络安全防护能力，如果资料管理人员能够解决系统或网络出现的一些简单问题，那么就会大大减少故障发生的频率。

建立健全计算机及网络设施的安全管理制度。由于受到设备老化、安全技术方法落后、管理松懈以及攻击者经验的积累不断增加等原因的影响，计算机及网络系统的安全指数会随着时间的推移而逐渐降低。然而，数字资料的价值却随着时间的积累而不断增加，对安全的要求也不会降低。因此，制定严密的安全管理制度，是数字资料信息长期保存的重要措施。计算机及网络硬件设施是保证资料信息安全存储和传递的基本手段，因此要制定包括网络线路、通讯设备、服务器、机房和网络上支持档案管理机构内部档案信息管理系统运行的网络基础设施的防火防盗以及定期维护等管理制度。

加强数字资料信息的安全管理及利用规范。数字资料的出现使原有的资料管理流程在时间、内容和顺序等许多方面都发生了变化，由于数字资料的易更改、易流失、对软硬件设备依赖性强等特点，使人们对数字档案信息的真实性存在质疑，因为数字资料信息的载体和存放地点可以不固定，复制后又难辨其真伪，存在"原件"认定难的问题。如果用规范的管理制度来约束数字资料的形成、归档、保管、利用等环节，在每一个环节上用技术和制度相结合的方式堵住信息失真的隐患，这样既可以维护数字资料信息的原始性、真实性。然而传统文件的管理制度已不适合数字资料的管理，必须要结合自身情况，建立科学、完善和健全的数字档案管理制度。

加强数字资料信息的存储系统等基础设施建设。硬件设施的建设是保证数字资料信息安全管理的物质基础。没有优质、完善的硬件设施作为保障，就不会有数字资料信息的安全。选择质量过关、符合标准的硬件设备，可以减少由硬件故障所带来的损失。

建立科学的数字资料信息管理系统。数字资料信息的安全管理不仅需要优质的硬件设备、不断升级的信息技术、完善的管理制度以及强而有力的国家法律作保障，而且需要选择一个良好的管理工具即数字资料信息管理系统作为基础。一般，数字资料信息系统有三个层次的作用：数据层。数据层产生并存储数字资料信息，并有资料索引系统统一为数字资料建立唯一索引。同时面向业务逻辑层，为业务逻辑层提供数据库操作和索引搜索的服务；业务逻辑层。业务逻辑层提供了各种业务规则和逻辑的实现。业务逻辑层封装了与具体用户界面的业务逻辑，以及对数据层的访问和调用，供用户接口层调用来完成用户操作的各种功能；用户接口层。用户接口层为终端用户提供对数字资料信息系统的全面访问与管理功能。通过与用户进行交互，调用业务模块，完成用户提交的操作等。用户接口层用作隔离层，将用户界面与各种业务功能的实现隔离开来。

加强安全性技术手段的应用。信息技术是确保数字资料信息安全的一把利剑。数字资料信息的出现本身就源于信息技术的发展和应用，因此及时将前卫的信息技术应用到数字资料信息的安全管理中，就可以确保数字资料信息在存储、传输过程中的安全，防范非法访问和随意删改信息内容，它还可以有效的对抗计算机病毒和黑客的攻击，保证资料信息内容的真实、可靠。

参 考 文 献

[1] 江苏省建设教育协会. 劳务员专业管理实务（试用版），2015
[2] 《中华人民共和国劳动合同法》，2008
[3] 中华人民共和国统计法，北京：中国民主法制出版社，2010
[4] 尤完，留着生. 劳务员岗位技能知识和专业技能. 北京：中国建筑工业出版社，2013
[5] 建设工程安全生产管理条例. 北京：中国建筑工业出版社，2004
[6] 中华人民共和国安全生产法. 北京：法律出版社，2009
[7] 吴涛，王彤宙，尤完. 建筑劳务管理. 北京：中国建筑工业出版社，2012
[8] 尤完，刘哲生. 劳务员岗位知识与专业技能. 北京：中国建筑工业出版社，2013
[9] 未翠霞，陈爱连，许斌成. 劳务员一本通. 北京：中国建筑工业出版社，2013
[10] 刘哲生，顾庆福，林思超，李红意. 建筑业劳务管理. 北京：新华出版社，2012
[11] 全国经济专业技术资格考试用书编写委员会. 人力资源管理专业知识与实务. 北京：中国人事出版社，2004
[12] 住建部网站"关于2014版建设工程劳务分包合同示范文本的编制说明"，2014